TRINITI T.

Elmék a játszótéren

novum pro

Ez a **könyv**
e-könyvként
is elérhető

www.novumpublishing.hu

© 2022 novum publishing

ISBN 978-3-99131-360-1
Lektor: Sósné Karácsonyi Mária
Borítóképek: Angel Luis Simon Martin,
Flynt | Dreamstime.com
Borító, tördelés & nyomda:
novum publishing

www.novumpublishing.hu

Climate neutral
Print product
ClimatePartner.com/16547-2201-1002

TARTALOM

GENERÁCIÓS TÖMEG

Külön, vagy egybe?

Nagy kérdés sokak számára a fiatalok körében, akik új életük küszöbén vannak. Spórolás céljából maradjunk a szülői, vagy akár a nagyszülői házban, ahol még két generáció él, és az újabb rezgésű akar maradni, ahová egy még újabb, vagyis a negyedik is érkezhet. A negyedik generáció már olyan intelligenciával rendelkezik, olyan rezgésekkel, ami mindent felülmúl. De dönteni kell, mert a döntésünk határozza meg a következő napot és a jövőt. Nem belegondolva a szürke, elnyűtt hétköznapokba, a fiatalok úgymond aláírják a képzeletbeli szerződést, hogy maradnak a szülői házban, ahol még nagyszülők is élnek, és lerakják első közös döntésük alapköveit. De az alapköveik az ő rezgéseikkel van tele, az ő gondolataik a céljukról más rezgésűek, az ő cselekedeteik az útjukon más szinteken mozognak, és eme köveket – még ha időlegesen is – belehelyezik egy másik generációs tömeg előszobájába.

Feladatot vállaltak; feladatot, hogy megértsék és megértessék a rezgési ellentéteket, amik a generációk között zajlanak.

Hogy tudatosan csinálják eme játékot (hiszen minden helyszín az életünkben egy játszótér), vagy tudattalan gondolkodással, az már nem mindegy!

Rengeteget olvashattunk az ős-szindrómáról, ami generációról generációra vándorolt, és a túlélés érdekében fenntartották. De meddig lehet fenntartani?

A válasz egyszerű: amíg fel nem ébredtél, és nem látod át a saját gondolataidat. Amikor egy ifjú pár már máshogy kezdi csinálni, élni az életét, máshogy, mint a szülők, akkor kifakad a generációs szindróma, és robbanásszerű konfliktusok feszítik a ház falait.

Gondolatban játszd le, a nagyszüleid háború alatt mit tettek, hogyan kellett nekik gondolkozniuk, hogyan, milyen cselekedeteket kellett véghezvinniük azon időszakban, hogy túléljék.

Ha volt kettő kenyér, az egyiket félrerakták. Ha nem volt mit enni, és a sárban találtak akár csak egy kenyérhéjat, megették. Mindig veszélyre gyanakvó gondolatokkal telve keresték a biztonságos menedéket, várva, hogy bármikor jöhet a veszély, és bárhonnan. Így kezdtek el gondolkozni, mert ezekkel éltek túl. Lesni a veszélyt – ezért rengeteg szemproblémával küzdő ember volt. Féltek a haláltól – rengeteg tüdőbeteg volt, hiszen a halálfélelem tüdőelváltozással jár! Éheztek és nélkülöztek, ami máj-, vagyis hepar-elváltozásokat eredményezett a testükben. Rengeteg bénulási elváltozásban szenvedő ember volt, akik menekülési konfliktust szenvedtek el. Ezrével betegedtek meg az emberek, váltak az epilepszia és a szklerózis multiplex tüneteinek áldozatává. Eme betegségek a túléléshez használt gondolatok végeredményei voltak a háború után.

Ezen gondolatok berögzültek mélyen a tudatalattiba, és továbbadták gyermekeiknek, akik nem értették, miért reagálnak életükben egyes eseményekre, helyzetekre félelemmel, negatív érzelmekkel, miért ugyanazon betegségeket szenvedik el, mint szüleik, nagyszüleik.

Akadémikus megfogalmazással: Generációs betegségek. De valóban így van? Megismerheted a csíralemezeket, amely egy rendszeren alapul, és szervek, szövetek egyes csoportjait, de mind más és más konfliktusra reagál, és emberi gondolatok függvénye az is, hogyan reagálunk olyan helyzetekre, amelyek kibillentenek alapérzelmünkből, a harmóniából.

Bonyolult szavakat nem szeretnék használni épp azért, hogy akik az első lépéseket teszik az igazság felé, és eme könyvvel találkoztak, megérthessék, és segítségként szolgáljon, ne önértékelés-letörésként, hogy „egy kukkot sem értek".

Kezdjük azon állítást boncolgatni, amit akadémikus megfogalmazásként „generációs betegségnek" használnak. Ezen szemlélet nem szolgál tényként, nem lenne helyénvaló. Egy téves gondolati hiedelemrendszeren alapul. Sokszor fogom Isten nevét említeni, de nem szűkítem vallási körökre sem, és nem is állnak hozzám közel a vallási nézetek konfliktusoktól terhelt fórumai. Nézeteim szerint nem maga a tünet, betegség, hanem a téves gondolat a betegség. Isten sohasem akarná, hogy szenvedj, nem kárhoztat és nem ítélkezik. Félreértettünk vele kapcsolatosan mindent, és istenfélő emberekké váltunk. A háborút nem Isten teremtette. A fogyatékosságot, balesetet, rossz körülményt az életünkben nem Isten teremtette. Persze felelősségre vonjuk, amikor bajban vagyunk, és a következőket mondjuk:

– Miért velem tetted, Istenem?
– Miért nem vigyáztál rám?
– Miért vetted el azt, ami az enyém?
Stb.

Mert ezt gondoltad! Azt gondoltad, hogy veled ez megtörténhet. Minden, ami körülvesz, az lehet jó vagy rossz, a múltban egy gondolat volt. Ez a gondolat manifesztálódott éppen azért, mert sokszor gondoltad, fókuszáltál rá, energiát adtál neki, és végül megteremtetted. Minden gondolatunknak ereje van. Kihangsúlyozom: ez lehet jó vagy rossz. Így alakultak ki a generációs gondolkodások, hiedelemrendszerek, eszmék. Amit nagyapád, nagyanyád gondolt a háború idején, a mai napig használod, és túlélhetsz vele – persze nem kell megtenned.

Az ínséges időkben a felmenőink mindent megtartottak, és „jó lesz még valamire" gondolatokkal éltek. Ezzel egy újabb nincstelen időszakra kezdek felkészülni, ami bármikor bekövetkezhet. Megtanulták a szegényes gondolkodást, amit átadtak a következő generációknak is. Ha ezen sorokat olvasod és magadra ismersz, hogy te is használod eme mondatot, akkor megtanultad a szegényes gondolkodás alapját. Akkor talán választ is kaptál, miért nem tágulsz az anyagi javakban. A negatív teremtés alapjait szolgálja eme kijelentés. De vajon gondoltak-e arra, hogy van más gondolat is ezen kívül? Feltheted a kérdést ezek után: akkor hogyan tovább? Mit kell tennem, hogy változtassak? Ebben a könyvben kulcsra találsz; olyan kulcsra, amelynek a zárja egy lakaté, és azon a ládán van, amelyen eddig ültél. Ott találod a kincset. De először is kezdjük az alapoknál, és haladjunk egyre feljebb, a tudatos élet felé. Maradjunk a generációs betegségeknél, amelyek mindennek az alapjai, hiszen a legtöbb dolgot szüleinktől tanultuk, és ők pedig a saját szüleiktől.

A hiány gondolata, a folyamatos nélkülözés, a nincstelenség érzése, és még a szeretethiány is komoly májproblémát okoz. Mindig egy lépést visszamegyek felmenőink megélt eseményeihez, hiszen onnét indultak el a hiedelmek, eszmék, elvek, amelyekkel a mai napig túlélünk.

A háború az éhezés, a kevés élelem, a munkahelyhiány, a szeretet hiánya, a nélkülözés időszaka volt. Hiszen a háború a gyűlöletet harsogta mindenhol. Az elme gondolatai csakis a hiányra fókuszáltak, és oly mélyen rögzült az emberi tudatban, hogy fennmaradt az elme egy részeként, ami a jelen időnket is meghatározza. A „NINCS" gondolata határozta meg az emberi tudatot, és ennek kivetítése a világra. A „nincs" gondolata generációs hiedelemmé vált. De fordítsuk le a 21. századra a nincs gondolatát:

– Nincs elég pénzem.

– Nélkülöznöm kell, mert elveszítettem a munkahelyemet.

– Nélkülöznöm kell, mert lebetegedtem, és nincs bevételem, alig tudom kifizetni a számláimat.

– Nélkülöznöm kell, mert rengeteg hitelem van.

– Nélkülöznöm kell a szüleim szeretetét, mert állandóan dolgoznak, nincs idejük rám.

Stb.

De sajnos még nem tudatosan gondolkozunk ahhoz, hogy megértsük a miérteket. Mi miért történik az életünkben. Szívből remélem, hogy sok miértre választ adhatok nektek.

Nézzünk egy olyan betegséget, ami egy hiedelemből fakad, amit megtanítottak és megtanultunk.

A háború után a májelváltozásban szenvedő betegek száma megnövekedett. Hirtelen legyengültek, besárgultak. De miért a háború után történt meg, hogy tömegével betegedtek meg az emberek? A háború nem gyógyszanatórium, hanem állandó készenlétben lévő elmék helyszíne, ahol nem volt idő a gondolkodásra, hogy éppen mi hiányzik és mi nem. Egyetlen egy gondolat volt: Túl kell élni.

Amikor a háború végével a férfiak hazatértek a frontról, megkapták az édesanya, feleség, család bőséges szeretetét, és fordítva – volt kenyér az asztalon, és még hús is akadt –, megkönnyebbülve a tudattól, hogy már nem kell nélkülözni, elindult a természetes, konfliktus utáni gyógyulás folyamata. Ami természetes, rendben is van, de sajnos, mint tudjuk, a gyógyulási folyamatok nem abban az ütemben zajlottak, ahogy az anyatermészet működése diktálta volna.

(A betegségekről egy hosszabb fejezetben olvashattok.)

Vagyis a hiány gondolata, ami kiterjed az élelemre, szeretetre, biztonságre stb., bármire, ami az emberek jólétét biztosítja, indítja el a máj elváltozását. Mivel felmenőink reagáltak a nincstelenségre, a veszteség gondolatára, és óriási konfliktusban voltak huzamosabb ideig, ezután az elme mindig reakcióba lépett akkor, amikor újból konfliktusba került a hiány gondolatával. Ezen hiedelemrendszert cipeljük magunkkal, hiszen megtanították, hogyha belekerülünk egy élethelyzetbe, ahol nélkülöznünk kell, akkor a felmenőinkhez hasonlatosan ugyanúgy fogunk reagálni, és ugyanolyan elváltozást fogunk megtapasztalni.

A félelem a hiánytól, a nincstelenségtől, az éhezéstől májproblémákat okoz, csak a felmenőinknek természetesen más dolgok voltak fontosak, mint nekünk a XXI. században, viszont a gondolatok a hiányról nem változtak: félelemmel reagálunk. Az elmét nem érdekli, hogy étel, biztonság, szeretet, vagy csekk, nyaralás, munka, teljesen mindegy neki, csak azt érzékeli, hogy milyen érzelemmel éli meg az ember a hiány gondolatát. Ugyanazon gondolatokkal éljük az életünket, ugyanazon elváltozásokat szenvedjük el, mint felmenőink, mert megtanultuk, egyes eseményekre hogyan kell reagálni, és mit kell érezni.

Lélek–agy–szerv szinten párhuzamos folyamatok zajlanak bennünk, és ugyanazokat fogjuk megtapasztalni: a máj elváltozását.

Mivel az egyes élethelyzetekre adott reakcióink által tapasztaljuk meg elváltozásainkat, nem generációs betegségnek hívnám, hanem viselkedési minta lekopírozásának. Ahogy szüleink viselkednek, úgy teszünk mi is. Ha szüleid kétségbeestek, hogy elveszítették munkájukat és kevés étel jutott az asztalra, törvényszerűen megtanultad, hogy ha ilyen helyzet áll fenn valamikor életed során, neked is így kell reagálnod. Félelemmel és nélkülözéssel.

Térjünk vissza arra a fiatal párra, akik beköltöztek a saját generációjuk rezgéseivel arra a helyre, ahol akár két felmenő is él. Az ifjú pár már nem halmoz fel dolgokat, hiszen pozitívnak látja a jövőt, nem fél egy estleges munkahelyi elbocsájtástól, ami be is következik, viszont a felmenők kisebb pánikot keltenek, hiszen veszélyt látnak, elkezdenek aggódni, félni, és negatív gondolatokat vetítenek ki a jövőre nézve. A fiatalok, ha még az ősök érzelmeivel élték életüket, akkor szintén pánikba esnek, de a 21. századi generáció már a vállát megvonva, bízva a jobb lehetőségben megy tovább, és nem hajlandó beleragadni az adott helyzetbe. Ezt a viselkedési mintát nem nagyon tolerálják az ősök, hiszen felelőtlenség máshogy reagálni egy ilyen veszélyes helyzetre. Ezek a fiatalok már nem szenvedik el a nélkülözési konfliktust és nem indítanak el testükben olyan folyamatot, ami a máj rendellenes működéséhez vezetne. Ha ugyanazon reakcióval, viselkedéssel reagálnának, akkor nyilvánvalóvá válna a máj diszkfunkciója. Ugyanazon hiedelemrendszer él bennük, mint szüleikben. Akik már magasabb rezgésű emberek, azok átmeneti élethelyzetnek vélik, és félelem nélkül teszik tovább a dolgukat. A legnagyobb nyugalommal, a Forrás isteni békéjével teszik, amit érzésük szerint tenni kell. Ez így lenne helyes és nem bűn, ha nem ijedsz meg; nem bűn, ha nem kezdesz el félni. Inkább fantasztikus dolog. De erre nem nagyon tanítottak meg, és ebben a helyzetben kevés családban van pánikmentes hangulat. De ezen lehet változtatni.

Nehéz lehet felmenőinknek végignézni, hogy az ő elveik már mit sem számítanak, az ő gondolataik már idejétmúltak. Most van itt az idő, hogy elhagyjuk ezeket az elveket, hiedelemrendszereket, hiszen már nem szolgálnak, és nem visznek előre minket. Tény, hogy a 2019-ben felhasznált eszmék mindegyike jelentéktelenné válik akár már holnap. Miért már holnap? Mert minden változik napról napra, óráról órára, percről percre. Minden folyamatos, és minden változó! Nincs megállás. Feladatunk nem az, hogy őrizzük a múlt eszméit – mi már új rezgésekkel jöttünk e világra, és ezekkel az új rezgésű gondolatokkal építjük jövőnket. A régi eszmék – a kemény munka, a megfelelés, a „fejet hajtok mások előtt, akkor biztos a mennyországba kerülök", „ha úgy gondolkodom, ahogy a másiknak tetszik, akkor elfogadnak és szeretnek" már nem a mi generációnk eszméi. De ez nem a tiszteletlenségből fakad, hanem a rezgésekből. Nem baj, ha a fiatalabb generációk, akik már utánunk érkeztek, nem értik, miért futják az idősebbek a félelem köreit, de megtanulni meg lehet, hogy elfogadjuk egymást, és akkor szeretni sem lesz nehéz.

A GENERÁCIÓS HÁZ TITKA

Nagy ház, sok ember. Ahol sok ember, ott sok gondolat, ahol sok gondolat, ott a manifesztáció is. Egész nap gondolatok ezrei futnak végig az agyunkon. Hol megakadnak egynél, és megteremtjük a fizikai világunkban (ez lehet jó, vagy rossz), hol csak átfutunk rajta. A generációs házban akár három generáció is élhet, és előfordul, hogy a negyedik is oda érkezik. Egyes generációk hasonlóan gondolkodnak, és azzal a gondolkodással kezdik el nevelni újszülöttjeiket. Abban a pillanatban, amikor megszületnek, hatást gyakorolnak rezgéseikkel a csecsemőre. Az új lélek tudja, hogy nem megfelelni jött erre a világra, hanem élni, és tapasztalatai által fejlődni. A babák ellenállnak – sokszor sírással –, mert ők szabadok, és így is éreznek. Nem akarnak megfelelni, és nem akarják, hogy szüleik belső harmóniája rajtuk múljon. De a sírás félelmet kelt a szülőkben, és abban a pillanatban az aggódást, a kétségbeesést éreztetik az új jövevénnyel. Egyes történelmi események és más kritikus élethelyzetek különböző reakciókat váltottak ki az emberekből, amit a későbbiekben is elraktározott az elme, és hasonló esetekben ugyanazt a reakciót produkálja az illető. De vajon miért akarja és várja el a többiektől, hogy ők is ugyanazon reakcióval társítsák a helyzeteket, és ha nem így történik, támadásnak véli az egós elme? Ezen dolgok feszítik a generációs házakat. Természetesen megtanultuk, hogy az idősebbeket tisztelnünk kell, de fordítva vajon nem így van?

Úgy gondolom, nem azért szültük a világra gyermekünket, hogy ha majd megöregszünk, lesz, ki ápoljon. Persze jóleső érzés a figyelmet kapni, viszont életet adtunk, nem magánzárkát. Sok szülő a befolyása alatt tartja gyermekét, és olyan mondatokat használ, ami a gyermekben lelkiismeret-furdalást okoz, és mivel megtanulja ezt az érzést, felnőtt korára már nagyon jól tudja használni.

Erős mondatokat használnak a szülők, és még mindig hallom a körülöttem lévő anyukák szájából:

– Majd ha jó leszel, szeretni foglak.

– Ha majd megcsinálod azt, amit mondtam, akkor szeretlek.

Ismerősen hangzik? Akkor te is kaptál belőle.

Viszont szüleinket nem ítélhetjük el viselkedésük miatt, hiszen ők is megtanulták a saját szüleiktől, ők pedig az övéktől, és így tovább.

Ha meg akarjuk nézni mindennek a kezdetét, akkor az eredendő bűnhöz lyukadnánk ki, a Biblia szerint Ádámhoz és Évához. De létezik-e bűn? Ebben a könyvben választ kaphattok rá. Ha már a Bibliát említettem, akkor a vallási szemléleteket is nézzük a generációknál. Az idősebb generáció istenfélő! De nem így születtek ők sem, hanem megtanították nekik. Ha valaki olvasta a BESZÉLGETÉSEK ISTENNEL című fantasztikus könyvet, rálelt azokra a válaszokra, hogy miért is értettük félre Istent. Az idősebb generáció istenfélő életet élt, és sajnálatos, hogy az én generációm, sőt a gyermekeim generációja is érintett abban, hogy félni kell Istent, és megfeszülve igyekszik, hogy ne tegyen rosszat, mert fél a büntetéstől, fél a pokoltól. Mikor én kislány voltam, mindig templomba kellett mennem, és fontos volt az elsőáldozás és a bérmálkozás. Tulajdonképpen nem értettem, minek, de szüleim véleménye az volt, hogy ez kell, és mit gondolnak majd a faluban, ha a Tóth lányok nem esnek át ezen az eseményen. Hát mit volt mit tenni, ott kellett ülni a kis padban és engedni elménknek, hogy befogadja azokat az információkat Istenről, amelyek a mai napon már számomra felfoghatatlanok. Megtanították nekünk, hogy „félj, és ne kövess el semmiféle bűnt, mert Isten lát téged, és megbüntet". Hát elkezdtem én is félni (drága Atyám, bocsáss meg). Ezzel a félelemes gondolattal és szüleim akaratával, hogy áldozzak, lőttek a szabad akaratomnak. Nagyon lassan halványul az új generációknál az a hit, miszerint félni kell Istent, és kezdenek megváltozni azok a szokások is, amit régebben úgymond Isten büntetett. Még vannak generációs családok, akik tisztelik a szüzességet, és a házasság napján ajánlják fel társuknak eme egyszeri érzést. De már nem trendi ez az eszme, ami felháborítja az idősebb korosztályt. Már házasság előtt összeköltöznek, és még szexelnek is! Hát ez ismét ok arra, hogy feszültség legyen egy generációs házon belül. De vajon a szex az bűn? Tabu? Persze, hogy nem. De ezt tanultuk. Nem beszéltek a szexről a gyerekeknek, elfojtották a vágy érzését, és mi kaptunk egy újabb programot az elménkbe, hogy nem szabad róla beszélni. Sem a szexről, sem a maszturbációról, sem a menstruációról. Ezek a programok felnőttkori frusztrációhoz vezetnek, és amikor eljön a pillanat, nem érted, miért nem mersz levetkőzni szerelmed előtt, miért kapcsolod le a villanyt, miért pirulsz bele, ha témaként megemlíti a párod, hogy szeretne beszélni róla. Generációs házban egy nagy titok, hogy Isten teremtette a testet, és a testet nem kihasználni kell, hanem ápolni és gondozni, de ez a lélek által megy végbe. A frusztráció olyan elváltozásokat okozhat a nőknél – és persze a férfiaknál is –, hogy egy idő után már szenvedésbe megy át, ami súlyos következményekkel jár. A szexualitás jót tesz a testnek és a léleknek. Az elfojtása okoz súlyos problémákat. Hogy miért is alakul ki a pedofília, szexfüggőség, pornófüggőség, ami persze nem veleszületett dolog, hanem a titkolózás, az eltorzított gondolkodás a szexről váltják ki az emberekből, és teszi céljukká eme kielégülésüket. A test, ahogy őseink beszéltek róla, a gyermeknemzésre, szülésre, és a kemény munkára való. De miért fojtották el a vágyat? Mert féltek Istentől, hogy bűnt követnek el, féltek a büntetéstől. Jómagam kaptam negatív programot a szexualitás terén, és megtapasztaltam a frusztrációt, ami kemény dolog. Mit tehetünk, hogy ezt a programot ne adjuk tovább? Természetesen le kell ülni gyermekünkkel, és felkészíteni őket arra, hogy egyszer eljön a vágy és hívni fogja a természet. Ha egy gyermek felkészült és tudja, mi fog történni, azok körében kevesebb nemi jellegű betegség alakul ki. A generációs házak titkai és a vele járó viselkedés nyomasztó lehet, ami gondolati feszültséget okoz, mindennapos stresszt, és rosszabb esetben betegséget. A szégyenkezést hamar megtanulják a gyerekek, hiszen a szülők megtiltják nekik, hogy ha ők fürödnek, bemenjenek, nem szoptatja az anyuka a nagyobbik testvér előtt a picit, dugdossa a betétet, tampont, mert fél róla beszélni, vagy esetleg úgy gondolja, még korai. Így programozzuk a gyermekekbe a szégyent. Szégyellni kell a testet, és ahogy a kislánynak kicsit elkezd nőni a melle, sokszor látom, hogy már az előtt is bikinifelső van rajtuk a strandon. Ezzel is jelezve, hogy „el kell takarnom". Íme, egy újabb program. Emlékszem, apám még élt, és jöttem ki a fürdőszobából alsóneműben, kb. 16 éves lehettem, és anyám rám szólt: „Itt van apád is, vegyél fel magadra valamit". Hú! Az apámról beszélt, nem a szomszédról. Már érezhető ebben az esetben, hogy anyámnál is megvan a program, amit persze hozott magával, és szép lassan én is átvettem.

Teher lehet egy párnak, ha belevágnak abba, hogy időlegesen is, de többgenerációs házat választanak fészküknek. Nagy figyelmet kell fordítani, hogy mindig megfelelő ruházat legyen rajtuk, ne csapják szét a házat a hangjukkal, amikor elkapja őket a vágy. Titkolni kell az érzelmeket, és ez elfojtás. De megfordult már a fejedben, vajon tényleg úgy viselkedtek szüleink, nagyszüleink, ahogy nekünk bevésték, vagy csak ők gondolták azt, hogy „én vétkeztem sokszor, és úgy nevelem a gyermekemet, ahogy az én szüleim akarták, hogy viselkedjek, de nem sikerült". Úgy hiszem, emberből vagyunk, és érzelmekkel megáldott lények. A felmenőink sem szentek, és tudom, elfáradt életükben egy-egy bevillanó fiatalkori filmkockán még a mai napig elmosolyodnak, utána pedig gyorsan visszarejtik tudatuk legmélyére, nehogy kiderüljön, nekik is voltak extra pillanataik, de nem beszélhetnek róla, mert „Pokolra kerülnek". Minden érzelem – itt a pozitív érzelmekről van szó –, mind Isten ajándéka: a szeretet, szerelem, vonzódás, szexualitás, boldogság egy ajándék, amit nem kell visszautasítani. Isten nem kéri tőled, inkább arra kér, érezd át, és használd embertársaid és magad felé. Ha tudnátok, milyen programokkal jöttünk e világi életünkbe, milyen bölcs és teremtő eredeti programokkal, akkor lenyűgözővé válna mindenki számára az ÉLET, a VAGYOK!

Ebben a könyvben emlékeztetőket találtok, és felszínre hozhatjátok azokat az eredeti gondolatokat, amelyekkel meglátjátok a magatokról való igazságot.

Tarts velem. Most pedig nézzünk egy generációs titkot, amiről felmenőink nem is tudták, hogy titok, és nem is használták soha, valamint nekünk sem tudták megtanítani, és az pedig nem más, mint hogy a szegénység nem maradandó, csak átmeneti. Nagy témát és erős gondolatokat kaptok, amivel ITT és MOST megváltoztathatjátok az egész életeteket, és a család életét is. Gondolom, hallottad azt a mondást:

– A szegény szegényedik, a gazdag gazdagodik.
– Csak kemény munkával érhetsz el bármit.
– Tanulj, mert akkor lesz belőled valaki!

Így volna? Olyan törvényekről fogsz hallani tőlem, amelyeket már tudsz, vagyis tudtál, amikor eljöttél a fizikai világba, csak a szüleinktől kapott hiedelemrendszer, viselkedési minták, a rendszer, korlátok, szabályok... (sorolhatnám még) elfeledtették veled a születési előjogodként rendeltetett jólét áramoltatását. Ha nem hiszed, próbáld ki azon eszközök alapján, amit megkapsz a sorok között. A jólét mindenkinek jár, viszont ha mindenki használná eme titkot, akkor egyes rendszerek bajba kerülnének, és összeomlás fenyegetné őket. Beszélek itt politikáról, egészségügyről, oktatásról, különböző intézményekről, amelyek a saját malmukra hajtják a pénzt. De tisztázzuk le, mi is az a jólét! A jólét nem csak kézzel fogható valami. A jólét egy olyan állapot, ami Forrás-energia, tiszta szeretet és boldogság, örömérzés. Na, most sokan a homlokukra csaptak: „Hagyjuk már ezt a marhaságot! Ha örülök, akkor még nem lesz pénzem!" Hát nézzük a gondolati menetét. Őseink úgy gondolták, csak akkor lehetsz gazdag, ha olyan családba születtél bele, amely tele van pénzzel. Ezt elhitték, és el is hitették velünk. Egy eszme, ami ismét téves. A nagyszüleink a földeken és a gyárakban dolgoztak, és azt látták, hogy ebből kicsiny szinten, de meg lehet élni. Elfogadták, hogy munkájukért annyi pénzt kapnak, amennyit kigondolt a gazda vagy a gyártulajdonos, és a bérükhöz mérték magukat, vagyis „kisember vagyok".

A nagyember nagy fizetéssel merész gondolat, és épp ezért meg sem engedték maguknak. „Hiszen szegény vagyok, szegény volt apám, anyám, és még szegényebb nagyapám. Maradok szegény, mert ez így van jól." A kérdésem: akkor ki találta ki a korlátokat? A gazda, a gyárigazgató? A te fejedben csak te gondolkozhatsz! Te szabod meg, mire gondolsz, te szabsz határokat a gondolataidnak. Itt megérted, hogy a szegénység gondolatát tartották fenn az emberek, és a fejükben lévő határt még gondolatban sem merték átlépni, ezzel viszont fenntartották a szegénységet. A fókuszuk a szegénységen ragadt. Arra fókuszáltak, és sajnos el is hitték, hogy „kemény munkával tudom megkeresni a kenyerem". Ha viszont ez a gondolat nap mint nap megfogalmazódott, ami nyilvánvaló, hiszen fenntartotta a szegénységet, erre az Univerzum csak ennyit válaszolt: „Kívánságod számomra parancs". Az Univerzum teljesítette kívánságát, hogy kemény munkával keresse továbbra is a kenyerét.

Most elkezdheted szidni az Univerzumot, de ne tedd. Miért? Azért, mert a pozitív gondolatokat is teljesíti a csodálatos Univerzumunk. Nem kell hinned nekem, próbáld csak ki. Gondold el, mit akarsz, hidd el, hogy megtörténhet, fókuszálj arra minden percben, órában, minden napban, és maradj közben boldog, örömteli, és megtörténik veled a csoda. Tudd, már sokszor ezt tetted életed során, amikor is valamit megszereztél, csak természetesnek vetted, hogy bemész a boltba és megveszed. Szintén teremtési folyamatról van szó akkor is. Amikor valamit akarsz, beszélj róla, írd le. De egy dologra vigyázz! Ha van olyan gondolatod, hogy „ez hülyeség, ez velem nem történhet meg", visszaestél az első lépésre, és kezdheted elölről a folyamatot. Megtapasztaltam a visszaesést, és megtapasztaltam azt is, hogy megkaptam, amit kértem. Hidd el, fantasztikus érzés, hogy kigondolsz valami, fókuszálsz rá, hiszel benne, és megkapod. Gyönyörű! Teremtettem magamnak oly helyzeteket, amikor vagy kenyeret vagy buszjegyet vettem. Nem tagadom, voltam érzelmileg olyan szinten is. De nem akartam leragadni csak a kenyérnél, nem csak kenyérre vágyam, hanem vajra és szalámira, és sajtra, és uborkára. De kitől várjuk, hogy megkapjuk a feltételet? Benned van a segítő. Neked kell úgy érezned, úgy gondolkoznod, hogy meg tudd teremteni. Ja, hogy még nincs meg, és nem látod, hogy honnan jön a sajt meg az uborka? Nem érezheted még a szalámi paprikás, pikáns ízét, nem érezheted a sajt omlós, puha ínyenc világát a szádban? Nem baj! Képzeld el! Hidd el, hogy a tiéd! Őseink titkolták, pedig bennük mélyen ott volt ez a már nem is titok, és lehetetlen volt számukra kitörni. Mivel a titkot nem adták át szüleinknek, és mi sem kaptuk meg, ezért a hitrendszerünk maradt, hogy nekünk csak ez jutott, dolgozhatunk keményen, míg a halál el nem választ. Ha most fellelkesültél, akkor tudd, máris tudod a titkot, mert Forrás-energiáddal vagy egyensúlyban. Ez megértés! Ez Teremtő állapot. Hát tedd, amit tenned kell. Az újabb és újabb generációknál felbukkant a vágy, hogy „valamit tennem kell, ennél én sokkal több vagyok, többet akarok". Elkezdtek apró dolgokon változtatni a gondolkodásukban. Elkezdtek más gondolati rendszert kialakítani – persze ez nem mindenkinél történik meg. A generációs házban kezd nyílni a titok, ami ismét ellenmondásokba ütközik. Hallottad már szüleidtől:

– Minek ez neked?

– Minek megvenni?

– Ilyen drága dolgot!

– Nincs rá pénz!

– Jó a régi is!

Miközben ezeket mondták, mivel nem tudatosan gondolkodtak, nem vették észre, hogy a szegénységet erősítik, és lehetetlen dolognak vélték és vélik, hogy máshogy cselekedjünk, máshová vigyük gondolatainkat. Merhetünk álmodni esetleg egy házról, egy új autóról, nyaralásról, egy jobb állásról. De a gondolatmenet után máris felbukkan a veszély érzése! „Ne csináld! Veszélyes lehet! Úgy csináld, mint a szülők, abból nem lesz baj." Valóban? Amikor elkezdesz félni a vágyadtól, amit szeretnél, akkor a saját gondolataidtól félsz. Félsz az újtól: a komfortzóna átlépése halált jelent az egós elme számára. Az egó meghal, ha kilép a gazdája arról a helyről, ami addig meleg, büdös és biztonságos volt. Voltál már így? Mit gondoltál először? Jómagam tudom, mert emlékszem, milyen kérdést tettem fel.

„Ha megteszem, akkor mi fog történni? Ki mondja meg, mi a fenét kell csinálnom?"

Hú! A kis nyuszi kiugrott a mezőre, ahol se bokor, se fa. Semmi sem védte. Féltem, valaki elkap és végem van, mert elkezdtem máshogy gondolkodni. Kijöttem a sok bárány közül, ahol észrevétlen voltam, és úgy éreztem, könnyű préda leszek. De nem így lett. Vettem egy mély lélegzetet. Szabad vagyok! Elmesélni nem lehet az érzést. Kívánom, hogy megéld. Az a generációs ház, ahol a titok oly mély, hogy hat lakattal őrzik az elmében, előtted most feltárult, és kinyithatod elméd azon részét, ahol mélyen meglapul, és leteheted a hiedelemrendszert, miszerint szegénynek születtél.

Akik a könyvem olvasása közbeni időszakban ilyen házban élnek, érdemes lenne elkezdeni figyelni magukat és felmenőiket. Ha kellemetlenül érzed magad olyan helyzetekben, amikor is úgy kéne tenned és viselkedned, ahogy elvárták a szülők, bátran és biztatva mondom neked, merj kiállni eléjük, és mondd el, ahogy te érzel. Mondd el, hogy te máshogy képzeled már a dolgokat, és kezdjél kiállni saját éned mellett. Ha nem így teszel, akkor még mindig csak megfelelsz. Megfelelsz egy olyan gondolatnak, ami nem a te gondolatod, és téves utakra terel saját életedet.

MEGFELELÉS

Amikor jöttél, új döntöttél, hogy megfelelsz az elvárásoknak, amit nagyon sok ember akar tőled, vagy szabad akaratodból teremteni jöttél? Most tedd fel magadnak a kérdést! Megérkezésünk pillanatában beragyogtuk a szobát, békét láttunk, ami felénk irányul – mindaddig, míg olyasmit nem tettünk, ami környezetünknek nem tetszett. Csendes, jó gyermeket vártak, de sírtam, amivel kibillentettem harmóniájából családomat, és felrúgtam azt az elképzelésüket, hogy jó gyermek vagyok. De szeretném kihangsúlyozni, hogy ez nem az én gondolatom volt. Akarni jöttem erre a világra, mind mindannyian, persze nem mindenáron. Nem értettem, miért csitítanak. Azt akarták, hogy némán, a plafont nézve cseperedjek? Hogy őszinte legyek, nem jött be a szüleimnek. Ezúttal is üzenném: Bocsi, anya, apa. Még akkor mertünk akarni, és egy éles hangzavar után meg is kaptam, amit akartam. Micsoda szép idők voltak! Egyetértetek velem? Jöttek a kisdedévek és pakoltunk, rámoltunk, firkáltunk, ismét nem megfelelve a szülői elvárásoknak. Megkaptuk az első destruktív kritikát: „Rossz gyerek vagy!" Na lám! Valamelyikünk még el is hitte. Mindjárt rögzítettük is, hogy rosszak vagyunk, és játszani sem lehet, csak óvatosan! Szemünk sarkából figyeltük, hogy jót teszünk vagy sem, mert hátulról jön anya vagy apa, aki megszidhat. Biztos előtted van a kép, amikor egy gyermek nem éppen jó cselekedetre készül, és közben figyeli a rá vigyázó személyt, hogyan fog reagálni. Amikor a gyerekkel többször történik olyasmi, hogy hátulról megijesztik és ráripakodnak: „Mit csinálsz már megint?", kialakulhat nála egy hátulról jövő veszélykonfliktus, ami félelemmel társul, és sajnos szemproblémák alakulhatnak ki. Rengeteg gyermek szemüveges, ennek az oka egy állandó félelmi konfliktus, illetve ha 10 év alatti gyermekről van szó, akkor a szülei konfliktusát is átveheti. Ilyenkor a szülőt is ki szoktuk kérdezni, hogy mitől fél, ami esetleg hátulról jöhet, meglepetésszerűen? Fél az adóhivataltól, hogy ellenőrzés lesz, vagy nem ad számlát a boltjában, vagy esetleg kiderülhet a munkahelyén valami? Ismét megemlíteném, hogy a szülők úgy viselkednek gyermekük nevelése során, ahogyan megtanulták felmenőiktől, ezzel is megfelelve a szülői elvárásnak. A legfontosabb időszak a gyerekeknél az első hét perc, az első hét óra, az első hét nap, az első hét hét, az első hét hónap, az első hét év. Hétévente más és más dolgok kialakulásáért felelős a szülő, addig, míg el nem érte a huszonegy éves kort a gyermek. Utána már azokkal a mintákkal él a gyermek, amit kapott, látott. Kedves szülők – és ez a felszólítás az apákra ugyanúgy vonatkozik. Mikor eldöntöttük, hogy szülővé akarunk válni, felelősséget vállaltunk gyermekünk huszonegy éves koráig, hogy mind mentálisan, mind fizikailag érett legyen az életre. Persze közben tudatosan figyelmeztetni kell magunkat, hogy gyermekeink is teremteni jöttek, saját megtapasztalásuk által. Egyensúlyt kell találni a szülőség – ami csak szerep –, és a lélek szintjén, ami a harmónián alapul. Példát kell-e mutatnunk gyermekünknek? Természetesen! Tőlünk tanulják az eseményekre, kritikus helyzetekre való reakciókat, szó szerint lekopírozzák a viselkedésünket egy esetleges balszerencse folytán, és ugyanazon érzelmeket képesek elszenvedni, amit mi, felnőttek, aminek testi letükröződése is lehet. Számomra fontos elmondanom azon nők és férfiak számára a következő dolgokat, akik szülői feladatuk előtt állnak, és sokat segíthet azoknak is, akik már gyakorolják azt. Lista készítése mellett kell döntenünk, hogy megvizsgálhassuk jelenlegi énünket, azokat a dolgokat, amiket akár most kitennél az életedből, mert teher.

Gondolok pl. ezekre:

– Meg akarok felelni mindenkinek, mert akkor elfogadnak és szeretnek.

– Sokat fókuszálok a körülöttem lévő negatív dolgokra, és velem is sok negatív dolog történik.

– Nem merek a saját gondolataimmal kiállni az emberek elé, mert félek a reakciójuktól.

23

– Lehajtott fejjel mondok igent olyan dolgokra, amiket a hátam közepére sem kívánok.

– Félek lazítani, mert akkor hanyagnak érzem magam.

– Türelmetlen vagyok.

Stb.

Nézz magadra bátran, és pozitív, megfordított gondolatokkal építsd be új gondolati rendszeredet az elmédbe. Például:

– Megfelelés nélküli gondolatoktól mentes, mindig szerethető és szerető ember vagyok.

– Csak pozitív dolgokra fókuszálok.

– Kiállok gondolataim mellett, hiszen más véleménye nem rám irányul.

– A nem-ességbe léptem, ahol megtanultam NEM-et mondani, és tudom, akkor sem történik semmi rossz.

– Türelmes vagyok.

Stb.

Miért fontos számodra? Mivel átalakítod a gondolataidat, amiket az évek során megtanítottak neked, s amelyek már nem emelnek, sokkal inkább lehúznak, használva az új, pozitív gondolatokat egyre jobban fogod magad érezni. De nemcsak te vetkőzted le a megfelelés, igenember, türelmetlenség pusztító gondolatatit: ezzel együtt a megszületendő gyermekednek sem tudod átadni, és nem tud olyan emberré válni, mint te voltál akkor, mikor a megfelelés szorító hurkában éltél. Nem tanítod meg neki mindazon gondolatokat, és az azokból eredő viselkedést. De mi történik, ha már nagyobbacska gyermeked van? Semmi gond. Megfordítható, átírható a gyermek elméjében a program. Mondok példát, hogy könnyebb legyen számotokra elkezdeni.

Ha tíz év alatti gyermeketek van, akkor kell a programot átírni az elméjében, amikor a mélyebb alvás fázisába kerül. Abban a pillanatban már elkezdhetitek halkan suttogni neki, hogy anya – vagy éppen apa – mikor, milyen helyzetekben lesz dühös, mérges, agresszív, és hogy ez nem az ő programja, hanem anyáé, apáé. El kell neki mondani, hogy neki nem kell így reagálnia. Ha tíz év feletti gyermekről van szó, akkor szemkontaktust kell tartani vele. Ez fontos, hogy a szemébe nézz.

24

Jött hozzám egy anyuka konzultációra, és elmesélte, hogy az ötéves kislánya sokszor agresszív, és egész álló nap csak pörög, egy pillanatra sem áll le. Viszont az anyuka nem tudja betölteni az anya szerepét, szinte alig van türelme gyermekéhez. Kiderült a konzultáció során, hogy az anyuka nemkívánt gyerek volt, édesanyja csak a család rábeszélésére tartotta meg a magzatot. Amit ki is jelentett a hölgy a szóban forgó anyukának. Azok a gyermekek, akik nemkívánatos várandósságból születtek, azok életük során be akarják bizonyítani, hogy „élek, itt vagyok, vegyetek észre". Adrenalinfüggővé válnak. A legveszélyesebb helyzetek sem rémítik meg őket, a fájdalomküszöbük magas. És van még egy jellemző vonás rájuk nézve: nem akarnak gyermeket felnőtt korukban. Így történt az édesanyával is. Teherbe esett, amit nem szeretett volna megtartani, de szintén a rábeszélés hatására, tartotta meg a magzatot. Innét eredt az a viselkedése a kisgyereknek, hogy állandóan izgett-mozgott, megmutatva, hogy él, és semmi veszélytől sem fél. Az agresszivitás szintén az anyuka programja, hiszen egy ötéves gyermek honnan a fenébe tudhatná, hogy létezik ilyen viselkedés, amikor ő még annyira a Forrásánál van, olyan tiszta, és még története sincs, ami miatt dühös lenne. Hiszen egy ötéves gyerek napi huszonnégy órában csak játszik. Elmondtam az anyukának, hogy mivel nemkívánatos volt a terhesség, ezért szeretné a gyerek, hogy éljen, és azt észre is vegyék, illetve mivel ő sem volt tervezett gyermek, ezért nem érzi át az anyai szerepkört, emiatt oly idegen számára az anyaság. A gyermek agresszivitása pedig az elfojtott érzelmek miatt a gyermeken tükröződik vissza, ezzel figyelmezteti az édesanyját, hogy „Anya, meg kéne valami rejtett dolgodat oldani". A gyermek mutatja édesanyjának a kimondatlan dühét, mert ő nem tudja és nem meri kimutatni, nehogy megbántson valakit.

Azt javasoltam neki, hogy mivel ötéves a gyermek, mesélje el neki, hogy őt sem akarta az édesanyja, ezért rémült meg a várandósság miatt, és érezte úgy, hogy nem tud anya lenni. Mondja el neki, hogy most már örül, hogy itt van vele, és a legnagyobb ajándék számára. Kérje meg, hogy segítsen neki, hogy jó anyukája lehessen, tanítsa meg őt anyának lenni. Mondja ki, hogy belül nagy feszültségben élt eddig ezek miatt a gondolatok miatt, csak nem mert róla senkinek sem beszélni, ezért magában tartotta, és köszönje meg a gyermeknek, hogy rámutatott egy óriási problémára az életében. Ezzel átírta a programot mind a gyermeknél, mind saját elméjében.

Természeten a nagyobb gyermeknél ugyanígy, csak a szemébe kell nézni.

Amikor valamilyen elváltozás van a testedben, akár kisebb, akár nagyobb, ugyanazon módon kell elmagyarázni a gyermeknek, mi történt, mire reagált, és milyen elváltozást produkált a test. A gyerek nem hülye, hanem gyerek. Ha valami titkolva van előtte, akkor ő azt rezgési szinten ugyanúgy átveszi, és programként használja később. A gyerek előtt nem kell semmit titkolni. A betegség titkolása ugyanolyan károkat okoz. Nagy korában félni fog a betegségtől, nem fog róla beszélni, és őrlődni fog benne minden, ami még nagyobb elváltozást idéz elő.

Amikor benne voltam egy vastagbél-elváltozásban, és utána egy méhnyak-daganatban, a gyermekeimnek elmeséltem, mi miért történt, ezzel megszakítva az utódaim előtt azt a gondolati, viselkedési mintát, amire ők már nem tudnak így reagálni és testi tünetet produkálni.

Volt még egy anyuka konzultáción, aki viszont arról számolt be nekem, hogy gyermeke állandóan úgy forgatja a szemét, mint egy kaméleon. Ez a tünet azt jelzi, hogy állandó veszélyt keres a gyerek, és úgy gondolja, hogy az bármilyen irányból jöhet. Kiderült, hogy állandó kiabálás volt a családban, és a gyermek elméje utasította a szemét, hogy körbe-körbe járjon, így meglátja, hogy honnét várható a támadás, a veszély. Szintén jó módszer, hogy az alvás fázisában elmagyarázzuk a gyermeknek, hogy nincs mitől félnie, és nem kell keresni veszélyt, mert nem fenyegeti semmi és senki.

Ne rejtsünk véka alá semmit. Beszéljük meg a gyermekkel, hogy mi okozza azt a viselkedést, nyugtassuk meg, hogy nem történt semmi rossz, és csak egy konfliktus mutatója ami jelenleg éppen történik. Megtanítod a gyermekkel abban a pillanatban, hogy bármi betegség vagy viselkedés a gondolataink teremtménye. (Betegségekről bővebben olvashatsz még a könyvben.) Amint magunkban helyretettünk gondolati szinten, nem tudjuk továbbadni a másik generációnak. De térjünk vissza a megfelelésre. Életed során, ha visszanézel, megszámlálhatatlan mennyiségű embernek kellett megfelelned, és ha nem olvasnád eme sorokat, belefuthatsz még jó pár ilyen emberbe. Nézd meg magát a szót. MEG-FELEL? Vagyis ha mondasz olyan dolgot, amit azért teszel, jóváhagyd a másik gondolatát, szinte meg is kérdezted tőle: MEGFELEK NEKED?

Megfeleltünk anyánknak, aztán bementünk intézményekbe, ahol más és más elvekkel élő emberek igazgatták életünket a rendszer által kiadott, megfogalmazott, úgymond etikettek betartása a főnök hol jó, hol rossz hangulatának, a szülői, házastársi szerepünknek, és még sorolhatnám napestig. Tiszta őrület. Mennyi, de mennyi munkát fektet az elme ezen megfelelési elvárásokba. Téboly! De meddig bírod még? És te hol vagy a sorban? Elgondolkodtál? Kimerítő helyzet, és végeláthatatlan. De nem kell így lennie. Meg kell tanulnunk és emlékeznünk arra, hogy mikor kicsik voltunk, bármit tettünk, szeretve voltunk. Magunkat is szerettük. Meg kell tanulnunk, hogy magunknak kell megfelelni, kiállni magunkért, megengedni magunknak, hogy megálljunk, lecsendesedjünk, időt adva magunknak, hogy azzá válhassunk, akinek megszülettünk. Következő kérdésed itt cseng a fülemben:

– Jó, jó, de ha nem teszem ezt vagy azt, nem azt mondom, amit hallani akar az anyám, a főnököm, akárki, akkor nagy esély van, hogy megharagudjon rám, kirúgjon az állásomból, amiből eltartom a családom, esetleg családi háborút robbantok ki, ha megmondom férjemnek, feleségemnek, barátomnak stb., miszerint ahogy viselkedik, az nem hozzá méltó. Honnan tudod, mi történik, ha még ki sem próbáltad? Lehet, hogy két napig sem szól hozzád, mert megbántva érzi magát, de ez nem a te gondod, nincs közöd hozzá, és befolyásolni sem tudod. Viszont te jobban érzed magad, hogy elmondhattad, amit te gondolsz. Kirúghat a főnököd – de lehet, hogy két hónap múlva úgyis megtörtént volna, és honnan tudod, hogy nem egy jobb állás kopogtat be. Nem tudhatod, mert nem próbáltad. Elmesélek egy történetet, ami egy konzultációs alanyommal történt.

Bernit nagyon szeretem, és nagyra becsülöm azért, amit tett a fejlődése érdekében. Bernivel együtt nőttünk fel, egy panelban éltük a nyolcvanas évek legszebb gyermekkorát. Jól ismertem, hiszen huszonéves korunkig egy házban éltünk. Nem volt fényes gyermekkora, de húsz év alatt, míg nem találkoztunk, felnőtté válásunk után is megőrizte jókedvét, derűs volt annak ellenére, hogy a múlt nem volt édes számára. Mikor hozzám eljutott meghallgatni egyik alapismereti előadásomat, eldöntötte, hogy jelentkezik konzultációra. Akkor már évek óta érezte, hogy valami nincs rendben. Nagyon nyitott volt, és együttműködő. Jó volt vele dolgozni. A pániktünetei voltak azok, amik gyengítették, egy munkahelyi viszály miatt. Érezte, hogy változtatni kellene, mert ez így nem mehet sokáig. De nála is, mint sok más embernél, a kérdés a következő volt: Hogyan?

Uralkodtak elméjében az általa berögzült megfelelési elvek, eszmék, hiedelmek, amelyek nem engedték megválaszolni a HOGYAN kérdését. Rengeteg kérdés és válasz jellemezte a konzultációt, de észrevettem, hogy olyan befogadó állapotban van, hogy mindent megértett. Megértésre talált az OK és OKOZAT, valamint a VONZÁS TÖRVÉNYE. Tudtam, hogy drága Berni a legjobb helyen van, és már nagyon közel az élet, amit ő elképzelt magának. Nem ítélkezett más felett, nem mondta, hogy más miatt alakultak ki a tünetei, hanem megértette, hogy az ő gondolataira, amelyek tévesek voltak, elméje a legjobb elváltozást választotta ki, az pedig a pánik. A pánik nem betegség, hanem tünet, egy előre nem látható, még meg nem történt, veszélyt rejthető eseményre való reakció. Berni rendkívül jó szakember a munkájában, de egyvalami fárasztotta és gátolta, hogy jól érezze magát munkahelyén, az pedig a főnöke viselkedése volt. Nem a munka volt, ami lefárasztotta, hanem az, hogy bármit mondott vagy csinált, nem tudott eleget tenni, nem tudott eléggé megfelelni főnöke elvárasainak, annak ellenére, hogy a főnök tudta, hogy Bernit bármire is megkéri, mindent tud teljesíteni szakmán belül. A munka végére kiégett, elfáradt, ingerült lett, ami egy megfelelésnél természetes fizikai tünet. A pánik kezdődő időpontjához visszavezetve gyönyörűen felhozta azt a konfliktusát, ami kiváltotta a tüzetet, viszont nem az volt számára a legfőbb probléma, hanem az, hogyan lehetne megoldást találni életére, mert szenvedést okoz neki az, hogy mindennap stresszel kel és stresszel fekszik. Kérdeztem, mik lehetnek a reális megoldások, hiszen nem befolyásolhatom elméjét az én gondolataimmal. Mikor hozzám eljött, annak előtte egy évvel már megírta felmondólevelét, és pontos dátumot írt rá: 2018. december 1. Előre ráírta úgy a dátumot, hogy nem tudta, most elégesse vagy meglépje. Már nem akart megfelelni annak a viselkedésnek, amit főnöke elvárt volna, de nem volt lehetősége egy másik munkahelyre menni, hiszen szakmája nem egy tömegszakma, és volt még több dolog, amit ellenérvekként hozott fel. Biztatni nem biztattam, hogy mondjon fel, de támogattam, és erősítettem abban, hogy a VONZÁS TÖRVÉNYE erős törvény, és ha becsukja ezt az ajtót, és ennél sokkal, de sokkal jobb ajtót akar kinyitni, akkor ki fog nyílni, és elé fogja tenni az Univerzum a neki legmegfelelőbbet. Elmondtam neki, hogy ha félelem van benne, nem tud vonzani, és hogy bízzon magában, bízzon a törvényben. Annyira magabiztos lett, hogy meglépte, és pont akkor, amit egy évvel azelőtt ráírt a pappírra. December elseje volt az utolsó munkanapja. Felhívott, hogy beadta, de a hangja megkönnyebbült, szinte láttam magam előtt, hogy repdes az örömtől. A következőt mondta: „A legjobb döntést hoztam meg, és érzem, ahogyan egy kő leesett a szívemről".

De mi történt azután, mikor maga mögött hagyta az elvárásoktól, megfelelésektől nyomasztó munkahelyét? Engedte, hadd sodorja az élet. Nem feszült rá az új munkahely keresésére, megengedte magának a pihenést, a gyógyulást. És akkor... nem kellett sok idő a hölgynek, felajánlottak egy lehetőséget, ahol most is dolgozik, és a lehető legjobban érzi magát. Érdekes, hiszen valamilyen úton-módon már ismerte a helyet, és ha jól emlékszem, még egy ismerősét is elkísérte próbamunkára, és ő is belekukkantott az ott lévő dolgokba, amikor is nagyon tetszett az, amit ott csináltak, és szeretett volna ott dolgozni. A VONZÁS TÖRVÉNYE működött.

Bernadett útja hozzám vezetett, de én már csak a pontot tettem fel az i-re. Megerősítésért jött, de ő ezt nem tudta, csakis a belső énje. Érezte, hogy változtatni kell az életén, mert nem érzi jól magát, és hitte, hogy nem kell beleragadni abba, ami van, nem kell mindenáron megfelelnie egy adott személynek – elvitte oda, ahol lenni akart. Az, hogy végleges választás volt-e ez a munkahely, nem feltétlenül kell, hogy így legyen, mivel mindig tágulunk, és fontos, hogy a tágulás során engedjük be az újat, és engedjük el, ami már nem szolgál! Berni benne volt egy tágulási folyamatban és megértésre talált, ezzel elérve lelki békéjét, nyugalmát. Utólag is köszönöm Berninek a bizalmat, hogy fontos kérdésekben segíthettem neki, beleértve a pániktüneteinek okát is, ezzel is hatalmas segítséget nyújtva a többi, hasonló tünetekkel hozzám forduló embereknek. Csodákkal teli életet, drága Berni.

A megfelelés kimerítő, téves gondolat, majd cselekvés, ami negatív energia, és tüneteket is produkálhat a testünk. A megfelelésnél még megemlíteném az „én igazságom, és az én igazságomnak kell megfelelned, mert az enyém jó, a tied pedig butaság". Ó, tényleg?

Honnét az, hogy az én igazam az igaz? Hogyan fogom bebizonyítani, hogy amit leírtam, az igaz és működik? Csak úgy tudod, ha kipróbálod. Nem erőszakoskodom, nem akarlak megygyőzni, csak hagyom, hogy te döntsd el, jó-e neked! Voltál már úgy, hogy valaki azt mondta: „dönts mellettem, mert én igazat mondok és cselekeszem", és amikor bizalmat adtál neki és megszavaztad az igazát, máshogy kezdett beszélni és cselekedni? Aztán kiléptél mellőle és kerestél egy másik embert, akinek az igaza tetszett? Hét és fél milliárd igazság van a Földön, és nem lehet, képtelenség megfelelni akár az életedben ott lévő több tíz ember igazságának, a rendszer állította igazságnak. Az az igazság, amit te annak hiszel! Nem kell embereket toboroznod magad mellé, hogy megerősítsenek, hogy „ugye, hogy igazam van".

Ez felesleges, és egós elmére utaló gondolkodás. Véleményed lehet más igazságával kapcsolatosan, de fontos, hogy ne küzdjél ellene, bizonyítva a tiedet. A legnagyobb mesterek és tanítók bármely támadásra már csak ezt válaszolják: „igazad van". Ez egy nagyon bölcs mondat. Ha átérzed ennek a mondatnak a jelentőségét, rájössz, hogy ebből már nem fakadhat megfelelés. Vannak olyan konzultációim, amiken használnom kell ezeket a mondatokat, mert annyira hiszi teste betegségét az érintett, hogy velem akarja elhitetni: a külső körülmények áldozata. Még nem hajlandó feladni a testét megbetegítő, téves gondolkodást, vagy használni akarja a betegségét valamire. Akkor nincs mit mondani: „igazad van".

Ha nem így tennék, akkor azt érezhetném, nem feleltem meg elvárásainak. De én nem megfelelni akarok neked, és véleményed számomra úgymond nem fontos, mert nem mérhetem más véleményéhez magam. „Vagyok, aki vagyok" – mondja Isten. Mindenki másnak gondol; ki egy könyv írójának, aki meg akarja mondani a tutit, mit csinálj, és attól frankó életed lesz; ki segítőnek, és ha egy mondattal is, de kiemeltem abból, ami épp probléma számára. Mindenki úgy lát engem, amilyen szemüveg van rajta éppen. De tudd, bármit is gondolsz rólam, igazad van.

Kényszeres megfelelés már gyermekkorban kialakul. Nem felelősségre vonom szülői mivoltunkat, félreértés ne essék, annál is inkább szeretném emlékeztetni magunkat, hogy önzetlen szeretetben kell nevelnünk gyermekeinket. Ugyanis nagyon erős szavakat ejtünk ki szánkon, át sem gondolva jelentésüket és következményeit. Ha hallottad a következő mondatokat gyermekkorodban, vagy te szülőként hangoztattad gyermekednek, akkor újabb programra lelhetsz elmédben, választ kapva, miért is akarsz megfelelni.

– Csak akkor kapsz fagyit, ha megcsináltad a leckét.

– Csak akkor szeretlek, ha mire hazajövök, rendet raksz a szobádban.

– Jól tanulj, mert akkor tudom, hogy szeretsz.

Stb.

A gyermekben kialakul egyfajta elv, hogy akkor kaphat meg valamit az élettől, ha megfelel ennek és annak. Felnőttkorban dupla, tripla energiát tesz bele egy olyan dolog elérésébe, amit más a kisujja megmozdítása nélkül megszerez. Érthető akkor, miért is fontos először a magunk programjain belső munkát végeznünk ahhoz, hogy mentálisan egészséges gyermekeket tudjunk nevelni? Ezekből a gyermekekből a megfelelési kényszer hatására „igen-emberek" lesznek, némelyikük mártírszerepbe öltözik az élete egész területén, ami saját, valódi énjének teljes elnyomására vezet. Mindig voltak, vannak és lesznek „igen" emberek, akiket a társadalom nevel ki magának, ígéreteket téve, hogy ezt és ezt megkapod, ha azt csinálod, amit én akarok. Ezt a szerepet vették fel magukra, és azonosulni is tudnak a vele járó cselekvésekkel. Feltehetően remekül érzik magukat, viszont amikor nincs mellettük egy olyan ember, akinek nem kell megfelelni, vagy meg kéne menteni, tehetetlenek, mert nem tudják játszani szerepüket. Elkezdenek félni, depresszív állapotba kerülnek, mert ha nincs, akinek megfeleljenek, akkor „Ki lesz belőlük?". A megfelelés az egós elme téves gondolata. Önzetlen szeretettel neveli, nem más, mint az, hogy bármit tesz, mond vagy cselekszik, biztosítanunk kell felőle a gyermeket, mi minden esetben szeretjük. Nem kell megküzdenie a szeretetért, és nem kell kiérdemelnie. Nem tudunk mindenkit megmenteni, aki negatív programjaival azonosult és éli életét, nem várjuk, hogy megfeleljenek, és mi sem akarunk megfelelni nekik.

Csupán egy dolgot tehetünk: SZERETJÜK ŐKET!

ÉLEK VAGY TÚLÉLEK

Feltetted már ezt a kérdést magadnak? Az emberek csak akkor fogalmazzák meg ezt a kérdést, amikor túlélésre játszanak, és merülőben van az aksi. A CSODÁK TANÍTÁSA nyomán lefordítva: az élet boldog pillanatok, a túlélés szenvedés. Olyan nincs, hogy egész nap repdesek, mint a kismadár. A boldogság pillanatokból áll. Rajtad múlik, mennyi pillanatot teszel magadévá. Nem számít, hogy MOST hol vagy, beteg vagy, esetleg nincs pénzed, elhagyott a párod, kirúgtak a munkahelyedről. Ebben a pillanatban dönthetsz úgy, hogy boldog vagy! VAGY és ÉLSZ! Annak ellenére is megteheted, hogy milyenek a külső körülményeid. A körülmények rajtad kívül állók, de a boldogság Istentől kapott ajándéka benned van. Ha használod belső vezérlődet és a boldogságot választod, a külső körülmények elkezdenek pozitív irányba változni. Nem biztos, hogy már tele lesz a pénztárcád, de egy biztos: megengedted a csapot, amin keresztül áramolni fog hozzád a jó. Eddig zárva tartottad, mégpedig a félelmeddel, a szomorúságoddal, a kétségbeeséssel, a fájdalommal, az önnönmagad sajnálatával stb.

A kérdés: élvezni akarod-e az életet a külső körülmények befolyásolása nélkül, vagy azon elmélet szerint túlélni, hogy „megszületünk, iskolába járunk, dolgozunk és meghalunk". A döntés rajtad áll. Hozakodhatsz elő olyan állításokkal, hogy „valós dolog a betegség, mert érzem, látom, papírom van róla", vagy mutogathatod az üres pénztárcádat! Igazad van! Látom, érzem, tudsz beszélni róla mindenkinek, mert valósnak látod, a szenvedés szemüvegén keresztül látsz. Nem csak anyagi csődödet látod a szenvedés szemüvegén keresztül, hanem mindent. A kapcsolataidat, a munkádat, a lakásodat, az egész életedet. Elindítottad a lavinát! A hasonló a hasonlót vonzza magához. A szenvedés még több szenvedést, a betegségről való gondolkodásod még több elváltozást. Elkezded faggatni magad: „Mi történik velem?" Figyelmeztetlek: semmi olyan nem történhet veled, amibe nem egyeztél bele gondolati szinten! Most sokatokba belehasít a fájdalom, hogy „nem akartam az utcára kerülni, nincstelenné válni", „nem akartam beteg lenni", „nem akartam, hogy elhagyjon a partnerem" stb. Az elme ismereteiben a NEM szó valótlan, nem tudja értelmezni. Vagyis amit *nem akartál*, azt akarod! Amit pedig akarsz, azt megkapod. Kérted, és megadatott! Az Univerzum felé a kívánságod parancs! A régi időkben is megfogalmazták: Nem akarásnak nyögés a vége. De itt még nem áll meg az élet, nem kell elásnod magad, és *kicsiny, senki énnel* címkézni fel valódat. A legnagyobb mélységek az életünkben mutatják meg a megoldást.

Ábrahám – a legnagyobb tanító számomra – fogalmazta meg ezt az élethelyzetet, és KONTRASZTNAK nevezte el. Nagyon jó és érthető kifejezés. Kontrasztba születtünk bele. Lefordíthatjuk: jó és rossz, szép és csúnya, világos és sötét stb.

Ha kontrasztos pillanatot élünk meg az életünkben, még akkor sem kell megijedni, hiszen a mélység pillanatában tudjuk igazán értékelni azt, amikor jól voltunk, és erőteljes, megfontolt, tudatos kijelentést küldhetünk az Univerzum felé, hogy mit akarunk. Aki nem képes látni, hogy kontrasztban van, nem fogalmazza meg, hogy MIT AKAR, az még nem süllyedt elég mélyre ahhoz, hogy tudati szintet váltson, és elérje elméjének azt a részét, ahol döntést hozhat és a változás mellett érvelhet!

Akinek már nincs mit veszítenie, az képes olyan erős pozitív, tudatos kijelentést, döntést hozni jóléte elérése érdekében, hogy szinte érezni a levegőben az Univerzum átalakító energiáit, amelyek gyors manifesztációra képesek. Addig, míg a másik embert vagy Istent okolod saját szar életedért (elnézést a kifejezésért), addig hiába minden.

Ahogy elfogadod, hogy a te gondolataid által teremtetted a körülményeket és hajlandó vagy tőle megszabadulni, abban a pillanatban teret adsz a pozitív teremtésnek!

Egyik konzultációm során egy fiatal lány ült velem szembe. Elkezdte sorolni nagyon hosszan, hogy milyen rossz dolgok történnek mostanában vele. Számomra fura volt, hogy huszonévesek milyen borúlátóan tekintenek a világra. Egyszer csak megszólalt: „Olyan szar az életem!"

Erre azt válaszoltam:

– Az élet te vagy, a gondolkodásod pedig téves, ezért látod szarnak az életed.

Elszomorodott, hiszen azt gondolta még, hogy a külső dolgok miatt történik mindaz a rossz esemény. Igyekeztem felvázolni azokat a gondolatait, amikre erős fókuszt tesz, és meg fordíttattam vele, hogy pozitív kijelentés legyen elméje számára. Látszólag jobban érezte magát. Eltelt körülbelül fél év és újból megkeresett, hozta az orvosoktól kapott diagnózisait, és ugyanazon gondolkodással élte tovább életét első találkozásunk után is. Okként éli meg az eseményeket, és ítélkezik a saját manifesztációja felett. A valódi okokkal kell szembenézni! A gyökerüket kell megkeresni ahhoz, hogy elkezdjen élni, és ne csak túléljen. A segítőknek nem feladatuk a gyengeségeket erősíteni, hanem az igazságra mutatunk rá. Az ősi erőre, hatalomra, a bennünk élő tiszta Forrás erejére. Hogy mikor kinél jön el a pillanat a saját életéért való felelősség vállalására, az változó. Sokunk akkor fordul meg, amikor mély krízisen megy át, amit már említettem is, és belesorolom magamat is. Ritka, hogy bármiféle kiváltó ok nélkül az elme gondolati rendszere átíródik. Vannak olyanok is, akiket nem lehet visszafordítani, és másik életet kapnak, egy úgymond továbblépésre. Mikor a legmélyebben vagyunk, akkor a legtisztább az elme ahhoz, hogy új gondolatokat gondoljunk, és felállítsuk magunkat abból a helyzetből, ahová juttattuk magunkat. Ezek határozott és erős döntések, és nem könyörgések. Abban az állapotban, ahol ítélkezünk és mást okolunk az elcseszett életünkért, nem reális gondolatmenet van az elménkben. Csakis az egónak megfelelő!

Pozitív döntéseket hozni képtelen, hiszen a szenvedés szemüvegén néz és szemlél. Erősíti vele gyengeségeit, hasonló negatív eseményeket teremt, képtelen lesz dolgokra. Kapkod a külső segítségért, bízva abban, ha rajta kívül álló okok miatt lett beteg, akkor rajta kívülálló dolgok meg is gyógyítják. Téves gondolatok, téves döntések, és mint a futóhomokban, kezd még lejjebb süllyedni. A kontrasztban tudunk olyan döntést hozni, ami felfelé visz. Amikor jól érzed magad, nem hozol döntést, hogy jól akarod magad érezni, és jól akarsz lenni, hiszen már jól vagy, és nem kell a jólét mellett döntened. Csak akkor, csak abban a pillanatban, amikor érzed, kibillentél a „jól érzem" áramából. Már csípd el az elején és döntsél hamar, hogy jól akarsz lenni. Egy másik konzultációs alanyom nagyon jól haladt, hogy kifuttassa elváltozását, ami egy daganatos különprogram volt. Rengeteget beszélgettünk, megértésre jutott a betegségével kapcsolatosan. Az indító okot megtalálta, beazonosította, és elkezdődött a rohamos gyógyulás a testében. Nagyon boldog volt, hogy látványos javulás indult el a testén. De mivel tudjuk, hogy gyógyulási folyamat közepén elkerülhetetlen a krízisidőszak, a hölgy is megtapasztalta, ami súlyos szédülési rohamokat váltott ki nála. Megijedt és visszament a kezelőorvosához, aki felállította a diagnózist, hogy több daganat van a fejében és műthetetlen. Olyan mértékű diagnózis-sokkot kapott a hölgy, hogy teljesen alávetette magát az akadémikus orvosoknak, és sajnálatos, de nem élte túl a gyógyulási szakasz utolsó egyharmadát. A félelem nagy úr! Ha érted is a lélek-agy-szervi folyamatot, érted betegséged okát, az nem elég ahhoz, hogy életben maradj. Tudatosan kell gondolkodni, hinni a még nem láthatóban, fókuszpontunkat a betegségről a gyógyulásra helyezni, bízni az anyatermészet tökéletes programjában, és persze türelemmel és elfogadással várni az elváltozásunk kifutását. Nem szükségeltetik évekig tanulnod, hiszen ebben a könyvben összeszedtem olyan, a gyakorlatban is használható feladatokat az elmének, amivel éveket spórolhatsz, és felhozhatod azt az istenadta tudást magadban, ami minden fizikai lénynek megadatott. Amit leírok nektek, azok saját tapasztalataim, persze a tapasztalatok előtt tanítók, segítők ősi hagyatékként ránk maradt tanulmányait értelmeztem, elemeztem, de a legnagyobb tanítóm az elváltozásaim, illetve a szinkronicitás volt, amikor egy nap alatt és azon belül is két óra különbséggel elveszítettem a jól fizető állásomat, és a házasságom húsz éve lezárult. Mindössze két óra alatt. Amikor a második hírt megkaptam, tudtam, hogy a szinkronicitás jelen van életem a pillanatában. Először az elmém egyik része azt mondta: „Még csak reggel kilenc óra van. Mi vár még rám estig?", a másik része már tudta, hogy én akartam így! Élni vagy túlélni kellett azt a napot, és messze nem volt mindegy, melyiket választom. Döntenem kellett! Nekem, a fizikai énemnek. A valós énem már rég meghozta a döntést. Naponta megfigyelheted, hogy mennyiszer döntesz. Barack vagy alma? Menjek, vagy ne menjek? Olvassak vagy tévét nézzek? Stb. Számodra a legmegfelelőbb döntéseket hozod, és már mikor ránéztél a gyümölcspultra, tudtad, hogy az almát fogod vinni, csak az elme még játszik veled, mielőtt a fix döntést kimondanád. Nem azon kell agyalnunk, miért hagytuk ott azt a gyönyörű barackot, hanem megértenünk, miért az almát választottuk. Voltál már úgy, hogy nem tudtad, miért hagytad magad rászedni, hogy elvonszoljanak egy partira, pedig te legszívesebben belakatoltad volna magad az önsajnálatba és romantikus filmeket néztél volna, és miután rávettek, hogy elmenjél, a buli közepén rád mosolygott valaki, és villámcsapásként ért az Ámor nyila? Akkor, utólag jöttél rá döntésed okára! A döntést már jóval azelőtt meghoztad, már annak előtte tudta a legfelsőbb éned, hogy öltöznöd kell, és el kell menned. Hajnalra összeállt a kép. Millió példát sorolhatnál fel eddigi életedből, de nem tudatosan figyelünk az eseményekre az életünkben. Gondolom, most elkezdett kutatni elméd, és ha előttem állnál, jó pár sztorit el tudnál mesélni. Kulcsfontosságú tudni, hogy a döntések előbb születnek meg, mint te tudnád, és az ok megértése lesz csak a feladat. Ezért nincs olyan, hogy jó vagy rossz. Minden akkor derül ki, ha megértetted döntésed okát. Ez olyan, mintha tudnád életed forgatókönyvét, és eljátszanád. Semmi komolyságot nem téve a játékba. Nem kell megijedni, hogy rosszul döntöttünk, hanem türelmesen várni az okozatot, hogy miért úgy tettünk, ahogy. Az Univerzum nagyon vicces játékot játszik velünk. Ha valaki úgy döntött, hogy túlél, akkor a körben mindig ugyanoda ér vissza. Nem változik az eredmény, csak az út lesz más. Túlélni veszélyes játék: hamar elfáradhatunk és feladhatjuk a harcot. Ebben az esetben is te egyeztél bele, különben nem történhetett volna meg. Árral szemben evezni egyfajta mókuskerék. De itt nem találsz semmit, csak azt, mint eddig. Sok munka, még több munka, kemény munka, még keményebb munka. BLA-BLA-BLA... Fejtsük ki egy árral szemben evező ember életét nagy vonalakban. Emberünk olyan programot kapott gyermekkorában, hogy „csak kemény munkával éred azt el, hogy kenyeret tegyél az asztalra". A program stabil, emberünk elméje rögzítette. Elkezdi az életét, és nem tudja az elméje, hogy van más program is, hiszen ezt kapta felmenőitől, ezt látta szülei mindennapjában, hogy reggeltől estig benne vannak a mókuskerékben. Napról napra, csak lapátol, lapátol árral szemben, és elméje nem engedi, hogy levegye a fókuszt a sok munkáról. Ezt látja, erre koncentrál elméje, hiszen ezt tanulta. Panaszkodik, hogy mennyit kell dolgozni pitiáner pénzekért, ezzel megerősíti a programot, és úgy érzi, napról napra többet dolgozik. És meg is teremti a még több munkát, és a pitiáner pénzt is. Lapátol az árral szemben, éppen oda, ahová nem akar menni. Élvezni semmit sem tud, hiszen erejét a munkába fekteti. Aztán a testi tünetek megjelenésével terápiákra jár, extra gyógyszereket vásárol, mivel gondolja, ha drága, akkor bizonyosan jó is, és remek gyógyító hatást gyakorol elváltozásban lévő testére. De ezek után még eme drága terápiákat is ki kell termelnie, így mindig és mindig ugyanoda ér vissza. Ez csak egy példa a túlélési programokat használók közül. A túléléshez eszközöket is felhasználunk és vásárolunk. De csak ideig-óráig tudjuk elfeledtetni magunkkal, hogy küzdeni kell. Ha nem küzdök, akkor nem élek túl. Aztán beleragad, és élete végéig ezt teszi.

Míg túlélési üzemmódban vagy, azokra a dolgokra nem fordítasz időt, ami igazán fontos lenne. Azokat a dolgokat szabotálod el magadtól, amiből erőt meríthetnél, feltöltenéd magad testileg-lelkileg, és ha a lelked tele van nyugalommal, békével, akkor több ötlet és inspiráció jutna eszedbe, ami nem a küzdelem, hanem az az út, amit akkor, amikor jöttél ebbe a fizikai világba, kijelöltél magadnak. Persze születésünk pillanatában elfeledtették velünk a küldetésünket, de a belső éned nem felejtette el, és mindig igyekezett terelgetni, hogy merre menj. Lehetőségeket kínált számodra, amit legtöbb esetben nem vettél észre, és figyelmen kívül hagytad. Amikor megérted döntéseid okát, jössz rá arra, hogy te kezdted kirakni apró darabokból az életedet. Amikor én visszanéztem eddigi életem eseményeire, megdöbbentem, hogy ami velem történt, s amit persze én teremtettem, mind-mind hozzájárult ahhoz, hogy beteljesítsem valódi célomat. Százhetven kilométerre költöztem szülővárosomtól. Nem találtam meg ott az ideális társat, csak lógtam a levegőben. Zalai lányként sokat jártunk a Balatonra, ahol rengeteg szórakozási lehetőség volt, és ott ismerkedtem meg férjemmel (ex), és költöztem el hozzá a Zalai-dombságról a Kisalföld sík vidékére. Se barátok, se család, igyekeztem a legjobbat kihozni magamból. Egy boltban kezdtem el dolgozni, és megismerkedésünk után két évvel megszületett első gyermekem, aztán három évre rá a második lányom is.

Boldog voltam, hogy anyaszerepben vagyok, de mégis hiányérzetem volt. Ijesztő kezdett lenni, hogy egyedül vagyok, nincs segítségem, magamra vagyok utalva. Egy régi házat újítottunk fel, amit igazán nem akartam, de a kirakós darabja volt. Amikor a kisebbik lányom két éves lett, belevágtunk egy új ház vásárlásába, amikor bekövetkezett Magyarországon az úgymond válság, és a svájci frank hitelű házunk törlesztőrészlete a duplájára nőtt, amit férjem akkori fizetése betakart.

Kisebbik lányom születése után már elmentem dolgozni egy gyárba. Rendkívül örültem, mert lehetőséget biztosítottak, hogy GYES mellett is dolgozhassak. Aztán időközben barátnőm várandós lett kisfiával, és megkérdezte tőlem, hogy nem vállalnám-e át ausztriai munkahelyeit több családnál, míg ő vissza nem tud menni dolgozni. Igent mondtam, hisz' négy ausztriai munkanapom alatt megkerestem azt a pénzt, amit egy hónap alatt a gyárban. Kint ragadtam tizenkét évig. Minden napra jutott egy család. Egyik ajánlott a másiknak, és már alig bírtam szusszal. Dőlt a pénz, de hátrányt szenvedett életem azon része, amit nagyon szerettem addig: az anyaság. Visszafordítani nem tudom, hogy nem tudtam elvinni őket az iskolába, s mindig egy kedves anyuka segített be. Voltak napok, amikor értük sem tudtam menni, és sokszor csak vacsoraidőben értem haza. Fáradt voltam az ingázástól, a munkától, de annak ellenére is, a gyermekeimre való figyelmem nem tompult. Esténként mindig meséltem, és a fizikai kontakt is megmaradt. Mindig nagy családra vágytam, minimum három gyerekre. Lehetőségem adódott, hogy hazánk egyik legjobb grafológusához elmenjek, aki a következőt mondta: lát egy fiúgyermeket, de nem szülök már, ennél tovább nem lát. Na, halvány lila gőzöm nem volt, hogyan lesz fiam, ha nem szülök. Az örvényemben benne volt három gyermek, és a Vonzás Törvénye annyira erős volt, hogy tényleg kaptam egy fiút: a nővérem akkor még kiskorú gyermekét. A fiút a középiskolai tanulmányának befejeztéig neveltük, és rendkívül szoros kapcsolat alakult ki közöttünk. Már a huszonnegyedig életévét betöltötte, de mindig szeretettel gondolok rá, és arra, hogy nagycsaládos lehettem általa. Szóval a nagycsalád megteremtődött, de egyre mélyebbre kerültem a mókuskerékbe, rengeteg dolgoztam, és a tőlem telhetőt megtettem családomnak is. Érthetetlenül álltam a helyzetem előtt: hogyan jutottam ide, miért választottam ezt? Mikor lesz vége? Ausztriai munkám is kirakó-darabka volt! Egyedül dolgoztam, senki sem volt körülöttem, viszont ezzel együtt olyan lehetőséget kaptam az Univerzumtól, hogy akár napi tíz órában, míg dolgoztam, bedughattam a fülembe azokat az anyagokat, tanításokat, amelyek kellettek ahhoz, hogy idáig elérjek, és a tanításokat ne csak elméletben, hanem gyakorlati tapasztalatként is használjam életemben, és segíthessek másoknak is, hogy elérjék a Jólét állapotát. Dühös voltam a munkámra, hiszen éreztem, ez nem én vagyok, de megtanított az alázatra, és engedélyezte a napi tíz óra tanulást. Éveken át úgy dolgoztam, hogy közben tanultam, hiszen időm hazaérkezésem után nem volt, ezért kaptam azt az eszközt, hogy hallás után tanuljak. Megértettem a tizenkét év ingázásom okát. Nem szégyenlem, sőt inkább hálás vagyok, hogy olyan munkahelyet ajánlott fel az Univerzum, ahol lehetőséget kaptam arra az útra rátérni, amiért megszülettem. Mielőtt a test és az elme működésének tanulmányozásába mélyen beleástam volna magam, elszenvedtem egy csúnya, mocskos, úgymond „SZAR" konfliktust, ami annyira intenzív volt, hogy a megoldási szakaszban szörnyű fájdalmakat éltem meg. Ez az elváltozás egy vastagbél-daganat volt. Hittem az anyatermészetben, hittem a testemben, és gyógyszerek nélkül meggyógyultam. Egy szép ajándék volt magamtól a negyvenedik születésnapomra. Ez a kirakóm következő darabja, hogy saját magamnak bebizonyítottam, hogy működnek a törvények, és nem félek a betegségektől, hisz' mint olyan, hogy „betegség", nem létezik, csak természetes elváltozások. Betegség számomra a téves gondolat, ami a konfliktus lefolyása alatt gondolati szinten megtörtént. Azért írom le életem piciny hányadát, hogy megértésre találjatok életetek azon szakaszaiban, ahol azt mondtátok: „Miért akarom én ezt?". Azért akartad és akarod, mert ez közelebb visz ahhoz, amit el akarsz érni és elterveztél a múltban. Ezek a történések a tudatalattidból jönnek a felszínre, és te választottad annak érdekében, hogy a megfelelő útra tereld magad. Ezért nincs jó vagy rossz tapasztalat. Mindegyik az utad felé sodor. Ha tudatos vagy, ha nem. De miért nem emlékszünk? Akkor sokkal, de sokkal könnyebb lenne élni. Igen, könnyebb, de rettentően unalmas. Ha kész állapotban kapnál meg mindent, és az öledbe hullana, egész napod egyhangú lenne, és egy idő után borzasztóan feszengenél attól, hogy semmire sem vagy jó, mert mindent tálcán kínálnak neked, anélkül, hogy a kisujjadat is mozdítanád érte. „Nem halat adok a kezedbe, hanem megtanítalak halászni." Meg kell tapasztalnunk a célhoz vezető utat. Persze sokszor megkerüljük érte a világot, feleslegesen, de azt úgy tedd, hogy elfogadással, alázattal és békével töltsön el.

KISZÁLLNI A MÓKUSKERÉKBŐL

Jó duma! De hogyan? Ezen kérdéseket mindig felháborodva teszik fel az emberek, és én sem voltam kivétel. De mire vagyunk ilyenkor dühösek, és most ki kérdezett? Az isteni békével megáldott valódi éned nem tesz fel ilyen dühös kérdést. Akkor ki kérdez? Ki az a valaki, aki benned lakik, és mérges attól az információtól, hogy be lehet fejezni a kínkeserves mókuskerék-életet? Természetesen az egó! Az egó jóllakik a szenvedéssel, az aggódással, a félelemmel, az elgyötörtséggel. Neki kell a szenvedés. Az isteni, igaz éned a békés. Az egó a túlélésre ösztönöz, a valódi éned a szabadságra, békére, szeretetre. De hát én szabad vagyok! Van munkám, pénzem, kocsim. Valóban? Szabad-e az az ember, aki robotol egész nap, és kiégett, fáradt életet él? Szabad-e az az ember, aki egész héten hajtja a szekeret, és a hétvégét egy óriási plázában tölti el? Mit akarsz vásárlással kielégíteni, ami nincs meg az életedben? Milyen űrt töltesz ki vásárlással? Minden múlandó! A ruha kifakul, a cipő elkopik, és az egódnak ideig-óráig ad biztonságot. Utána kell tölteni, mert lemaradsz az új divatról, nem vesznek észre. A divatot lehet követni, de tudatosan kell hozzáállni a vásárlásokhoz. Ha több van, akkor még több kell. Aztán egy idő után oda jut az ember, hogy a kasszánál való fizetés után már nem is olyan izgalmas, csak addig volt, míg nem fizette ki. Aztán megy a többi táskához, cipőhöz a megvásárolt darab, és újabb kényszert érez, hogy kitöltse az űrt. Ha az egó testet öltene, akkor tele lenne a pocakja mindenféle olyan dologgal, ami jelentéktelenné válik idő után. Ne térjünk el az eredeti témától, habár fontos üzenete volt az említett mondatoknak is. Mókuskerék. Könyvem sok témáját alátámasztják tapasztalataim, ezzel is segítve benneteket abban, hogy minden döntés kérdése, és igenis lehet félelem nélkül élni. Kérlek benneteket, ha e könyv olvasása közben még benne vagytok ebben az élethelyzetben, gondoljatok úgy ezekre a mondatokra, hogy ezt vártad és vártad, hogy megerősítsd magadban, hogy merjél lépni, kiszakadni onnét, ahol már nem érzed jól magad. Ha már elfogadtad eme segítséget, nyitott vagy a változásra, és bármikor bekövetkezhet az az idő, amikor pontot teszel a mondat végére, és meghozod a döntést. Azt a döntést, amit eddig féltél kimondani. Ha hülyeségnek címkézed, az sem baj. Nem ítéllek el miatta, nem mondom, hogy miért nem veszed észre a kulcsokat a kezedben, és nem mondom, hogy itt a lehetőség, fogadd el végre. Senki sem szólhat bele a másik ember teremtési folyamatába. Voltak tanok az évek során, amit úgy eldobtam magamtól, mint a sicc. Kellemetlen gondolatok jártak a fejemben, aminek a legfelsőbb énem aligha örült.

– Hogyan gondolja azt az író, hogy megtehetem ezt vagy azt csak úgy?

– Persze, ő könnyen beszél, mert író, és kap érte lóvét, pláne még szereti is ezt csinálni!

– De nagy a szája, meg akarja nekem mondani a tutit!

Haragudtam rá, mert csak ezt láttam az egós szemüvegemen keresztül, amit a kezemben fogtam – egy végeredményt. Dühös egóval rendelkeztem. Viszont miután szinte észrevétlenül rátértem az utamra, értettem meg, mennyi idő, tapasztalat, tanulás, nélkülözés, alázat van ebben a könyvben, és segítő szándék, amit az író saját manifesztációja eredményeként a kezembe adott. A könyv talál meg téged, nem te a könyvet. Márpedig akkor van benne olyan üzenet, ami jelen életedben sorsdöntő jelentőséggel bír. Van olyan könyv a könyvtáramban, amit évekkel ezelőtt vettem meg, és csak nemrég került a kezembe ismét. Bele sem lapoztam. Vajon miért nem? Azért, mert azzal az információval még nem tudtam volna mit kezdeni, de ahogy inspirációt éreztem elolvasására, abban a pillanatban magával ragadt, és sok területe elmémnek letisztult általa. Amilyen rezgési állapotban vagy, olyan könyvek találnak meg, és veszed kezedbe. Csak az üzenetét kell megértenünk. Számomra az első könyv hatalmas fordulatot eredményezett életemben. Istenben való hitem megerősödött általa. Neale Donald Walsch Beszélgetések Istennel című, lenyűgöző párbeszéde. De vajon véletlen volt, hogy ez a könyv akadt kezembe, és talált meg engem? Határo-

43

zott *nem* a válaszom! Az Univerzum tudja, mit tűztem ki célomnak, életfeladatomnak, viszont azt is tudta, hogy Istennel való kapcsolatom gyenge, és változtatnom kell a vele való kapcsolódásomon. A legszebb fejezet életemnek itt kezdődött. Újabb darab a kirakómhoz. Senki sem mondhatja meg neked, hogy lépjél ki a munkahelyedről vagy szakítsd meg a házastársaddal való kapcsolatodat – kinek milyen nehézségei vannak egyes életterületeken –, de azt mondhatom, hogy *el kell döntened itt és most, hogy mit akarsz.* Fejlődésem, ébredésem nem töltött el mindig gyönyörrel. Már nem éreztem jól magam a munkahelyemen, mert tudtam és éreztem, hogy várnak az olvasnivalók, amikre ki voltam éhezve, és türelmetlenség fogott el néhanapján, hogy nem csinálhatom azt, amit én szeretnék. Vonzott a tanítás minden formája. Aztán a házasságom sem alakult már úgy, ahogy régen, és a szerepjátszás már nagyon fárasztó volt. Le akartam radírozni életem térképéről – persze nem azért, hogy örökre elfelejtsem, hanem inkább mert nem találtam rá megoldást, és struccpolitikát folytattam. Homokba dugtam a fejem, és nem akartam róla tudomást venni már. Elviseltem, de az még nem jelenti, hogy el is fogadtam, hanem egy betegítő gondolattal játszottam, éltem túl. Dilemmás időszak volt számomra. Lépjek? Ne lépjek? Váljak, ne váljak? Eluralkodott rajtam a tehetetlenség. Kimerített. Egyszer csak elengedtem a dolgok menetét. Döntöttem, hogy minden olyan dolgot, helyzetet, ami már nem szolgálja utamat, szeretettel elengedek. Nem agyaltam, hogy fog megtörténni, egyszerűen csak éreztem, hogy jön a megoldás. Egyedül nem tudtam megoldani, ezért átadtam a fenti energiáknak, oldják meg szeretettel. Éreztem, hogy semmi olyat nem fognak tenni, ami az én énemet bántaná, és hátráltatna a további fejlődésben. Teljes bizalmat szavaztam nekik. Ezzel nem a felelősséget ruháztam át, félreértés ne essék, egyszerűen csak nem döntöttem abban az állapotban, amikor az egó még jelen volt elmémben. Mint említettem, erős energiák mozogtak körülöttem, és szinkronicitás eredményeként két órán belül ment a házasságom és a munkahelyem. Ennyire erős a döntés hatalma. Férjemmel szeretettel váltunk el, megértve, hogy nincs közös célunk, azóta sem bántjuk egymást kritikákkal. Amikor elhatározod, hogy döntesz, tudatos, precízen megfogalmazott kérést kell tenned az Univerzum felé. Nem lehet kétely, félelem, aggódás benned, hogy nem segítenek a megoldásban. Hinned kell a láthatatlanban, hinned kell a pozitív végkimenetelben. A mókuskerék nagyon jó szemléltetőeszköz. Képzeld magad elé, ahogy a kis állat futkorászik benne. Ugyanazon helyről indul, és ugyanoda érkezik vissza. Minden egyes körbefutásnál. Mi, emberek is ugyanezt csináljuk. Amikor nyöszörögve csináljuk azt, amit csinálunk, nem változik semmi. Mindig ugyanaz a nap elején, és ugyanaz a nap végén. Panaszkodás, testi fájdalmak, negatív gondolatok. Aztán reggel felkelsz, és ismét nyüszögve indulsz, és nyűglődve térsz haza délután. A következő kérdés visszhangzik a fülemben – igen, én is feltettem. „De ha kilépek, miből fizetem be a csekkeket, iskolázom gyermekeimet, etetem a családomat?" Amikor velem megtörtént a szinkronicitás és elveszítettem bevételi forrásomat és férjemet, akivel együtt oldottuk meg az anyagi dolgainkat, nem támadt bennem fel a félelem. Nem aggódtam, hiszen megtapasztaltam az Univerzum segítő erejét. Mikor felhagysz azzal, hogy aggódj anyagi dolgaid miatt, és elkezdesz nem a hiányra, hanem a bőség állapotára figyelni, olyan lehetőségek kezdenek jönni az életedbe, hogy még álmodban sem mertél rá gondolni. Először bőségként a harmóniát, békét, szeretetet fogod megtapasztalni. Azért ezek az érzések jönnek, mert csak ebben az állapotban tudsz igazi bőséget teremteni. Csatlakoznak hozzád teremtő társak, akik segítenek elvezetni a neked megfelelő munkához, lehetőségekhez. Emlékeztek, hogy írtam Berniről, aki felhagyott a fojtogató munkahelyével, és türelemmel, bizalommal várta a lehetőséget, azt, amit ő szeretne csinálni? Berni megtapasztalta az Univerzum segítségét, és a mai napig használja az erőt. Megtanították és megtanultuk, hogy félni kell! Viszont amitől félünk, megkapjuk. Ha félsz a hiánytól, megkapod! Ha félsz a betegségektől, megkapod! Egész nap teremtesz. Ha csak azt látod, mennyi csekked van, még többet kapsz. Túlélésre játszol, és szó szerint kinyírod magad. Élni, és nem meghalni jöttél. A halál témáját egy másik fejezetben beszéljük át. Ha félsz, hogy mi fog történni, ha döntesz és kilépsz a helyzetből, akkor még ne tedd meg! Nem forrt ki teljesen benned a legmélyebb elhatározás a döntés megtétele mellett. Ha ezen érzelmi állapotban vagy, kérheted az Univerzumot, hogy segítsen hozzá a békéhez, hogy megtaláld a lelkedben az egyensúlyt. Vannak emberek, akik merészek, és lesz, ami lesz alapon, munkaidő közepén bedobják a törölközőt, és lelépnek. Ezen emberek nem félnek, nem agyalnak rajta, hogy mi fog történni. Tisztában vannak vele, hogy semmi olyan, amibe nem egyeztek bele. Elég volt, és pont. Elszakadt a cérna, és itt és most vége. Nincs gondolkodási idő. Most, hogy erről írok, egyszer én is megtettem, pedig akkor már volt családom, de visszanézve vicces jelenet volt, ahogy felálltam és megköszöntem a lehetőséget, és kisétáltam az ajtón. Úgymond cérnaszakadás történt nálam is. Nem gondolkoztam, menjek vagy maradjak. Átöltöztem, és elindultam hazafelé. Valóban nem történt semmi. Sőt! Inkább megkönnyebbült állapotba kerültem, és mosolyogtam. Önbizalmat adott, hogy ki mertem lépni onnét, ahol igazán nem is akartam lenni. Nem mindig ott vagyunk, ahol elképzeltük, de mindig van választási, döntési lehetőségünk. Egy beteg ember, akármilyen fokozatú is az elváltozása, dönthet a gyógyulás mellett, itt és most! Mindig jelen időben kell kiküldeni az Univerzum felé a döntéseinket. Nem szabad azt mondani, hogy megygyógyulok, mert az a jövő, és meghatározatlan időt kalibrálunk. De ha most kijelentjük, hogy gyógyult vagyok, akkor az elme a jelenre reagál, és aszerint irányítja, vezéreli a testben lévő folyamatokat. Ha képtelennek tartja az illető eme kijelentést, nem tud magáról elméjében képeket vetíteni egészséges énjéről, akkor nem következhet be a gyógyulás! Viszont ha képeket lát, és hisz az anyatermészet lenyűgöző programjában, hogy a gyógyulás döntés kérdése, akkor rohamos és látványos gyógyulás indul meg testében. A betegség alatt az emberek túlélnek, hiszen azt élik meg, amit látnak, éreznek, és az orvosok mondanak nekik. Azonosulnak a betegséggel. Ezen emberek csak akkor hisznek a gyógyulásban, ha látják. Ők a „hiszem, ha látom" emberek. Mi lenne, ha megfordítanánk? Látom, ha hiszem!

Hinned kell testedben, magadban, az anyatermészetben, és azokban a programokban, amelyeket mindenki megkapott születése pillanatában. Amikor a betegséget látjuk, akkor arra fókuszálunk, és nehezebb a gyógyulás is. Ezért cseréld le a megtanultakat a „látom ha hiszem"-re, és akkor 100%-os gyógyulásnak lehetsz megtapasztalója.

Egy betegség felébresztheti az alvó elmét. A túlélésért való küzdelem és azon belül a megélések – a megfelelés, félelem, korlátok, szabályok betartása – leterheli az elmét, ami visszatükröződésként, betegség formájában jelentkezik a testen. A test nem tud betegséget létrehozni. A test csak egy ruha. Gondolataink cselekvésre ösztönző eszköze. A test egy eszköz. Az eszköz viszont elkophat, ha negatív, téves gondolatok állandó, feszült létrehozására használjuk. A mókuskerék-üzemmódú gondolatokkal bíró ember teste állandóan be van feszülve, állkapcsai, izmai merevek, szorosak. Ki kell tartani, szorítani kell! A túléléshez gyorsan kell tenni-venni mindent. Nincs idő lazítani. Nincs idő kilépni, elmozdulni, béklyóban vagyok, le vagyok láncolva. Aztán esti pihenésünk során, vagy éjszakai álmunkban felpattanva érzékelteti elménk egy fájdalmas lábikragörccsel, hogy talán meg kéne állni, ki kéne lépni a béklyóból. Tökéletes a görcs szemléltetése, és jól jelzi, ha görcsöl a lábad, nem tudsz lépni, megálltál, mert moccanni sem tudsz! A testedben mindig ott jelentkezik a fájdalom, ahová asszociálod! Csodás magyar nyelvünk hatalmas segítséget ad a megértésben.

A láb – kilépés, lépés, elmozdulás. Hiszen azt a lábaddal teszed.

A váll – sok vállalás, ami már teher.

Kézfej – nem elég jó a kézügyességem.

A fül – nem akarom hallani, vagy éppen hallani akarok valamit, attól függ, melyik oldalon van az elváltozás.

A szem – nem akarom látni, vagy éppen már nem láthatom.

Mell – gondozás, táplálási konfliktus.

Stb.

Konzultációim alapja erre épül fel, és innét indul a beszélgetés az érintettel. Olyan intelligens az elme, a sejtek, hogy precíz képet ábrázolnak fel a testen, ha konfliktusban vagy valakivel vagy valamivel. Ha a szomszédodban őrületes zaj, kiabálás van, és te erre reagálsz, konfliktust csinálsz a dologból, akkor nem a kezed, szemed, lábad fog fájni, hanem a füled. Hiszen a hangokat a füleddel hallod. Sípol, eldugul, különböző frekvenciákat hallasz. Épp olyat, amilyen frekvencián zajong a szomszéd. Eldugulhat a füled, mert az anyatermészet olyan kegyes, hogy a számodra konfliktust okozó zajt nem engedi hallatni az átmeneti hallászavarral. Ugye milyen precíz? Tökéletesen felépített, aprólékosan kidolgozott az anyatermészet minden programot minden szervre, szövetre, hogy megvédje a testet és az elmét a további konfliktusoktól. Persze tudnunk kéne a Természeti Törvényeket, emlékezni az ajándékra, amit mindenki megkapott a földi élet kezdetén.

Amióta ismerem a betegségek lelki okait, nincs nap, hogy akárhová megyek, ne fussak össze akár számomra idegen emberekkel, akikre ránézve tudom, hogy elváltozásban vannak, látom és tudom, hogy milyen konfliktuson mentek keresztül. Volt egy konzultációs alanyom, egy budapesti hölgy. Rengeteget dolgozott, és sok olyan feladatot is megcsinált egyedül, amit családtagjaival felváltva is megtehettek volna. Szét volt szakadva. Bejelentette a boltjában dolgozó hölgy, hogy x időn belül otthagyja munkahelyét. Alanyom elkezdett agyalni azon, hogy most teljesen le fog csúszni, nem fog annyi bevétele lenni, mint eddig, mert az üzlet többi bevételi forrását már nem fogja tudni olyan intenzitással kezelni, mint eddig, mert a boltban kell tevékenykednie. Szóval nagyon sok negatív gondolatot fektetett bele a még meg nem történt eseménybe, és az a gondolata, hogy le fog csúszni, meg is történt. Amikor elméje elengedte egy rövid időre ezt a témát, mert mással volt elfoglalva, brutális szédülések törtek rá. A konzultáció során elmondtam neki, hogy az elme nem csak valós, de valótlan dolgokra is reagál, azokra, amik még nem történtek meg.

48

Viszont elméje már képeket is rakott hozzá, annak ellenére, hogy nem következett be az, amitől már előre félt – hogy kolléganője felmond és elmegy. Érzelmileg ott volt a félelem a lecsúszás, elesés mellett, ami jelen esetben nem fizikai elesésről, hanem pénzügyi, egzisztenciális lecsúszásról szólt. Az elme nagyon intelligens, és a legjobb megoldást, tünetet választja ki számodra és a konfliktusra, mert ezzel túléled. A hölgynél az elme a szédülést választotta, hiszen aki szédül, az megkapaszkodik, leül, lefekszik, hogy el ne essen. Maga a betegségi tünet a megoldás. Az anyatermészet leültette, figyelmeztetve rá, hogy nem fog lecsúszni, elesni, mert ül, és a lehető legnagyobb biztonságban van. Hát nem csodálatos? Ezért is szeretem a konzultációkat, mert még mindig rengeteget tanulok belőlük. Ülj le, maradj a hátsódon, mert akkor nem esel el! Nyugodj meg, mert leültettelek, és biztonságban vagy. Semmi nem fog történni – sugallja a szédüléssel a természet. De itt nem állt meg a hölgy. Megértette elméje, hogy nem történt meg, és nem is fog, ha helyes gondolatokra cseréli pénz hiányát, és ahogy jött a szédülés, úgy el is fog múlni. De a hölgy a szédülési időszak alatt, bárhová ment is, mindig attól félt már előre, hogy rájöhet, visszatérhet a szédülés, és akkor mi fog történni. Már nem a lecsúszástól kezdett el félni, hanem az általa bvonzott megoldási tünettől, vagyis a szédüléstől. Előre kivetített félelmi konfliktus. Egész nap félt a szédüléstől, ezért manifesztálta is a nap során. Az előre kivetített frontál félelmi konfliktusra az elme szintén a legjobb megoldást adja a túlélés érdekében, méghozzá megoldási szakaszban pánikroham-tünetként. A pánik nem betegség, csak egy tünet. A hölgynél már következménykonfliktus, ami az alapkonfliktusból adódott. A pánik tünetei: mellkasi szorítás, torokszorító érzés, halálfélelem, légszomj, felgyorsult bélfunkció.

Szintén konzultációra érkezett és megértette a pánik okát, de az első roham tünetei annyira mélyen érintették, és akkora félelmet érzett, hogy meg fog halni, hogy bármikor érezte még csak apró jelét is annak, hogy szorít a torka vagy gyorsabban kezd el verni a szíve, akár egy erősebb fizikai megterhelés során, a kezdeti időszakban mindig újból és újból produkálta a pánikrohamot. Ebben az esetben már a tünetektől való félelem váltotta ki nála a pánikot, nem az alapkonfliktus, ami a lecsúszás volt. Elég sokszor eljátszotta a tüneteket, és kezdett belefáradni az oda-vissza kapcsolgatásba. Kimerítette testét a téves gondolatok miatt, és állandó fáradtság uralkodott rajta, ami tulajdonképpen jó jel, hiszen elindult a gyógyulás, de nem értette, miért tud csak fél napot dolgozni, és utána pihennie kellett otthon, mert nem bírta a teste. Újabb tökéletes tünet a megoldásra. Az anyatermészet így szólna: „A lehető legjobb helyen vagy, és azért nem adok erőt neked most, mert a gyengeség az erősséged! Ebben rejlik a megoldás." Egy probléma még volt ezzel a pihenéses dologgal, amit ő is megtanult, ahogyan még sokunk, mert megtanították, hogy a magyar ember mindent kihord a lábán! A magyar szívós és kemény! Valóban? Meg kell tanulnunk megálljt parancsolni magunknak, történjék bármi, és a hölgynek először lelkiismeret-furdalással sikerült pár órát naponta pihenni, utána saját maga belátta, hogy jelez a test és menni kell feküdni, nincs mese. Voltak figyelmeztető jelek, hogy nem a munkában, hanem otthon kéne lennie, ezeket már figyelembe vette, szót fogadott Anyatermészetnek, és indult haza. Hosszú folyamat volt nála a gyógyulás, mivel oda-vissza kapcsolgatott, nem engedte kifuttatni az elváltozását, ezzel mindig meghoszszabbította a krízisidőszakot, de ügyesen végigcsinálta, és már tudatosan figyeli érzelmeit, gondolatait, és tudja: semmi komoly nem történhet az ő beleegyezése nélkül. A gyógyulási idő tanulóidő! A legjobb tanítónk. Megtanít, hogy semmi értelme pörögnünk a mókuskerék ugyanazon pályáján, és ha hosszabb időszakot töltünk benne félelemmel, dilemmával, rengeteg téves gondolattal, sajnos nem kapunk jó visszajelzést testünktől. A konfliktusokat gyorsan meg kell oldanunk, ne maradjunk benne sokáig, mert annál hosszabbak lesznek a megoldási tünetek is.

VAN-E KÖZÖM MÁSOK VISELKEDÉSÉHEZ

Tisztelnünk kell a törvényeket; az ok-okozat, és a vonzás törvényét is. Már említettem, hogy csak olyan események, történések jelennek meg életünkben, amibe beleegyeztünk. Azt is említettem, hogy nincs jó és rossz. Mindent azért vonzottunk magunkhoz, hogy tanuljunk belőle. Az embereket is azért kapjuk, vagyis vonzzuk magunkhoz, és lépnek be – még ha egy percre is –, és mi is az övékébe, hogy tükröt tartsunk és tartsanak abban, amit meg kell magunkban keresni, és megtanulni belőle azt, ami hiányzik, ami kell ahhoz, hogy a megfelelő, harmonikus életet élhessük. Sok bosszantó emberrel találkoztál életed során. Mindenkinél legalább egy okot tudtál mondani, hogy mi az, ami bosszant benne. Hát, aki még nem ismeri a tükör törvényét (mondjuk így), az most lehet, hogy felpöccenti magát. Megnyugtatásul mondom, ha egyáltalán meg tudlak nyugtatni: én is dühös voltam, amikor ezzel a tükör-mizériával szembesítettek. Támadásba lendültem. Vagyis az egós elmém. Ami a másik ember viselkedésében téged bosszant, az benned van. Hát nem bosszantó kijelentés? Elsőre az lehet. Megfigyelted, hogy ha rossz hangulatban ébredtél, kibillentél a harmóniádból, akkor vonzottad az ugyanolyan rezgésállapotban lévő embereket? Hasonló hasonlót vonz. Egótok egyesült, és kollektíven bosszankodtok. De ha odamegy hozzád egy nyugodt, kedves, harmóniában lévő ember abban a pillanatban, utálatot érzel, és még dühösebb leszel, hiszen tanítóként lépett be az életedbe, még ha csak egy pillanatra is. Meg akarja mutatni neked, hogy kibillentél a harmóniádból, és segíteni jött, hogy észrevedd, és viszszabillentsen. De mit csinál az emberieskedő lényünk? Morgolódunk, hogy miképp lehet jókedvű, amikor látja, hogy milyen állapotban vagyunk. Szétrobban tőle a fejünk.

Ő viszont azt mondaná:

– Ami bennem van, az benned is megvan, térj vissza a nyugalom állapotába!

Vagy eléri nálad, vagy nem. De elkezded utálni azt a nőt vagy férfit, rányomod a „bosszantó alak" címkéjét, de megdöbbensz, mikor a harmónia állapotába visszakerülsz és újból találkozol vele, hogy milyen kedves, segítőkész. El sem tudod képzelni, hogy múltkori találkozásotoknál miért volt olyan bosszantó. Kellemesen csalódtam benne! Valóban? Őbenne? Nem inkább magadban? Te néztél a bosszankodós szemüvegeden keresztül. Nem fordítva. Rajta a béke, és szeretet szemüvege volt. A különbség az, hogy te egós gondolatokkal mentél bele a kapcsolódásba, ő pedig nem volt hajlandó egócsatát vívni és veszekedni, hiszen a tanító egótlanul közelít a tanítványához.

Ha két egós elme találkozik, véget nem érő csatározás alakulhat ki, hogy éppen kinek van igaza, és kinek nincs. Említsek pár példát?

Regnáló kormány – ellenzék. Dohányosok – nem dohányosok. Húsevők – vegák.

Stb.

Sorolhatnám, mennyi egó összecsap egy ilyen kampánynál, de nem kell messzire menni a családtól sem. Ugye?

Egy zen-mester történetét adnám nektek, hogy még erősebben érezhessétek azt a bölcsességet, amit az egótlan elme nyújt! A történetet Eckhart Tolle anyagából merítettem.

Élt a faluban egy zen-mester. Nagyon sokan jártak hozzá a tanításáért. Egy napon a faluban élő lány teherbe esett, és szégyellte elmondani, ki az apa. Ezért azt hazudta a lány, hogy a zen-mester gyermekének apja. Elhíresztelték a faluban, és ezután már senki sem kereste a mestert, de ő nem bánta. Mikor a gyermek megszületett, a lány szülei elvitték a csecsemőt a mesternek, bekopogtak, és a kezébe adták, hogy nevelje fel, hiszen ő az apja.

A mester csak annyit válaszolt:

– Így volna?

Szépen bánt a mester a csecsemővel, nevelgette, dédelgette. Mikor eltelt egy év, a lány annyira szégyellte magát hazugsága miatt, hogy elmondott mindent a szüleinek, miszerint nem a mester, hanem a sarki hentesüzletben dolgozó fiú az apa. Szégyenkezve mentek vissza a mesterhez a szülők, elmondták az igazságot, és kérték, adja vissza a gyermeket nekik, hiszen mivel nem ő a gyermek apja, ezért nem kell nevelnie tovább. A mester ismét csak ennyit mondott:

– Így volna?

A mester nem reagált a dühöngő szülők viselkedésére, hanem tette, amit tennie kellett. Elfogadta, hogy most ez a feladata. Megőrizte nyugalmát, és nem engedte meg magának, hogy reagáljon egy egós elmére. Ez a zen-mester titka. Jó tanító volt a szülők számára. A viszálykodásnak, harcnak, háborúknak csak úgy vethetünk véget, ha saját magunkban felleljük azokat a dolgokat, amit a másik ember tükörként állít nekünk. Ettől lesz béke. A béke belső munka. Ha elkezded meglelni a békét magadban, akkor kisugárzod másokra is, és ők is megtalálják, és továbbsugározzák. Így adjuk tovább és tovább. Ha megnézitek a *Jövő kezdete* című filmet, akkor nagyon jó példázata a szeretet továbbadásának. Mikor a zen-mester egótlan elméjével átvette a csecsemőt, nem ítélkezett a szülők felett, nem tiltakozott, hogy nem neveli a csecsemőt, egyszerűen csak elfogadta a helyzetet. Tiszta elmeviselkedésre vall. Képzeljük el, mi történik, ha zen-mesterünk épp olyan egós elmével megy bele a kapcsolódásba, mint a szülők. Mi történt volna ott? Háború, ami a gyermek számára nem lett volna a legnagyszerűbb dolog. Egós elmével, dühvel nevelkedett volna gyermek. Így viszont harmonikus, egótlan nevelő kezébe került, aki csak tette, amit tenni kellett, éppen az adott időben. A kollektív béke bennünk van, csak fátyol fedi. Mindig arra törekedj, hogy te tarthass pozitív, békével telt, szeretetteljes tükröt embertársaid felé. Ha felelősséget vállalsz érzéseidért, akkor éred el, hogy mind magadnak, mind másoknak meg tudsz bocsájtani. Említettem már, hogy nincs sötétség, csak a fény hiánya. A kibillent elme téves gondolatainak okozataként jelen lévő negatív viselkedés nem sötétség, csak a fény hiányának állapota. Elfordultál Istentől, a szeretettől. Csak a szeretet tud lámpát gyújtani. Sokan azt mondják: „De hát ilyen vagyok!". Mérgelődnek, duzzognak, morgolódnak stb.

Nem ilyen vagy! Ilyen voltál! Egy régebbi, téves gondolat csapódik le, amikor így viselkedsz. Reagáltál valamire, egy dologra, egy emberre, egy eseményre, ami ilyen egós viselkedést tanúsított. Ezekre mindig emlékszik az elméd, és hasonló helyzetben mindig dühös, durva viselkedéssel reagálsz. A viselkedésed is egy gondolat volt egyszer az elmédben. Tudsz-e más szemüvegen nézni? Ami régen történt, annak már nincs ereje, feledted, csak emlékszel rá. De ha felidézed a múltban történt dolgaidat újból, visszaemlékszel rájuk, abban a pillanatban megjelennek azok az érzések, amiket akkor éreztél. Figyeld meg, kire vagy mire irányul. Bocsáss meg magadnak, és bocsáss meg neki is. De nem elég, ha csak kimondod, úgy is kell érezned, hiszen az elme az érzelmekre reagál. A múltbéli dolgokat akkor tudod elengedni, ha a kapcsolat nem marad külön-leges. A külön-leges kapcsolatok elkülönülést takarnak. Úgy érzed, embertársad más, mint te, de ez nem így van. Egyek vagyunk, és egységben élünk. Az elme szintjén egyek vagyunk, de a test szemével már mást látunk. Ha a tiszta elme szemével, a belső látással szemlélnénk a másikat, semmi különbséget nem fedeznél fel. A test látását az egó irányítja. Mondhatod, hogy nem szereted ezt vagy azt az embert. Igazad van! Ha nem leszel az örök barátja, attól még elfogadhatod őt olyannak, amilyen jelenleg. Ő is teremteni jött, és fejlődéséhez hozzátartozott a megtapasztalt dologra adott reakciója. Emlékszel a zen-mesterre? Bármit mondtak neki, nem reagált. Vedd át a béke hatalmát a zen-mestertől. „Így volna?" – kérdezte, és elfogadta a jelen pillanatot. Szeretettel engedd útjukra az embereket, annak ellenére, hogy milyen viselkedést tapasztaltál. A legjobb, amit tehetsz. Nézd meg, mit tehetsz ebben a pillanatban a kapcsolódásotok idején, vagy mit taníthatott neked. Ez a legjobb, amit tehetsz, hogy békével engedd tovább, és nem engedsz az elmédnek további gondolatokat fűzni a viselkedéséhez. Megmenteni mindenkit nem tudunk, hiszen nem szólhatunk bele a másik ember teremtésébe, de szeretettel gondolhatunk rá. Valós, igaz állapotunk a szeretet. Ebből csak kibillenni lehet, konfliktusok hatására. Az emberi viselkedés érzelmeken alapul. Ha valakit megkérdezek:

„Hogy vagy?", a válasz kilencvenhét százalékban vagy „jól", vagy „rosszul". Olyannyira nem figyelnek magukra az emberek, hogy nem tudják pontosan meghatározni, mit is éreznek. Nem tudják, a szó mögött milyen igazi érzelem van.

Tehetetlen, boldog, bosszús, kiegyensúlyozott, aggodalommal teli, elégedett, magányos, bátor, kiégett, inspirált, frusztrált, félelemmel teli, szorongó stb.

Ha meg tudod fogalmazni precízen, akkor fellelheted okát, ami felemel vagy lehúz. Ha felemel valami, akkor bármikor visszagondolhatsz rá, amikor egy érzelmi gödörhöz közeledsz, és máris lelassítod az oda vezető utat, és visszatérhetsz a béke felé. Akkor sincs baj, ha a negatív okot találod meg és szembesülsz vele, mert megfigyelheted, honnét ered. Lezártad-e teljesen magadban azt, ami megbántott, vagy meg tudtál-e teljesen bocsátani annak az embernek, aki a múltban belegázolt a lelkedbe. Ez belső munka. Ha ezeket nem teszed meg, újból és újból előbukkan, érzelmileg megérint, és nem fogod tudni, miért is érzed magad annyira rosszul. Konzultációs alanyom 38 éves hölgy volt, aki szóról szóra elmondta azokat a sértő, bántó szavakat, amit édesanyja mondott neki és testvérének hosszú évekkel ezelőtt. Ha megbocsájtott volna neki, nem tudta volna elmondani ilyen pontosan, de ezen szavakat a mai napig érzelmileg átéli, ezzel is megakadályozva a szeretet áramlását elméje azon részébe ahol a még intenzív harag van. Addig nem tudunk építkezni, míg a megfelelő alap nincs meg. Ez a vonzás törvényének egyik legfontosabb eleme. Képzeld el, hogy van egy romos ház, és elkezdesz ráépíteni friss, új téglákkal egy másik szintet. Stabil marad? Kártyavárként omlik össze, mert gyenge alapokra építkeztél. Le kell rombolni magunkban minden negatív érzelmet, gondolatot, hiedelmet, elvet, eszmét, hogy stabil alapot hozzunk létre azoknak a pozitív érzelmeknek, újra írt saját törvényeknek, amik a biztos, szeretettel-es élethez vezet. Vannak társfüggő emberek, akik egyik kapcsolatból a másik menekülnek abban a reményben, hogy az majd jobb lesz. Valóban? Elméjüknek ugyanazon szintű gondolkodásával lépnek be egy másik kapcsolatba, aminek a vége hasonlóan alakul, mint az előtte lezárult kapcsolatnak. Nem értik, hogy miért úgy alakult, ahogy a régebbi kapcsolat. Partnerük elítélésével, negatív címkézésével takarják el azon valódi problémáikat, amelyek tényleges okul szolgáltak egy újabb párkapcsolat lezárásánál. Futják ugyanazon köröket, a kiindulópont nem változik, így az út és a vége sem. Sokan már aznap vagy pár nap múlva keresik új párjukat, miután megtörtént a szakítás. Egy kapcsolatot úgymond meg kell gyászolni, időt kell adni magunknak, hogy ne a düh, a „na, majd én megmutatom", a gyűlölet, az elkeseredettség érzésével kezdjük az új kapcsolatot, mert annak nem lesz hosszú jövője. Meg kell vizsgálni magunkban, mi volt az, ami a másikban nem tettszett, hiszen az bennünk van. Mert ha ezt a belső munkát nem tesszük meg, a vonzás törvénye szerint ugyanolyan tulajdonságú embert kapunk, mint az előző. Persze tanításként. Emlékezz! Ami benned ingerültséget, dühöt vált ki a másik ember viselkedése miatt, azzal foglalkoznod kell. De sokan még nem tartanak itt, a másikat okolják a szenvedésük miatt, és így is marad mindig, ha csak fel nem ébred és felelősséget nem vállal érzéseiért. „De hát megcsalt, megvert, megalázott, kihasznált." Stb.

Semmi sem történik a te beleegyezésed nélkül. Amit a rezgéseid által kisugárzol, megkapod, és bevonzod. Ezek kemény programok lehetnek. De van megoldás, és az pedig benned van. Ismertem egy lányt, aki sokat próbálkozott, és rengeteg kapcsolata volt. De a kapcsolatai kivétel nélkül fizikai bántalmazásig fajultak. Tudta, és ki is jelentette, hogy „Bakker, mindig ilyen pasikat vonzok be, olyan nyomorult vagyok". Viszont azon már nem gondolkozott el, hogy miért. Mintha kimondottan élvezné, hogy verik és alázzák. Teljesen elfogadóvá vált. Az erőszak után, amikor a férfi ajándékokkal halmozta el egy fizikai bántalmazás után, fátylat terített az eseményekre. Ez nem egy tudatos viselkedés, és alszik tovább, és tovább. Addig nem ébred fel, míg nem szenvedett eléggé. Megmenteni nem lehet, de rezgéseinkkel elindíthatjuk benne a változást. Természetesen amikor sajnáljuk és erősítjük gyengeségeit, azzal nem sokra megyünk nála. Inkább szertettel kell közelednünk. A szeretet rezgéseivel ébreszthetjük fel mély, pokolbeli álmából. Nyilvánvaló tapasztalni jött a világra, mint mindegyikünk, és meg kell hallani segélykiáltását. Nem elítélni, címkézni kellene, hogy milyen ostoba, hanem valódi szeretetet sugározni felé. Akkor érjük el őket, és akkor érzik meg, hogy van kiút. A szeretet az egyetlen gyógyszer. Tanulási, fejlődési folyamatunk során elkezdünk felhagyni az egó ítélkező gondolataival, címkézéseivel, amit a tiszta szeretetlényünk vált fel. Boldogság és öröm marad helyette, amit mindenki észre fog venni. Meg fogják kérdezni: „Te mitől vagy olyan boldog és kiegyensúlyozott?" A válaszod csak anynyi lesz: *Szeretek!* Ennyi elég lesz válaszként, hogy beindítsd másokban is a felébredést. Lehet először dilónak fognak nézni, de nem baj, attól te még szeress. Mindenki rájön egyszer, hogy egységben élők és egyek vagyunk. Ha valakit nem szeretsz, akkor senkit sem szeretsz. Mások viselkedése csak annyira érintsen meg, hogy megvizsgáld, miért zavar, mi zavar benne. Csendesedj el, és nézd meg magadban azokat a dolgokat.

A PROBLÉMA A PROBLÉMA?

Az időm nagy részét a csodák tanításával töltöm. Amióta kezembe került a **Könyv**, azóta gyakorlom a „vagyok" létet. Az életet, és nem a túlélést. Szemléletváltáson mentem keresztül, és visszanézve a múltamra elszörnyülködtem, hogyan gondolkodtam. Felnagyítottam mindent, ami a mai nap már csak játék számomra. Kis tünetből halálos betegséget kreáltam elmémben, és a lehető legrosszabb verziókat moziztam ki, mi fog történni, ha rákos leszek. De ma már azt is tudom, hogy a rákos elváltozás nem halálos, és ezt magamon tapasztaltam, hiszen élek, és írok nektek. Amikor kevesebb pénzem volt, már lecsúszott hontalannak láttam magam. Kényszeresen elkezdtem gondolkodni, mit adjak el, hogy pénzt csinálhassak belőle, vagy hogyan tudnám kihasználni testem maradék erejét, hogy még többet dolgozzak. Pánik, kétségbeesés, őrület jellemezte gondolkodásomat. Helyzetekbe kerültem, és azokra a helyzetekre, megtanítottak szüleim, hogyan kell reagálnom. Hiszen ők is így csinálták, és programként már nekem is ott volt. Megtanultam! Valóban jól megtanultam, és tanítóimnak nem okoztam csalódást. Ha nekem vagy gyermekimnek bármi bajunk is volt, olyan fórumokra mentem fel az interneten, hogy még nagyobb pánikot keltsek magamban, s tüneteimet már nemcsak egy pici tünetként, hanem szövődményes elváltozásként tüntettem fel, és már arra irányult gondolatom, hogy ha nem kezelik, akkor rosszul is elsülhet a dolog. Szóval a pánikból még nagyobb pánikot kreáltam. Reális gondolkodásomnak nyoma sem volt, ezért ostoba gondolatként, ami persze téves, a külső segítségeket vettem elő megoldásként. Antibiotikumok, orrspray-k, és ehhez hasonló kezelési eszközök.

Egós elmém tömegesen vásároltatta velem a méregdrága vitaminokat, aminek semmi hasznát nem vettem egy nagy konfliktusban, hiszen semmi sem szívódott fel belőle. A vitaminok csakis a konfliktusok megoldása után érnek valamit, amikor a test már regenerálódik. Mindenen problémáztam, és félem attól, mit hoz a holnap. Mivel a problémákra figyeltem, még több problémát vonzottam magamhoz. Ez törvény! Olyasmibe fektettem a fókuszom és az energiám, amit nem akartam. De mégis több lett belőle. Hát nem őrület? A hasonló a hasonlót vonzza. Egyes gondolatok hasonló gondolatokkal társulnak. De nézzük meg mélyen a problémát. A probléma lehet egy esemény, egy negatív gondolataid által manifesztált dolog, betegség, pénzhiány, magányosság, munkahelyi csőd, válás, karambol, vitahelyzet, haláleset stb. Ezek történnek az életünk pillanataiban. Kérdés, milyen érzelmeket, címkéket raksz a problémáidra, a történetedre. Természetesen, amit megtanítottak és te megtanultál róla. A múltbéli gondolataiddal, tanultakkal kezdjük el megoldani a jelen eseményeket. Amit nem ismerünk, hogyan működik, vagy nem ismerjük a vonzás törvényét, és ezáltal nem ismerjük be, hogy rajtunk keresztül történnek meg a történeteink, azokat negatív címkével jellemezzük.

Betegség – Isten csapása. Karambol – szerencsétlenség. Halál – veszteség. Pénzhiány – nélkülözés.

Megtanult címkék által látjuk és éljük meg ezen életeseményeket, pillanatokat. Ezen gondolati címkék tükörképként jelen meg a külső világunkban, betegségként vagy egy negatív eseményként. A vonzás törvénye és az ok-okozat törvénye értelmében nem maga az alapprobléma a probléma (pénzhiány, betegség stb.), hanem a címke, amit ráragasztunk, és abból fakadóan a negatív megélés.

Példaként szeretném megemlíteni a saját életemben felmerülő eseményeket. Nem dicsekedek, hogy milyen talpraesett nő vagyok (habár, ha jól belegondolok…), hanem inkább azért, mert megéltem, és saját tapasztalatommal tudok a legjobban segíteni.

Már említettem, hogy életem legnagyobb szinkronicitását akkor éltem meg, amikor egy napon, sőt azon belül két óra alatt elveszítettem férjemet, akivel húsz évig éltünk házasságban, és a jól fizető állásomat. Nem mindennapi eset, de velem ez megtörtént. A kezdeti negatív gondolatok megtanult mintákból eredtek, és a hozzá tartozó cselekedetek is. Sírtam tehetetlenségemben! Ezt tanultam, hogy így kell reagálnom. Pedig akkor, amikor a legjobban sírtam is, tudtam, mert ismertem a törvényeket, hogy én vonzottam magamhoz. A gyász pillanatai voltak. Mindig mindent meg kell gyászolni, ha tudatosan, ha tudattalanul figyeled a körülötted, de általad történt eseményeket. A gyász nélkülözhetetlen a továbblépés érdekében. Ne rázd meg le magadról, hogy „nem érdekel". Add ki magadból az érzelmeket, hogy ne ragadjanak meg, és ne akadályozzák későbbi fejlődésedet. Mikor lecsengett a gyász, ami számomra már nem tartott sokáig, csak pár napig, már akkor kezdtem magam felkészíteni az újra, arra az életre, amit akkor is akartam már, amikor úgy döntöttem, elengedem életem azon dolgait, amelyek nem szolgálnak engem. Egyes emberek egója most felébred: „Hogyan akarhattad gyermekeid apját, és azt a munkahelyet, ami megélhetésedet biztosította, elengedni és nem akarni többé?" A válaszom: mert nem volt közös célunk, és az én célomat nem szolgálta már. Elítélhetsz, de ezt az egós éned teszi. Tudnod kell, hogy már nem zavar, mások mit mondanak vagy gondolnak rólam.

Azon helyzetek, amik ezek után megtörténtek, a legcsodálatosabb pillanatok voltak az életemben. De miért? Mert hiába nem volt annyi bevételem, amennyi elegendőnek kellett, hogy legyen ahhoz, hogy megélhetésünk biztosítva legyen, a legértékesebb időt kezdtem megélni a gyermekeimmel: tartalmas, elmélyült beszélgetéseket folytattunk, kezdtünk figyelni az egymásban rejlő valódiságra. Mindez a legnagyobb értéknek számított a körülmények ellenére is. Fantasztikus időszak volt. Kezdtünk megnyílni, megvilágosodni, formáktól mentesen élni. Csoda történt velünk. A következő időszakban sem vetett fel a pénz, viszont ha benne maradtam volna a mókuskerékben, nem fedezhettem volna fel, ki vagyok valójában, nem tudtam volna emlékezni, ki vagyok.

A kevesebb pénz, őszintén, megtanított minket arra – és annyira hálás vagyok a sorsnak –, hogy a körülmények ellenére is szerethettünk, és a boldogság, öröm legmagasabb fokát értük el a gyermekeimmel. Mivel a pénz hiányára nem tettünk címkét, nem mondtuk, hogy veszteség, ezért nem éreztük, hogy bármi gondunk származhatna a jövőben miatta. Pozitív jelzőket raktam ezen történésre, és mindig pozitívan alakultak a dolgaink. Hiányt nem éreztünk éppen azért, mert máshogy figyeltük, szemléltük az eseményeket. Amilyen szemüveget viselünk, úgy látjuk a dolgokat. Azt választottuk, hogy azt a szemüveget vesszük fel, amin keresztül pozitívan, boldogan nézhetünk. A probléma, ami felmerült, nem probléma volt számunkra.

Volt nálam konzultáción egy hölgy, aki hamar a szívembe, lelkembe lopta magát örökre. Többször elment az ajtóm előtt, azon gondolkodva, bejöjjön vagy ne. Egy napon hívást kaptam tőle, hogy úgy döntött, változni akar, vagyis a szemléletén, ami már fizikai szinten elkezdte megbetegíteni. Tanítani nem tanítottam semmire azon az estén, mert olyan erősen élt benne a valódi énje, hogy szinte minden mondatom végét befejezte, és tudta és tudta, miről van szó! De amit tudott, azt nem használta. Van egy mondás: „Tudom, hogy tudom, de ha nem csinálom, akkor nem tudom." Rávilágítottam arra, hogy a szemüveg, ami rajta van, lehet, hogy már nem jó, és elhomályosítja a látását. Kérdeztem tőle, milyen szemüveg lenne jó neki. Természetesen a szeretet, harmónia, a „nőies" szemüveg. Annyit mondtam neki, hogy cserélje le! Javasoltam neki, hogy legyen mindig a kocsiban egy szemüveg, épp azért, mert szinte egész napját a kocsiban töltötte, mint munkaeszközben. Ha ránéz a szemüvegre, akkor eszébe fog jutni a szemlélete. Alanyunk elég jó helyzetben van ezzel a feladattal, hiszen az úton éles helyzetek vannak, és hamar tesztelheti magát, hogy milyen a lelki állapota, a szemlélete. Lehetnek helyzetek, amikor legszívesebben a szidalmazást venné elő elméjéből, de mivel ő úgy döntött, a béke, nyugalom szemüvegére vágyik, ezért képtelen durva szavakat használni. Más címkét rakott a helyzetre. Máshogy látja a forgalmi helyzetet, mint annak előtte. Mikor régebben a forgalmi dugó miatt ráragadt a tenyere a dudára és a legsötétebb szemüvegen át nézte a helyzetet, most a döntése az volt, hogy a türelem szemével szemlél. Nagyra becsüli a várakozási időt, amit a dugóban tölt, hogy van ideje elméjét lecsendesíteni, olyan dolgokkal tölteni meg az elméjét, ami örömöt okoz neki. Ha lecseréled a múlt szemüvegeit, óriási változás lép be az életedbe! Nem kell sokat várni rá. Mindig hozd ki a legjobbat az adott pillanatból. Igen, igen, tudom. Sokan azt mondjátok, és én is köztetek voltam: – Olyan nehéz ezt megoldani! De miért is? Mert azt tanultad, hogy *nehéz helyzet*. Újabb címke egy újabb dologról. Megfigyelés nélkül ruháztál fel valamit, amit megtanultál, és elhitted, hogy nehéz. A te választásosodon múlik, hogy valami nehéz vagy könnyű. Ha valamire úgy gondolunk, hogy nehéz, akkor az Univerzum azt válaszolja: „Kívánságod számomra parancs!".

Valóban fel fogja ajánlani a nehezebb utat, hiszen te kérted! Ez mindig így marad? Válaszom: a te döntéseden múlik, hogy könnyedén akarsz végigmenni az életedben felbukkanó eseményeken, vagy nehezen. Ha úgy gondolsz valamire, hogy „nem egy komoly feladat, nem olyan dolog, amit ne tudnék megoldani", és feszengés nélkül, görcs nélkül állsz neki, akkor Univerzum olyan gyors megoldást kínál neked, hogy a végén elneveted magad, mennyire egyszerű is volt ez a „probléma".

Most már értitek, hogy nem a probléma az igazi probléma, hanem a hozzá kapcsolt gondolat?

Optikában ne kérjetek ilyen szemüveget!

ADNI VAGY KAPNI?

Mindkettő dolog jó érzéssel tölt el bennünket. Szeretünk adni, mert olyan jó látni, hogy embertársunk örül. Jó adni, mert beteljesítetted társad vágyát, kívánságát, és a világegyetem dzsinnjeként néznek rád. Adni jó, persze mindaddig, míg szeretettel tesszük. Nyilvánvalóan nemcsak én tapasztaltam meg azt, hogy téves szándék volt egy adás kapcsán. De az adni és a kapni ugyanaz. Amit adsz, azt kapod vissza. Nincsen az, hogy csak adtam, kapnod is kell abban a pillanatban vissza. Nem kézzel fogható dolgokról beszélek, hanem érzésekről. Az érzelmeink sok mindent meghatároznak, és jelzői annak, amilyen lelki állapotban vagy. A másik embertől amit kapsz, azt te kérted! Téged határoz meg az ő általa adott érzelem. Ha egy pillanatra ki tudsz lépni a most-ba, észreveheted, milyen rezgési állapotban voltál. Amit kirezegsz magadból, azt kapod másoktól.

Ha vidáman kelsz és mosolyogva mész végig az utcán, akkor azt kapod vissza.

Ha negatív gondolatokkal mész ki az élet játszóterére, morcos, ingerült vagy, akkor azt kapod vissza a világtól. Viszont jogodban áll másképp dönteni. Ha estére már teljesen kimerültél, mert a legtöbb embertől visszakaptad azt, amit adtál, ülj le, csendesedj el, és gondolj vissza arra, hogyan is indultál el reggel, elméd milyen állapotban ment játszani ebbe a hatalmas Mátrixba. Tudatában kellene lennünk, hogy mindig azt adjuk az embereknek, ami számunkra jóleső érzés lenne, ha mi kapnánk. Ha negatív napja van az embernek, akkor nap végére az ítélkezéseivel lesz tele az elméje. Mivel ő maga ment ki a játszótérre negatív elmével és ő kapta vissza tükörként a negatív viselkedést másoktól, mindketten benne voltak az adok-kapok játékban, emberünk negatív ítéletekkel címkézte fel a vele kapcsolatba kerülő társait. Azokat az embereket pedig ítélkezése miatt az egós elméjével elkezdte gyűlölni, haragot és szeretetnélküliséget vitt a kapcsolatba. Mikor legközelebb találkozik vele, elméje előveszi az ítéletet az adott személyről, és hasonló viselkedéssel közelít a másik ember felé. Amikor az ego elcsendesedik, és a találkozó akkor történik meg, emberünk megdöbbenten áll viselkedése előtt, hogy most semmi negatívat nem érez, és elképzelhetetlen számára, hogy miért van az, hogy a múltban haragot érzett. Vannak, akik megvilágosodtak hirtelen, és bocsánatukat fejezik ki. Ezért van adok-kapok kapcsolatban hosszú évtizedekről visszamaradt, és nyomógombra aktivált haragzsák sok emberen. 20 év, s egy téves gondolatmenet miatti vita még mindig ítéletet ró a másik emberre. Gyűlölködnek évekig, mert mindkettő személy harcol az igazáért és fenntartják a távolságot, elkülönítik lelküket. Az adok-kapok, a tükör törvénye az igazságra mutat rá. Ami igaz, az valós, és ami valós, azt semmi sem fenyegetheti. Ez pedig a szeretet. Rezgéseink határozzák meg a kapcsolatainkat. Mindenki vagy tanító, vagy tanítvány. Nincs más. Ha tanító vagy, magas pozitív rezgés és viselkedés jellemez. A veled kapcsolatba kerülő tanítványnak felajánlhatod a békét és a harmóniát, szeretetet. Hogyan tudod ezt megcsinálni? Eleve ha pozitív rezgésekkel közeledsz, akkor nálad nem az egós elme vezérel, hanem valódi Forrás-éned, ezért ha az ő egós elméje támadást indít feléd, nem tudsz egós elmével visszavágni, és úgymond az ő egója nem kap táplálékot, elkezd a háttérbe vonulni, és ha az egó a háttérbe vonul, nagyobb teret kap a valós én.

Ha ez megtörténik, akkor emberünk arca kisimul, megkönnyebbül, és békés vonásokat kezdesz felismerni az arcán. Eltűnik a méreg-vonal a homlokánál. Ez csodás pillanat az adónak, vagyis a tanítónak, és a kapónak, a tanítványnak. Innét indul a „világbéke", csakis belőled!

SZÁMÍT, HOGY ESIK?

Ha engem kérdezel, nem, nem számít! Régebben eme válaszokat adtam volna:

– Persze, hogy számít. El akartunk menni kirándulni.
– Hogyne számítana, a gyerekek nem tudnak kimenni játszani.
– Persze, kint akartam grillezni!
– Persze, most mostam le a kocsit, és a ház ablakait fényesre pucoltam.

Számít valamit is? Természetesen nem. A vihar, a zápor csak úgy megtörténik, de ha valaki figyelt a felsoroltakra, észreveheti, mennyi negatív gondolatot tettem hozzá, és ehhez negatív szemléletűnek kell lenni, hogy így tekintsünk az esőre, ami csak úgy megtörténik. Mennyi szemüveg volt rajtam, amin keresztül ilyen negatívan tekintettem a természet csodás eseményeire. Úgy nézhettem ki, mint a nagy szemű bogarak, fejemen a sok-sok szemüveggel. Nem jutottam el odáig akkor még, hogy pozitív címkéket rakjak az esőre, és ne ítéleteket az anyatermészet egyik csodájára.

Ha esik, hát esik. Ha örömteli, boldog léted éled, nem befolyásolhat sem eső, sem bármi. Miért? Mert minden változik, semmi sem örök Isten szeretetén kívül. Sok embernek az a baj, ha esik, ha szárazság van, az a baj. Ha meleg van, az a baj, ha hideg, akkor az a baj. A *baj*ság szemüvegén keresztül néznek! Már megtanultuk, hogy a hasonló hasonlót vonz, úgyhogy még a cipő is szorítani fogja. Szóval nem számít, ha esik az eső, attól még maradj boldog!

LEHET-E SEMMIBŐL VÁRAT ÉPÍTENI?

Lehet, de nem lesz tartós. Megengedtem magamnak ezt a kifejezést, mint témacímet. Talán mert elég kifejező a magyar ember számára. Építkezünk egész életünkben, de most ne az anyagra gondolj, magára a házra, hanem gondolatokról gondolatokra rakjuk képzeletbeli tégláinkat az általunk kigondolt célunk építkezésében. Ez alatt értem a rendszer felépítését, oktatást, egészségügyet, és még az emberi kapcsolatokat is. Beszéltem az igazságról, ami jelen évünkben körülbelül hét és félmilliárd. Más és más emberi igazságra alapozva, más ás más téglákból felépítve. Az építkezés első, legfontosabb lépése, hogy olyan alapot kapjon, ami stabil. Nem imbolyoghat, nem kételkedhetünk benne, hogy megreped és beszivárog valami, ami szétfeszítené. Biztosnak kell lennünk, hogy nem történhet semmi. Amikor találkozik két ember, a bizalomra építik a kapcsolatot. Vagyis, tudat alatt, próbálják. Kinél kisebb, kinél nagyobb sikerrel. Aztán egy esemény vagy egy kellemetlennek címkézett helyzet miatt a stabil alap már nem is az. Beszűrődött a féltékenység a bizalmatlanság, a „már nem szeret engem", „nem vagyok elég jó neki". Önbizalomhiány és egyre több és több repedés lesz az alapzaton. Kezdetét veszi a látszólagos tömködése a réseknek. Egy bocsi-vacsora, egy bocsi-virág, pár bocsi-extraperc. De az érzelem, amit akkor megélt emberünk, amikor a repedés elkezdődött, valahogy mégis beleragad. Kezdik építgetni tégláról téglára a kapcsolatot, de az alap egy gyenge, egós, téves gondolatmenet után, amikor is a múltbéli sérelmek ismét felbukkannak, megint kissé meglazul, a repedés nagyobb lesz. Nagyobb rések, ingatagabb alap. Aztán még egy és még egy gombnyomás, és az illúziókra épített kapcsolat kártyavárként dől össze. De miért? Mindent, amit elkezdenek felépíteni, az az emberek bizalmára épül. Itt lépnek be a hiedelmek, eszmék, elvek stb., amit vagy programként kaptunk szüleinktől, nevelőinktől, vagy saját törvényeket írtunk meg. Mit is várunk el attól, akivel kapcsolatba lépünk? Ezekből fog kiindulni az első repedés azon az alapon, amely oly stabilnak tűnt az elején. Az egó képes olyan alapot építeni, ami nem stabil. Hiszen valótlan, téves gondolatokat tesz bele, és ha akció van, reakció történik. Ezért is említettem, hogy mielőtt belevágunk egy kapcsolatba, érdemes belső munkát végezni. Hiszen amire reagálunk még, azzal foglalkoznunk kell. Ez lehet:

– Féltékenység (önbecsülés).

– Nem vagyok elég jó nő/férfi (önbecsülés).

– Úgysem lesz hosszú a kapcsolat (vesztes, lúzer vagyok).

– Mi lesz, ha nem tetszik neki az alakom, viselkedésem stb. (előre kivetített félelmek, ami a vonzás törvénye értelmében megvalósul).

– Nem vagyok olyan gazdag, mint ő.

Stb.

Ezek programok, amiket törölni nem lehet, de felülírni igen. Saját törvényeink is tudnak borzalmas repedéseket előidézni:

– Nem ilyennek gondoltalak.

– Kicsit ha lefogynál/híznál, az jó lenne.

– Adok pénzt mellműtétre.

– Mindig mondd meg, hová mész!

Stb.

Ha ezen dolgokra kezdjük az építkezést, hamar leomlik a fal.

Persze vannak emberek – és nem tudom most megvédeni nőtársaimat – akik felveszik a férfi által elgondolt és a nőre ráruházott szerepet. Miért is?

– Mert a család idillnek megfelel (lásd: Facebook).

– Így biztonságban vagyok.

– Gondoskodnak rólam.

– De hát annyira szeretem.

Bla-bla-bla.

Az ilyen kapcsolatok tarthatnak sok-sok éven keresztül is, de zászlót nem nagyon tűznek a csúcsra! Ezek elvek, eszmék, programok téves gondolatok, és nem az önzetlen szeretetre épülnek.

Az önzetlen szeretet egy belső munka végeredménye, amit nem megtanulni kell, mert az mindenkiben benne van. Itt már az ember saját magát is tudja szeretni, és ezáltal a másiknak is azt adja. Ez szintén adok-kapok. Az önzetlen szeretetet kevesen gyakorolják, hiszen elvárják az emberek, szülők is, hogy úgy viselkedj, ahogy nekik tetszik. Rajtad múlik, hogy jól fogom magam érzeni, vagy sem. Amikor az önzetlen szeretetet nap mint nap gyakorolja, akkor már nem akar megfelelni a másiknak, és önzetlen szeretettel búcsút int. Megbotránkozhatsz, de el is fogadhatod. A te döntésed. Nézzünk körül a világunkban, hogy még mennyi dolog ingatag. Mennyi olyan rendszer épül fel, ami instabil, és már inog az illúziókra épített vár. A valódi igazságtól messzi alapokon áll, téves gondolatokból és illúziókból építették. Hogy mi az igazság, azt senki sem tudja eldönteni. A rendszert, amiben élünk, az egós elmék építették fel az egós elméknek. Olyan valóságosnak tűnő szabályokkal, rendeletekkel és protokollal, amivel a nép biztonságban érezheti magát, ezzel elérik, hogy a nép átengedje tudattalanul, hogy helyettük gondolkozzanak. Úgy tesznek, hogy a Mátrixban élő emberek azt érezzék, nincs felelősség rajtuk. A rendszer megmondja, mit kell csinálni, és ha úgy csinálják, akkor baj nem lehet! Ki az, aki megmondja? A nyáj terelője, aki sötét, téves egós gondolatokkal irányít. Eléri, hogy „kicsi én" maradj, és szolgáld a rendszert. A rabszolgatartás a 21. századi kivonata. Szinte teljesen úgy működik, mint anno a múltbéli rabszolgatartásnál, csak a helyszín és az emberek mások. Észre sem veszed elméd befolyásolását, hiszen tökéletes téves gondolatokkal programozták be. Szolgálsz valamit, esetleg valakiket? Hát persze, hogy szolgálsz, és erődet adod a rendszernek, míg el nem sorvadsz. Közben érzed, valami nincs rendben, a vár, ahol élsz és amit felépítettél a Mátrixban élő embertársaiddal, nem stabil. Elő-előbukkan egy pillanatban a tudatalattidból az igazság, és hangotokat emelitek a rendszerrel szemben. Összeütközésben találod magad a kormánnyal, az egészségüggyel és elkezdesz sztrájkolni, kivonulni az utcára. Szidalmazol, káromkodsz az ellen, aminek felépítésében te is ott voltál. Ezzel le akarod dönteni a várat. De ha ezt teszed, akkor nem tudod a titkot, amit azok tudnak, akik ellen éppen hangos szóval szembeszálltál.

Az erő! A fókusz! Ahol a figyelmed, ott az energia. Ami ellen vagy, abba fekteted az erőt. Észre sem veszed, hogy energiát adsz a kormánynak, egy betegségnek, egy társadalmi helyzetnek, ha ellene fordulsz. Energiát adsz neki, ezáltal erősebb lesz. Mondok példákat:

- Küzdjünk a drogok ellen!
- Küzdjünk a rák ellen!
- Küzdjünk az erőszak ellen!
- Küzdjünk az éhezés ellen!

Ez mind energia! Még erősebb lesz! Ez törvény! Ha felépítettél hosszas negatív gondolatokkal és érzelmekkel egy daganatos elváltozást, az is a valami hiányából kialakuló küzdelem végeredménye. Ha nekiállsz küzdeni ezután a már kialakult daganat ellen, akkor a maradék energiát is oda összpontosítod, ezáltal növeled a gyógyulási időszakot. Tedd fel a kérdést! Megéri küzdeni?

A törvényszéken az ítéleteket különböző elvekben, eszmékben, hiedelmekben élő elmék által összeállított paragrafusokból hajtják végre. Elmék összeültek, és gondolataikkal megalkották, felépítették a törvényt. Más lehetőség nincs.

Ha az elme működését megértjük és tanulmányozzuk az elmezavarokat, felismerhetjük, hogy konfliktusok hatására alakulnak ki. A kemény törvények olyan emberekre is vonatkoznak, akik a légynek sem ártanak, viszont egy pillanatnyi elmezavar következtében egy téves gondolat téves cselekedetre kényszerítette őket. A börtön falaiban mindenkinek ott a téglája, hiszen a konstellációk jönnek-mennek, és egy meghatározott konfliktus pillanatnyi elmezavarában cselekedhetünk olyan dolgokat, amit soha nem tettünk volna meg addigi életünkben. Tisztességesen éltünk, de az elménk nem tudta józanul megítélni a konfliktust és visszafordíthatatlan dolgokat tehetünk. A börtön valóban sok esetben rákényszeríti az elmét a felébredésre, és olyan emberré változik vissza, aki valós, Isten által megteremtett, de a falak hiányállapotának tömkelegét rejtheti. Sokan a börtönben válnak bűnözővé. Viszont előbb történhet a börtön lakói között megvilágosodás, mint a falakon kívül.

A téves gondolkodású elme, amiben sok a zűrzavar, konfliktus, csak szeretettel gyógyítható. Világunk illúziókra épül! Egy gyenge, folyton ingatag világ vesz körül. De meddig tud állni ez a világ? Csakis addig, míg te is támogatod egós elméddel. Most még szenvedéssel, fájdalommal, küzdelemmel éled az életed, habár az nem élet, hanem földi pokol, és így épited váraidat, amelyek bármelyik pillanatba összeomolhatnak. Ezt érzed, és még jobban küzdesz, mert az egó így akarja. De meddig bírod még? MÍG A HALÁL EL NEM VÁLASZT!

ÉBREN VAGYOK, VAGY ALSZOM?

„Persze, hogy ébren vagyok" – felelik az emberek. „Beszélek, dolgozom, eszem, iszom, nézem a televíziót. Micsoda ostoba kérdés ez?" Valóban? Szinte negyven évig aludtam. Szomorú, de igaz. Miért? Mert elhittem, hogy az élet abból áll, hogy születünk, iskolába járunk, dolgozunk és meghalunk. Miközben ezen állomásokon voltam, az ott lévő embereknek megfeleltem, küzdöttem, talpon próbáltam maradni, még akkor is, ha vonszoltam magam. Küzdünk az elismerésért, mert hátha kapunk egy fényes kitüntetést, hogy „kiválóan megfelelt" az életben. Megfelelt, de kinek? A végtelenségig sorolhatnám, hogy negyven év alatt mennyi mindenkinek akartam megfelelni. Aludtam, és olyan világot álmodtam, ahol küzdeni kell mindenért, figyelni azon szabályokra, amit téves gondolkodású emberek fektettek le, és ha megszeged, akkor büntetésben részesülsz. Nyomasztó világ. Alszunk, hiszen illúzióba ringattuk magunkat a Mátrixban, ahol gyermekkorunk óta, cserélgetve a szemüvegünket néztük, milyen kegyetlen ez a világ, és túl kell élni a hétköznapokat. Szemüvegeket kaptunk, amelyen át szenvedést, félelmet láttunk, hiszen elhitették velünk, hogy ilyen a világ. Felmenőinktől a programot, az eszmét, a hiedelemrendszert, az elveket, amivel elkezdtünk élni. Gyermekkorunkban még próbáltunk ellenállni, de szép lassan, észrevétlenül bekövetkezett az, ami még mindig fennáll emberek millióinál: alszanak. Olyannyira beálltak a nyájba és lehajtott fejjel, botladozva, siváran élik az életüket és annyira természetes lett nekik, hogy el sem tudja képzelni, lehet máshogy is élni. Van élet a halál után, és a pokol nem a halál után, hanem itt a Földön tapasztalható meg. Egy földi pokol.

Mókuskerékben, egy zombi-üzemmódban éli ezt az poklot, és néha megijed, mikor éjjel egy csodálatos utazás az álma. Megretten tőle, mert nem hiszi, hogy van ilyen. Hiszem, ha látom! – mondják.

Én megfordítanám ezt az életben. Látom, ha hiszem. Hinni a láthatatlanban nagyszerű! Ehhez szükségeltetik a felébredés a mély álomból. Ébren lenni a világ igaz valójában. Az első, amit megtehetsz, hogy megfigyeled magad, mik azok a dolgok, amik bosszantanak, amiktől félsz, rosszul érzed magad. Milyen gondolatokkal, címkékkel ruházod fel ezeket az dolgokat. Mi a félelmed alapja. Ezeket mind-mind leírhatod egy papírra. Azért érdekes az írás, mert az elméd elkezd reagálni azokra a dolgokra, amelyekkel eddig nem akartál szembesülni, és a finommotorikus mozgás elindítja a változást, a gyógyulást. A téves gondolataidat átformálja, és ezáltal máshogy kezdesz nézni, más szemüveggel nézed azon dolgokat, eseményeket, embereket, akik vagy amik rossz érzéseket váltottak ki belőled. Elkezdesz felébredni, örülsz az esőnek, ami addig bosszantott, nem tölt el félelemmel a holnap, megérted a törvényeket, az ok-okozat, a vonzás és a tükör törvényét. Garantálom, hogy mosolyogni fogsz múltbéli cselekedeteiden, hogy miket tettél vagy mondtál. Szinte más világ tárul eléd. Másfelé veszi irányát az érdeklődésed, új emberekkel találkozol; olyan, mintha újjászületnél. Rengeteg energiád felszabadul, és meglásd, olyan dolgokba fogsz bele, amiről nem is gondoltad, hogy képes vagy rá. De figyeld magad, ne okozzon a múltad lelkiismeret-furdalást és bűntudatot. Amikor a múltadba süllyedsz egy pillanatra is, akkor az egós éned bukkant fel, és táplálkozni akar. A múlthoz már nincs közöd.

Egy elkopott, elhomályosodott idő. Ne meríts belőle semmit. Új nap, új tapasztalat, de ne a múlt reagálásával, hanem az új éned szeretetteljes reakcióival tedd, amit tenned kell. Új dolgokat kezdesz tanulni, és minden egy folyamat. Elkezded megteremteni a valós énedet. Ne legyél türelmetlen a hosszú alvás után. Eme folyamat azon múlik, milyen gyorsan tudod elengedni a múltat, a félelmeid, régi hiedelemrendszered. Teszteket mindig kapsz a folyamat során. Tesztelve leszel, hogy erősödtél-e már bizonyos dolgokban, és mekkora a hited saját valós énedben. Az egó be fog próbálkozni, mert fél, hogy megsemmisül. Az egó azt akarja, hogy szenvedjél, féljél továbbra is, hiszen eddig nagyon jó csapatot alkottatok. De te válaszd a valós énedet.

Ne tántorítson el egy esetleges kibillenés a folyamat alatt. Higygy, hogy létezik benned a másik *vagyok*, aki nem aggódik, fél, szorong, panaszkodik, és akar a rabszolgasors kegyetlen poklában elsorvadni.

Bármi történik, az érted történik, hogy megerősítsd hitedet. A felébredés jele, hogy csak hagyod megtörténni a dolgokat. Minden egyes – még ha kicsi – dolog is, azért történik meg veled, rajtad keresztül, mert hozzájárul az egységes legnagyobb célhoz, ami felé elindultál. Ne ítéld meg a dolgokat, csak engedd. Kibújsz a szorító gondolatok, a határt megszabó rendszer támogató nyájából, és szárnyra kapsz. Ez a feladatod. Az elsődleges, hogy megtaláld azt a békét magadban, ami kell a fejlődésedhez, és a másodlagos feladatodhoz, ami nem más, mint a célod, amiért ide jöttél. Ne törődj vele, hogy még nem tudod, mi a célod, mi akarsz lenni, mit hoz a holnap! Abban olyan erős támogatást kapsz az Univerzumtól, hogy ámulni fogsz. Te csak keresd a harmóniát, a békét, nyugalmat. Csak a belső munka a legfontosabb, azután fognak feltárulni előtted a lehetőségek. Támogató emberek, események közelítenek feléd. Nem kell félni attól, hogy miből fogsz megélni. Hidd el, hogy az már rég megoldódott, csak engedned kell, hogy befogadhasd. Míg nem látod a manifesztációkat az életedben, addig sem veszítheted hitedet. Csak maradj boldog, pozitív, legyen benned izgatott várakozás.

Ébredésem után megtapasztaltam azt az érzést, hogy oké, döntöttem, és akarom az ébredést, a tisztulást a célomhoz vezető út olyan dolgaitól, amik már nem szolgálnak. De hogyan tovább? Merre vegyem az irányt? Ki fog segíteni? Mit kéne csinálnom?

Felesleges volt a sok kérdés! Engedd el ezeket a kérdéseket. Ne feszülj rá semmire. Ha sok kérdést teszel fel, ráparázol, hogy tudni akarod itt és most, akkor késleltetted a választ. Az Univerzum addig nem ajánlja fel a neked szánt dolgokat, eszközöket, míg aggodalmaskodsz. Miért? Mert ha félsz, hogy hogyan tovább, akkor nem veszed észre azokat a dolgokat, amik segítségedre lehetnének, sőt inkább elmész mellettük, és megijedve, hogy semmi sem történik, visszazuhanhatsz az álmodó énedbe.

Jómagam, türelmes voltam, elfogadtam a történéseket, és megkaptam a választ. Nem két nap alatt jött, nem két hónap (persze említettem, mindenkinél a múlt elengedése határozza meg), de megértettem a választ és elfogadtam az eszközöket, amiket felajánlott az Univerzum. Bíztam a válaszadásban. Olyannyira bíztam, mint hogy éjjel is kapok levegőt. A köztes időmet még száz százalékra nem teljesen értettem, de Isten akaratát, ami mindig és mindenkinek a saját akarata, addig belső munkával tartottam magamban fenn, hogy létezik valami, amiért ide jöttem. Ez a hit erősítése és megőrzése a szeretet, a nagyrabecsülés, a megbocsájtás, az elfogadás magas rezgésén. Hittem abban, ami még nem látható, tapintható és ha hallható. Ez már maga az út. Az út, aminek a minősége meghatározza a célt is. Az útnak kell tele lennie olyan érzelmekkel, amelyek ha feltörnek benned, szárnyra kapsz. A döntéseidet kell megértened, és megítélni azokat. Nincs rossz döntés. A múltban meghozott döntéseid hozzájárulnak a célod eléréséhez.

Ismét saját döntéseimet hozom példaként, hiszen jelentős segítséget tudok nyújtani neked valós tapasztalásommal.

A múltban meghoztam egy döntést, miszerint segítő leszek, és az a célom, hogy felébredt elmémmel felébresszelek téged is, és egy valós világban, ahol csodák vesznek körül és értékelni tudunk mindent amit Istentől kaptunk, a kollektív szeretet tudatával éljünk egymással, békében. Persze a kicsi én, ami a régmúltban voltam, aki elhitte azt, amit a rendszer diktált, a hiedelmeim, félelmeim, elveim miatt nem hallotta meg a legfelsőbb énem üzenetét: Ébredj, Ébredj már!

Még nem volt elég, még szenvedni akartam, amit természetesen meg is kaptam, hiszen a vonzás törvénye értelmében megteremtettem magamnak. De már tudom, hogy valódi énem döntése alapján, amit a születésem pillanatában még tudtam, csak feledésbe merült, az évek alatt olyan embereket választottam magam mellé és olyan helyzeteket vonzottam, amik segítségével eljutottam a felismerésig, az ébredésig. Ezek az emberek számomra és számodra sem a legkedvesebb és legszerethetőbb emberek voltak mindig, és a helyzetek, amit kiválasztottunk, sem voltak mindig üdítő pillanatok, de segítettek az utunk során.

Mikor hosszú-hosszú évekig ingáztam a határszéli városból az ausztriai munkahelyemre, és az ott töltött 8-10 órát ledolgozva, utána vissza, nem értettem, miért választottam magamnak ezt, miért hagyom testemet kizsákmányolni. Üvölteni tudtam volna néha – na jó, párszor csak úgy zengett alattam a kocsi, hogy Miért? Miért? Miért?

Hú, valahányszor elordítottam ezt a kérdést, amihez hozzátársult a düh, elkeseredés, tehetetlenség, egós elmém nem hallotta meg a választ. Nem álltam készen rá! Már nem teszem fel a kérdést. Ezen hosszú évek ingázása alatt, ami 12 évig ment, minden áldott nap, folyamatosan hallgattam a kocsiban a megerősítő anyagokat, amik segítettek túlélni a munkanapot. Emellett olyan munkahelyeim voltak, kivétel nélkül, ahol senki sem szólt rám, hogy reggeltől estig a fülemen keresztül olyan anyagokat tanultam, ami ébresztő hatású volt elmém számára, és napról napra éhesebb lettem a tudásra, ezzel párhuzamban az elmémben lévő téves gondolatok is kezdtek átíródni, és felszínre törni a valós gondolatok. Munka alatt tanultam. Az emberi elme érzelmek, gondolatok halmazában lévő káosz kezdett elhomályosodni.

Megtanultam, felismertem a test működését, a betegségek valódi okát, az érzelmek kihatását a testünkre, az elme játékát, és az összes törvényt, ami napi huszonnégy órában működik mindenkinél. Felismertem az idő fogalmát. Rengeteg dolgoztam, de lehetőségként kiválasztottam a számomra legmegfelelőbb munkát és eszközt, ami az utam kezdetéhez szükséges volt. Persze nem ismertem fel, de alázattal tettem, amit tennem kellett, és megkaptam a választ a miértekre. Most már érthető lehet mindenki számára, hogy minden általunk rossznak nevezett dolgokban ott van egy lehetőség, ami célod felé terel. Mikor eljöttem Ausztriából, hatalmas köszönetet mondtam azoknak az embereknek akik munkát adtak nekem, és segítettek abban, hogy tanulhassak. Teremtő társaimmá váltak. Pedig sokszor duzzogtam velük (utólagos sorry). Amit keserves munkának címkéztem fel, tévedésből tettem. Egós elmém tette. Valós énem eközben tanulási időszakként jellemezte, amit üzenni is akart, de nem hallottam meg elkeseredett elmémmel. Roszsz szemüveggel tekingettem minden egyes napra. Meg kellett tapasztalnom, és nem tudtam kikerülni fejlődésem érdekében! Ezeket a tapasztalatokat mi teremtjük saját magunknak, ha jók, ha rosszak. Csodálatos dolog ezt tudni már azért is, mert ezzel megszüntetjük a mások felé való ítélkezésünket, és persze azt, hogy bármikor dönthetünk másképpen.

Örömmel figyelem magam azóta is, és még nem száz százalékosan, de érzelmeimre hallgatok, ami már nem a kicsi énem, hanem a legfelsőbb én.

Elárulom, hogy az neked is van, használd! Ne válaszd már a középszerűséget, ott már oly sokáig voltunk! Ébredjetek, elmék!

A TÖRVÉNYEK ELEMZÉSE

A következő törvényeknek olyan erejük van, hogy ha pozitív gondolatokat helyezel beléjük, észreveszed, milyen kicsi darabját láttad a világnak és a benne lévő csodáknak. Ezen törvények nem alszanak, és nincs kávészünetük sem. Napi huszonnégy órában működnek mindenkinél. Isten teremtő, és saját képmására teremtett minket, embereket. Vagyis teremtő lények vagyunk. Bárki lehetsz és bármit megtehetsz, de ehhez nélkülözhetetlen a hit ereje. Ha nem hiszel nekem – persze nem kell –, akkor nézz körbe ott, ahol éppen most vagy. Vedd észre, mennyi mindent teremtettél. Autó, ház, ruhák, társ, munka stb. Ezek mind kézzel fogható dolog, ami régebben egy elgondolt gondolat volt. Nem kételkedtél abban, hogy lehet kocsid, házad, egy szerelmed, csak hagytad megtörténni. Amit már manifesztáltál, az minden gondolaton, rezgésen végigrágta magát. Teremtése, befogadása megtörtént. Természetesnek tűnhet, de nem az. Teremtettél! Hittel, szándékkal, vággyal! Hiszed-e, ha te teremtetted a házad, kocsid, stb., akkor teremthetsz olyan dolgokat is, ami nem kézzel fogható? Szabadságot, békét, harmóniát? És jólétet? Ha hajlandó vagy hinni a még láthatatlanban, akkor kincsre találsz. De ne feledd, folyamatról beszélünk!

Nézzük az ok-okozat törvényét.

A törvényeket mindig nagy kezdőbetűkkel írom, mert tisztelni kell őket. Ne a Mátrix törvényeire gondolj, hanem a vonzás, az ok-okozat és a tükör törvényeire. Mindennek oka van! Nincs okozat ok nélkül, és fordítva. A betegségnek oka van; hogy túlsúlyos vagy, oka van; miért azt a párt választottad, annak is oka van. Ha nincs sok pénzed, annak is oka van; hogy anyád az anyád, annak is oka van. Az ok egy elgondolt gondolat, aminek a végeredménye az okozat. Érzelemmel társítjuk a gondolatainkat, de közel sem mindegy, hogy negatív vagy pozitív érzelmeket élünk meg. Nézzünk egy olyan dolgot, ami mindenkit érintett már, és hol kisebb, hol nagyobb okozatot tapasztalt meg. A betegségről beszélek. Maga a betegség, mint tünet, már okozat. A tünetek előtt lennie kellett egy oknak, amiért betegséget vetítettél fizikai testedre. Minden betegség egy hiányállapotra vezethető viszsza. Egy konkrét konfliktust kell keresni, amibe negatív érzelmeket és rezgéseket fektettél. Érdemes jól végigolvasni a könyv ezen fejezetét, mert itt megértésre találsz a betegségek működésével kapcsolatos tévhitekre, és akár a fejezet olvasása közben megtalálod a meglévő elváltozásod (ha van a testedben) valós okát, és megértéssel elindítod a gyógyulásodat. Ha mersz itt és most felelősséget vállalni saját gondolataidért, és döntést hozol a gyógyulásod elindítása és a betegséged kifuttatása érdekében, akkor fogadd nagyrabecsülésemet irántad!

Kevesen mernek még szembenézni konfliktusaikkal a világban, inkább homokba dugják fejüket, a szőnyeg alá seprik, avval a hittel, hogy ha nem beszélnek róla, akkor majd eltűnik, de közben hatalmas magányt élnek meg azáltal, hogy titokban tartják. Ezzel a probléma a következő: ha nem beszélünk valamiről, ami már jelen van életünkben, de a napi huszonnégy órában csak arra tudunk gondolni, akkor a fókuszunkat, energiánkat oda összpontosítjuk, és nemhogy csökkenne a konfliktus vagy a már meglévő tünet, hanem annál inkább növekszik, és csak idő kérdése, mikor robban.

Ki kell beszélni magunkból, és segítséget kell kérni, ha még nem vagy 100%-ig biztos magadban. Ne magányosodj el a konfliktusok és a betegség alatt.

Visszatérve: nincs elváltozás konfliktus nélkül. A konfliktus probléma, ami önmagában nem probléma, csak akkor, ha a negatív címkéket aggatunk rá és negatív érzelmekkel éljük meg. A címkék és az érzelmek a problémák. Különböző hiányállapotok léphetnek fel az életünkben. Pl. pénz, szeretet, idő, kocsi, egy megbízható társ, és még az is, ha nem tudunk gyermeket nemzeni vagy szülni. Hiányát érezzük az elköltözött szeretteinknek, és sorolhatnám. Nézd meg, nálad fennáll jelen életedben egy hiányállapot? Írd le magadnak, és olvasás közben figyeld érzéseidet a hiány felé. Amikor hiányérzetünk van és negatív érzelmekkel társul, akkor testünkben beindítunk egy láncreakciót. Mitől függ, hogy mekkora elváltozást csinálunk testünkben? A konfliktusba fektetett intenzitástól, és hogy milyen mély érelemmel éltük meg! Mély haraggal? Kirobbanó dühvel? Depresszív, letargiás hangulattal? Ordítva, toporzékolva? Önsajnálatban? Vagy higgadtan, békével, elfogadással, megértéssel, szeretettel? Mennyit adsz ennek a negatív energiának? Egy órát? Egy napot? Egy hónapot? Egy évet? Vagy az életedet? A döntés a te kezedben van. Az ok már visszafordíthatatlan, hiszen megtörtént a konfliktus. Tény, hogy megtörtént, és nem tudod visszapörgetni az időt, viszont a konfliktusból adódó okozat milyensége már a te reakciódon múlik. Azon, hogyan reagálsz a konfliktusra, és meddig vagy benne.

Nézzünk negatív példákat! Amikor egy konfliktushelyzetre egy erős bosszankodással reagálsz, akkor ne csodálkozz, hogy erős gyomorfájdalmaid lehetnek. Ha egy erős félelem van benned, hogy nincs elég pénzed vagy fennáll a veszélye a kevesebb pénz áramlásának, a pénzzel kapcsolatos konfliktusod, a pénz hiánya megemeli a vérnyomást egy vese-különprogramon belül, hiszen a vesén folyik, halad át minden, mint ahogy a pénz áthalad a folyószámlán. Ha túlzásba viszed aggodalmaidat az idővel kapcsolatosan, és állandó jelleggel túlpörgető gondolatokkal társítod, hogy semmire sincs időd, nem tudod befejezni a munkát, nincs időd pihenni stb., okozatként a pajzsmirigyeden elváltozás mutatható ki egy idő után. Ha valamit meg akarsz kapni, aggódsz, hogyan valósíthatod meg, kattogsz rajta, honnét fog jönni, nem látod, de tudod, hogy az neked kell, akármi áron, és ide sorolnám a gyermekeknél előforduló konfliktust. Hiányzik az anyukám, apukám szeretete – akkor megoldási tünet, vagyis az okozat egy mandulaelváltozás lesz.

Állandó rágódásaink a dolgokon, a múlton, a másik viselkedésén, a megélhetés miatt, a döntésképtelenség miatt stb., ezen konfliktusok, vagyis a rágódás a fogakat érintő elváltozásban nyilvánulnak meg. Még a szédülés, ami tömegeket érint, mint okozat, annak is van konfliktusa. Lecsúszás, elesés, bizonytalanság. Ez nem csak fizikai elesésről, hanem gondolati szinten előre kivetített félelemként, ami még nem történt meg, de megtörténhet majd a jövőben. Csak gondoltál rá, hogy mi történik, ha a cég csődöt mond, az egzisztenciád odalesz stb. Egy konfliktust több érzelmi árnyalattal is megélhetünk. Nem értik, miért van az, hogy pl. mindkettőnket egyszerre rúgott ki a főnök, és Gyurinak kutya baja sincs, nekem pedig szívproblémáim lettek. Hát miért ver engem az Isten? – kérdezik. Ugye? Találkoztál most esetleg magaddal? Felismerted magad ebben a példában? Elmondom, Gyurinak miért nem lett semmi baja, és te miért adtál a kardiológusnak melót. A következő történt. A férfiak a munkát, nőt, kocsit mind a birtokuknak tekintik, ez ősi dolog. A férfi vadászik, és viszi haza az élelmet. Lefordítva a 21. századra: a férfi dolgozik, és viszi a pénzt az élelemre. A munkahely számukra birtok, és mivel birtokveszteség történt a munkahely elveszítésével, alanyunk megijedt, elkezdett félni attól az érzéstől, hogy veszített, vesztes, mély érzelmeket fűzött a birtoka elveszítéséhez, ezért szívproblémái alakultak ki okozatként. Társította a munkahelyének elveszítését, ami az alapprobléma, egy negatív címkével. Vajon Gyuri hogy élte meg a birtokának elvesztését, hogy semmi egészségügyi problémája sem lett? Tudatosan! A konfliktus lehetőségének megélése nála is ott volt, hiszen elküldték, de nem címkézte olyan negatív jelzőkkel a helyzetet, hogy „vesztettem, lúzer vagyok", „jaj, mi fog történni". Előfordul, hogy jót mosolygott rajta, mert már lehet, hogy nem szeretett ott dolgozni, és örült, hogy vége; vagy tudta, nincs semmi gond, hiszen képes arra, hogy másik munkahelyet keressen. Ha nagyon tudatos, akkor figyelt magára, hogy ne reagáljon negatívan, mert tudta: annak következményei lehetnek.

Összefoglalva: egy munkahely elvesztését több érzelemmel lehet megélni, mint bármelyik más konfliktust. Kérdés, milyen érzelmet társítasz hozzá, milyen intenzív, mély az a negatív érzelem, és mennyi ideig tartod fenn ezt a mély érzelmet.

Egy férfi, ha munkahelyét elveszíti: birtok-veszteség, elveszítettem a birtokomat = szívproblémák. Munkahely elvesztése bosszankodással = gyomorpanaszok. Munkahely elvesztése, emészthetetlen dolog = bélproblémák. Munkahely elvesztése, hála Istennek = megkönnyebbülés! Nem szabad figyelmen kívül hagynunk, és ez már tudatos gondolkodás, hogy a konfliktust mint okot, milyen érzelemmel éljük meg, mert meghatározza az okozatként megjelenő tünet helyét a testen, és befolyásolja a tünet nagyságát, a kifutási idejét az érzelembe fektetett intenzitás és az intenzitás időtartalma. Vannak helyzetek, amiről már előre értesülünk, hogy be fog következni, pl. egy üzem bezárása, egy bolt megszűnése, betöltött pozíciód feladatkörének kiiktatása. Ezekre fel lehet készülni, és mielőtt bekövetkezne, keresni lehet rá egy megfelelő megoldást, ami számodra a legkisebb ellenállást teszi lehetővé.

Vannak meglepetésszerű események, helyzetek, amelyek váratlanul érkeznek és felkészületlenül érnek. Ezek, amik igazán ki tudják váltani a reakciókat belőlünk. Ilyen például egy diagnózis közlése, ami még sokkot is kiválthat az emberből.

Zárójelben megjegyezném: szerintem az orvosoknak van az egyetemen egy különóra, ahol megtanítják, hogyan lehet diagnózis-sokkot kiváltani az emberből. Ezt csak úgy halkan jegyzem meg.

Részesültem életem során kettő ilyen megrázkódtatással. Az első, amikor közölték velem, hogy a kisebbik lányom tolókocsiba fog kerülni. A második a szülés utáni vérzésem alatt történt, amikor abszolúte minden diszkréció nélkül az egyik orvos a másiknak odaüvöltötte, hogy „el fogjuk veszíteni az anyukát", és ez mind előttem történt. Hát, Istennek hála és nagyrabecsülés, egyik sem történt meg, de az érzés leírhatatlan. Sokk hatása alatt reálisan gondolkodni képtelenség.

Akkortájt még valótlan gondolataim, cselekedeteim uralták napjaimat, de mégis, valamilyen erő működött és hallásom volt arra, hogy mit kell tennem. Amikor az ember egy mély krízisben van, képes elérni az elméje legmélyebb csendjét, és feltámad belső fülének hallása, meghallja a legfelsőbb énjének irányítását. Gyermekemnél olyan gyors gyógyulást értünk el, hogy mire felértünk az ORFI-ba, se híre, se hamva nem volt gyermekem elváltozásának. (Persze nem értették a dolgot.) A vérzésem közbeni sokk után a műtétből felébredve elmondhatatlan békét és nyugalmat éltem át, és mosolyogva mondtam: köszönöm! Bízni kell azokban az erőkben, amelyek láthatatlanok, és el kell engedni a küzdelmet a betegségekkel kapcsolatosan.

A konfliktusok jönnek-mennek, a kérdés az, beleragadsz-e az egyikbe-másikba, és fektetsz-e bele mély negatív érzelmeket. Ha igen, okozatként, tested harmóniájának kibillenése miatt, kikerülhetetlenül jelentkezik a betegség! A tünetet nem tudod kikerülni, ez törvény. Egy konfliktus, egy elváltozás. Ha észreveszed, hogy reagáltál egy adott dologra, visszaszívni nem tudod, viszont átcímkézheted a negatív gondolatodat pozitívvá, ezzel csökkentve az okozatot.

Okot mindig találhatunk a szenvedésre. Okot, hogy másra tegyük a felelősséget saját gondolatainkért, de az okozatot mindig csakis te fogod átélni. Okolhatod a kormányt a rossz élethelyzetedért, de ő mit sem törődik vele, viszont te, aki ellenszegülsz neki, panaszkodsz amiatt, hogy kevés jutott neked, ezzel fenntartod jelenlegi helyzeted! Sem a párod, sem a kormány, sem a szomszéd vagy a főnök nem oka a betegségednek, az okozatnak, csakis a téves gondolataid. Felháborodást kelthet benned ez az információ, és érezheted, okot adtam arra, hogy most befeszülj, mérgelődj és dühösen kiabálj. De téves gondolatid tárházából csak te tudod kiválasztani a reakciódhoz illő érzelmet. Senkinek semmi köze ahhoz, hogy te hogyan reagálsz. Megtanultuk felmenőinktől, hogy adott esetekre hogyan kell reagálni, és persze kell is, mert csak így védheted meg magad. Valóban így van? Emlékezz a mester történetére, akit megvádoltak azzal, hogy ő a gyermek apja. Nem reagált, csak tette a dolgát. Engedte megtörténni a dolgokat. Ezért nyugalmával nem indított el szervi diszkfunkciót a testében.

Felülírni azokat a dolgokat, amit felmenőinktől tanultunk, jelen esetben a pozitív reakciókkal, okozatokkal alakíthatjuk át, amelyek már a valós énünk gondolatai.

- Minden a legnagyobb rendben van!
- Biztonságban vagyok!
- Semmi komoly nem történt!
- Támogatva vagyok!

Stb.

Hogy ezekkel a mantrákkal hazudnál magadnak? Eleinte úgy tűnhet. Viszont nem hazudsz, mert igaz, és ami igaz, az valós. Azokkal a gondolatokkal hazudtál, amelyek megbetegítettek, mert az egó volt, és az egó nem valós. A későbbi fejezetekben bővebben írok az egóról. Összefoglalva az ok-okozat törvényét: Az ok egy gondolat, ami felmenőink gondolata is lehet; egy berögződés, egy adott eseményre való gondolati reakció. A konfliktusok jönnek-mennek, csak úgy megtörténnek, és okként tekintünk rájuk, hiszen azt gondoljuk, befolyásolják a jövőnket. Az okot, ami történt veled, felhasználhatod arra, hogy pozitív okozatot éljél át, és arra, hogy negatívot. Attól függ, egy konfliktusra, problémára milyen címkét teszel, milyen szemüveggel nézel rá.

Példa: egy munkahely elvesztése lehet negatív konfliktus, és okozatként tünet jelentkezhet a testedben, de megélheted pozitívan, hogy egy nagyszerűbb munkát találhatsz, ami számodra sokkal kielégítőbb. Ezen esetben okozatként semmi testi reakció nem áll fenn, hanem csodás lehetőség fog megnyilvánulni az életedben. A veszteségként megélt helyzetek még több veszteséget hoznak az életedbe. Döntésed határozza meg, hogy mit fogsz megélni. De ezen téma után felmerülhet benned, hogy a meglévő betegség lehet-e az ok. Igen, lehet, de hogy mire használják a betegséget, és hogyan alakul ki az, hogy maga a betegség az ok? A válaszom nagyon egyszerű: azonosulás a betegséggel. Elhiszed, hogy a betegség egy pokol az életedben? Azonosulsz egy olyan dologgal, ami már a gyógyuláshoz vezet. Azonosulsz a fájdalommal, a tested gyengeségével, a fizikai test szemével látod a tüneteket. A test szeme az egó. Az egó a betegségre félelemmel néz, és riasztó jövőt jósol. Ez földi pokol, emberieskedés. Gyermekkorunkban megtanították: a betegségtől félni kell. Csak azt nem mondták el utóiratként, hogy csak attól félünk, amit nem ismerünk, nem tudjuk, hogyan működik. De hogyan is adhattak volna nekünk ilyen apró segítséget, amikor ők sem kaptak? Milyen egyszerű lett volna, ha mindenki elkezd gondolkodni. Feltárulnak az igazságok, és összedől az egészségügy, a társadalombiztosító, gyógyszeripar. De mivel a titok titok maradt, ezért a hiedelemrendszer fenntartotta magát, és még nagyobbra duzzadt az emberek téves gondolkozása miatt. Amikor azonosulsz egy betegséggel, az ok. Az, hogy milyen címkéket teszel rá ilyenkor, fogja meghatározni az okozatot. Ha betegséged alatt azt hiszed magadról, hogy tehetetlen vagy, és a „képtelen bármire" kategóriába sorolod magad, akkor a meglévő betegséged mellé akár egy csontokat, porcokat, inakat, sőt véreket érintő elváltozást is tudsz magadnak produkálni, ami szintén már okozat. Ez ne tévesszen meg! Nem szövődménye az elsődleges elváltozásodnak, és nem szindróma. A szindróma egy patologikus elnevezés. Kifejtem bővebben.

Az áttétnek nevezett kifejezés is okozatként jelenik meg, mint másodlagos konfliktusból eredő elváltozás.

Szeretném emberi nyelven megfogalmazni az „áttét" kifejezését, hogy megértésre találjatok és felnyissam szemeteket, hogy áttét nem létezik, és nem kell félni tőle. Amikor megértettem Hamer doktor csodálatos felismerését a betegségekkel kapcsolatban, megdöbbentett az a tanulmány, hogy nem létezik áttét. Ez nem csak egy leírt dolog, hanem dr. Hamer tényekkel alátámasztott felismerése. A legegyszerűbb módon ismertetem, egy példán keresztül. Van egy alanyunk, aki elmegy egy éves méhnyakrák-szűrésre. Független attól, hogy tapasztal-e tünetet, vagy csak rutin vizsgálat. A vizsgálat megtörtént, és pár nap múlva érkezik egy értesítő az intézményből, hogy fáradjon vissza a kezelőorvosához a megadott időpontban.

Már zavar keletkezik az elméjében, hiszen negatív eredménynél senkit sem hívnak vissza. Alanyunkkal közlik a hírt, hogy rosszindulatú elváltozást találtak, alá kellene írnia a papírt, hogy műtétre kiírják, mert nem lehet sokat várni. Nagy a baj! A hölgy vagy aláírja, vagy sem a papírt, de a gondolat, hogy nagy baj van a méhében, elindít egy hozzá társító gondolatot is: „meg fogok halni". Elképzelte, átérezte, mély fájdalmat tett a halál érzésébe. Az élete veszélyben van. Alanyunk több vizsgálaton esik keresztül, és egyre nagyobb a félelem a halál miatt. A haláltól való félelem vagy akár más ember halálától való félelem kivétel nélkül tüdőelváltozásokhoz vezet. A halállal való konfliktusa tüdőelváltozást okoz, ami a vizsgálatok során már jelentkezik is. Egy homályos folt, ami tüdőráknak, vagyis áttétnek bizonyul az akadémikusok szemében. A méh elváltozásához egy konkrét konfliktus társul, az „áttéthez" pedig egy attól független konfliktus indította el a tüdő elváltozását. Említettem: egy elváltozás, egy konfliktus. Lehetséges-e, hogy a hölgy méhéből átvándorolt egy daganatos sejt a tüdőbe? Még a vérben sem tudnak kimutatni daganatos sejteket. Csak a nyirokrendszerben találhatnak ilyen sejteket, amikor már a daganat elbontása megy végbe. Hiszen a nyirokrendszerünk a szemételtakarítónk. Ez törvényszerű. Szóval a hölgy alapbetegségének konkrét konfliktusa egy szexuális frusztráció, aminek okozataként megjelenik a méh elváltozása, mint tünet. Ezek után elszenved egy újabb konfliktust, vagyis hogy meg fog halni, és újabb elváltozást indít be a testében. Ezt hívják áttétnek. Lehet hinni és nem hinni benne, de az tény, hogy érzelmek irányítanak, és okozatként olyan végeredményt tapasztalunk, manifesztálunk magunknak, amilyen minőségű érzelemmel reagáltunk a konfliktusra, a problémára. Az áttétnek nevezett, akadémikusok által megfogalmazott jelenség nem egy időben bekövetkező érzelmi konfliktus eredménye. A hölgy elsődlegesen a frusztrációt élte meg, aminek következménye lett, és a következmény miatt szenvedett el még egy konfliktust. Jó tudni, hogy az emberek többsége nem az elsődleges elváltozásba, hanem az őket sokként érő másodlagos elváltozásba halnak bele, és nem a betegség, hanem inkább a kezelés hatásaiba. A rák nem halálos, nem tudsz belehalni. Egyetlen dolog, amiben meghalhatunk, az a fulladás, hiszen leáll a légzés, de egy daganatba, ami csakis gyulladás az érintett területen, abba képtelenség belehalni. Ez az információ elmédnek túlmutat a hiten is.

HASZNÁLHATÓ-E A BETEGSÉG?

Ezen könyvben lefektetett gondolatok az igazságra mutatnak. De persze a „mutatottak" nem feltétlenül lehetnek valós, igaz tények az emberi elme számára. Egy bölcs ember mondta: „A holdra mutató ujj még nem a hold!" Hogy használjuk-e a betegségeket, az viszont tény. Bizonyítani nem én fogom, annál inkább azon törvények, amik pénzbeli támogatást nyújtanak, öszszekarolva egyes rendszerek alaptörvényeivel, összejátszásával, amivel fenntartható a betegség, és oda-vissza alapon mindenki jól jár. Döbbenet, hogy egyes betegségeket pénzbeli támogatással tartanak fenn. Pl. az endometriózist, ami szintén egy konfliktus hatására kialakult elváltozás és nem Isten csapása, hazánkban 300 000 forintos adókedvezménnyel támogatják. Tartós betegség, mondják! Persze! Tartós betegség, mint olyan, nincsen, csakis a betegség azonosulásával tartják fenn. A tartós betegek támogatást élveznek, amit kihasználva és fenntartva jogosan követelhetnek. Kellemetlen lehet olvasni és tudatosítani, de ezek tények. Azok az emberek, akik tartós elváltozással élnek testükben, nem tudatosan, de félnek a gyógyulástól. Jelenlegi állapotukból nem látják az egészséges jövő képüket és a támogatás nélküli életüket. Ezen dolgokkal mindenki jól jár. A beteg pénzt kap érte, a kezelőorvos, kórház is, mert van beteg, és így több pénz áramlik az egészségügybe. Vagyis: a beteg fenntartja az intézményt, a rendszer a juttatásával fenntartja a betegségtudatot. Cserekereskedelem! Üzlet! Egy precízen felépített üzlet! A rendszernek, nyilvánvaló, miért jó ez. De miért jó az embereknek? Miért használják a betegséget? Több ok miatt. Pénzt kapnak érte, nagyobb figyelmet, több szeretetet, több gondoskodást! Követik azokat a téves gondolatokat, miszerint „ez nekem jár"! Csak azt tudom mondani: igazad van!

Igazad van, mert a te igazságod! De felmerül-e benned, hogy képes lehetsz ennél nagyobb bevételi forrásra szert tenni, ha az egészséget választod? A te döntéseden múlik! Soha, de soha nem történik anélkül, hogy te bele ne egyeznél. Képzeletbeli szerződéseket írsz alá, és beleegyezésedet adod mindenhez, amit megélsz, megtapasztalsz.

„De képtelen vagyok ilyen fizikai állapotban dolgozni!" Valóban? A betegség egy döntés, és az egészség is döntés és választás kérdése. Te mit szeretnél? Az Univerzum akarata a te akaratod. Ha a te akaratod a betegséggel való azonosulás és az ebből adódó lehetőségek, akkor az Univerzum teljesíti akaratodat. „Kívánságod számomra parancs."

Amikor másodlagos haszonként használod a betegséget, fenntartod tüneteidet egy dolog elérése céljából és beforgatod magad egy hosszan tartó elváltozásba, vagyis úgymond tartós beteggé válsz. Sokan nem értik, miért tart még mindig a betegségi tünet. Azoknak javasolnám, mélyen nézzenek magukba, hátha találnak egy érzelmet, amivel nem engedik kifutni az elváltozásukat. Viszont létező dolog a vakfolt. A vakfolt nem enged rálátni arra, ami miatt használod a betegséget. Az egós elme nem enged rálátást, neki úgy nagyon jó, hogy szenved és azonosulhat, birtokba veheti a testet.

Ezért vannak a segítők, akik kérdéseikkel, az érzelmek felszínre hozatalával, az alany megértő gondolataival felülírhatják ezeket a téves érzelmeket. Mivel minden elváltozás az életed egyes területének hiányát jelzi, felteheted a kérdést magadnak:
– Vajon miben szenvedek hiányt?

Ha időlegesen meg is kapod a külső dolgokból, az nem elég ahhoz, hogy teljes gyógyulást érjél el, hiszen a téves érzelmek még attól jelen vannak. Benned van a megoldás kulcsa!

A külső segítségek, a gyógyszerek, bármi fajta kezelések csak a fizikai testedre hatnak, az érzelmekre viszont nem. Ha ezeket felleled magadban, abban a pillanatban felelősséget vállalsz életedért. A tünetek elnyomása csak még mélyebbre viszi a problémát. Meg kell keresni a probléma gyökerét, mert a tünetelnyomó gyógyszerek azt nem érik el, nem lehetnek segítség a valós konfliktusra. Nem számít, hogy most hol vagy, nem számít, fizikai tested milyen állapotban van. Ebben a pillanatban eldöntheted: „kezembe veszem a sorsom". Dönthetsz úgy, hogy a jólé-

87

ted választod. Ha megértésre találsz abban, hogy lelkileg akkor sem voltál jobban, amikor a külső segítséget használtad, akkor csakis te voltál az akadálya, a gátja saját gyógyulásodnak. Döntésed meghozatala pillanatában, amikor is a jólét mellett döntöttél, azonnali reakciók indulnak el a testedben. Ez úgymond utasítás az elmének. Utasítod, hogy induljon el a teljes gyógyulás, fizikai és lélek szinten is, párhuzamosan! Ettől a perctől az önsajnálatot, félelemet, aggódást, kétséget ki kell zárnod. Ha hiszel valamiben, az törvényszerű, hogy meg is fog jelenni az életedben. A betegségedre ezután nem Isten csapásaként kell gondolnod, hanem a legnagyobb tanítódra. Megtanított valamire, amire már muszáj volt fizikai szinten is rámutatni egy elváltozással, mert különben soha nem foglalkoztál volna vele. Kaptál egy jelzést, figyelmeztetést, hogy le kell valamit raknod az életedben, ami már nem szolgál, nem szolgálja a valós utadat.

Furcsán hangozhat, de már örülünk, ha valakinek fizikai tünetei vannak, hiszen akkor már tudjuk, megoldott az életében valamit, ami már nehézséget és ellenállást okozott. Baj csak akkor van, ha nem tudatosan figyeli a benne zajló dolgokat, és félelmet kelt benne egy olyan tünet, amit még soha sem tapasztalt meg. Illetve teljes hasonulás történik magával a betegséggel. Mindig attól félünk, amiről nem tudjuk, hogyan működik. Félünk tőle, mert ismeretlen. Kapcsolatokban is csak is akkor tudjuk meg, ki az, amikor megismerjük mélyebben. Lehet, hogy XY azt mondta egy illetőről, hogy félelmetes ember, de ez az ő szemléletéből fakad. Vajon te is elkezdesz tőle félni, vagy inkább megismered és a te szemléleteddel állítod fel a véleményedet róla?

Nem érted, embertársad miért is félt tőle. Mert ő is csak hallotta valakitől, és/vagy más szemüvegen keresztül nézett. Bevallom, mindig rettegtem a repülőúttól, mert zagyvaságokat hallottam a repülést már megtapasztaló emberektől. Fogtam magam, és vettem egy repülőjegyet kedvenc országomba, Itáliába, és felültem, hogy megtapasztaljam, mitől is féltem eddig. Nos, már bárhová elmennék, mert félelem nélkül repültem.

Amit elhisz az elménk, arra úgy is reagál. Azt megtanították, hogy félni kell a betegségektől! Azt tanultad, a rák halálos! Azt tanultad, ki kell irtani a vírusokat, baktériumokat, gombákat!

Valóban? Nem több egy torokgyulladásnál egy akadémikusan megfogalmazott, sejtszaporulattal járó rákos elváltozás. Csakis arról van szó, hogy a konfliktusa hosszabb ideig tartott, és intenzitása mélyebb, erősebb volt, és hogy érzelmileg feldolgozhatatlannak tűnt nagyon sokáig.

Összegzésként, hogy használjuk-e a betegségeket, a válasz: igen! Használni lehet egy cél megszerzése érdekében! Használni lehet egy másik ember több figyelmének eléréséhez! Viszont használni lehet a téves gondolataink eredményét, hogy lehetőséget adjunk magunknak a fejlődésre!

Minden betegség egy fejlődés lehetőségére adott ajándék, ha megérjük és felismerjük, hogy a gondolataink által történik minden a testünkben.

Hogy ki mire használja a betegséget, ha már jelen van a testében, az az ő döntésein múlik. Döntéseink pedig meghatározzák a holnapot. A holnapot pedig úgy éled meg, ahogy ma döntöttél.

A VONZÁS TÖRVÉNYE A BETEGSÉGEKNÉL

A legnagyobb témához érkeztünk. A játszótér kellős közepére, ahol minden lehetsz és mindent megtehetsz. A vonzás törvényén belül még az elején kitérek arra, hogy ezen törvény használata, ami napi huszonnégy órán keresztül működik, megállíthatatlan. A betegséget, rossz körülményeket is működteti, attól függően, milyen gondolataink vannak. Amire gondolsz, azzá válsz!

– Nagyszerű – mondjátok
– Egész nap csekkolnom kell, hogy mire gondolok?
– Melós dolognak tűnik!

Segíteni szeretnék, hogy elkezdd pozitívan használni a vonzás törvényét. Mint már említettem, azért írom nagy kezdőbetűvel, mert tisztelem eme törvényeket. Nem parancsolhatom meg, hogy az elején, amikor elkezdesz játszani, tudatosan vonzani, egyből tiszteld a törvényt, de ha egyszer is manifesztálsz valamit, amit már tudatosan vonzottál, akkor, biztos vagyok benne, tisztelettel fordulsz felé.

A gondolataidat egész nap nehéz figyelni, de érzelmeid, hangulatod nyilvánvalóvá teszi azt, hogy vonzásod milyen manifesztációkat fog megmutatni.

Ne ijedj meg a vonzás törvényétől. A legnagyobb dolog, amit ha megtanulsz használni, megváltozik az életed. Nézz körül most! Mindent, amit látsz, te vonzottál magadhoz. Gondolatként születtek meg első lépésben, mielőtt bevonzottad volna őket. Semmi sem véletlen! Olyan nincs! Csak vonzás van. A betegséget is mi vonzzuk magunkhoz, annak ellenére, hogy nem szenvedünk el mély, drámai konfliktusokat. Beszéljünk kicsit a vonzás törvényén belül a rákos elváltozásokról.

Senki sem akar rákos lenni, mégis megtörténik. De hogy a fenébe lettem tüdőrákos, ha sohasem bagóztam, vagy májrákos, amikor antialkoholista vagyok?

A gondolataidon keresztül vonzottad azokat a betegségeket, amiket meg kell tapasztalnod, vagyis inkább akartál megtapasztalni.

– Ez marhaság, senki sem akar tüdőrákos lenni.

Valóban? Nézzük a cigarettadobozokat a csodás illusztrációs képekkel, köztük a szép tüdőt, mellette a beteg tüdőt. Most leszögezem: nem a dohányosok védelmét szolgálom! Elrettentő kép, de ha folyamatos ellenérzésed van felette a látványtól, hogy te tüdőd is már kezd ilyen csúnya lenni, és folyton-folyvást a tüdőrák gondolata motoszkál a fejedben minden egyes cigaretta elszívása után, akkor elméd a tüdőrákon tartja a fókuszt, odateszed vonzásod, és mivel azt is tanultad, hogy a rák halálos, elkezdesz rettegni a saját halálodtól, akkor a vonzás törvénye alapján egyszer csak diagnosztizálják a tüdőrákot.

A tüdő elváltozása mindig saját halálunktól való félelemtől és a másik ember halála iránt érzett félelemtől alakul ki. Amikor a másik embert félted és aggódsz miatta, akkor egy foltot, ha saját halálodtól félsz, akkor kettő vagy annál több foltot találnak a tüdőn. A vonzás törvénye bebizonyította, hogy működik, éspedig az alapgondolattól, amikor ránéztél a képre a dobozon, és folyamatos konfliktusba kerültél a halál gondolatától.

Lassú halálnak mondják, ha valaki cigarettázik, hiszen nem olyan mély a konfliktus, mintha valakit látsz meghalni, akit szeretsz, vagy nem szenvedtél el egy hirtelen balesetet, ahol majdnem meghaltál, vagy saját magad nem voltál egy brutális karambol szemtanúja, ahol láttad a halál arcát. Ezek nagyon mély érzelmekkel járnak, amelyek váratlanok, és nem tudtál felkészülni rájuk! Hirtelen csapódtak be, és intenzíven, ezért hamar ki is alakulhat a sejtszaporulattal járó daganatos elváltozás. A kép, amelyet látsz nap mint nap, az nem drámai számodra, viszont teheted mindig a fókuszodat a halál gondolatára, és akkor lassan, de bevonzod azt, amitől féltél! De mi történik, hogyan vonzhatunk tüdőrákot úgy, hogy nem is dohányzunk? Erre is megvan a válasz.

Nincs olyan ember, aki még ne gondolt volna a halálra. A halál egy félelmetes valami, amit nem ismerünk. Előfordul, hogy látjuk a halál folyamatát egy hozzátartozónk elvesztése alatt, de a mozdulatlan testen tovább már nem látjuk a halált, mint fogalmat.

Ha az előző életekben hiszünk, akkor már egyszer, kétszer meg kellett halnunk, hogy itt lehessünk, különben már többezer éves aggastyánok lennénk. Ezekkel a gondolatokkal, hogy már több életet éltünk és a halál a legszörnyűbb az emberi életben, ki a fene választotta volna az új életet, hogy ezt a halál nevű dolgot újra megtapasztalja? Tiszta bomlottság! Nem? A halál beépülhet akkor is kényszeres gondolatként, ha valakit láttál meghalni, akit nagyon szerettél, és sajnálatos, de elkezd az ember foglalkozni a halál gondolatával, ami borzasztó. De ha annyira borzasztó a halál, akkor miért foglalkozik vele az elme oly sokat?

Egy autóbaleset után a fiú egy napot élt, és édesanyja a legmélyebb érzelmeken ment keresztül a fia halálával kapcsolatos konfliktus miatt. A halál látványa elborzasztotta. A halállal ellenkezett, de az már ott volt, és nem tudta visszafordítani az eseményeket. Fuldoklott a tudattól, hogy látta a halált. Elméje attól a pillanattól fogva nem engedett másra gondolni, csak a halálra. Neki kellett volna mennie, nem a huszonkét éves fiának. Menni akart utána. Az anya sohasem cigarettázott, de elméje a halál gondolatával volt elfoglalva, a halálon tartotta a fókuszt, és eredményeképpen tüdőrákot diagnosztizáltak nála. Gondolatai megteremtették, és meg is tapasztalta a halált. Most már tudom, hogy békében van, a fia mellett. Légy áldott Isten ölelésében, drága nagymamám!

Nagymamám egy példaként szolgál, hogy nem a cigaretta okozhat rákot, hanem egy halállal kapcsolatos mély, drámai érzelem!

Van még a vonzás törvényén belül a betegségekkel kapcsolatosan egy téma, a hipochondria.

Téves és illuzórikus gondolat megy végig egy ilyen ember elméjében. Téves gondolat, miszerint ő beteg. Sőt konkrét megfogalmazása van egy adott, elméje által kitalált betegségről. Olyan mélyen elhiteti egós elméje ezt a betegséget, hogy a vonzás törvénye megadja neki. Hogy gonosznak tartod eme törvényt? Mivel megtapasztalni vágyik a konkrét betegséget, amit elgondolt, meg is tudja teremteni önmagának, olyan mértékben, hogy valós fizikai tüneteket fog produkálni. Amikor már a vonzás a betegséggel kapcsolatosan tünetként manifesztálódott a testében, akkor kivétel nélkül a következőt lehet hallani a képzelt betegek szájából:

„Na ugye! Én megmondtam!"

Természetesen nehéz lenne neki elmagyarázni a vonzás törvényét.

Ezek a példák, amiket leírtam, a vonzás törvényének és az ok-okozat törvényeinek egy kis darabja, hogy komoly elváltozásokat tudunk vonzani a téves gondolataink és érzelmeink által. Hogy ki mit akar élete rögös útján még megtapasztalni a betegségekkel kapcsolatosan, az az ő gondolatain, döntésein, választásain múlik. Viszont ezeket a tapasztalatokat nem direkt vonzzuk az életükbe, hanem abból fakadnak, amit megtanítottak nekünk, hiedelemrendszerünké váltak, és felhasználva a túlélés érdekében megjelenítjük a fizikai tapasztalatban. Ha valakinek akár csak apró gondolatként, de megfordul az elméjében, hogy változtatni szeretne, de nem tudja, hogyan tegye meg, a mostani fejezetben olyan megfogalmazásokra talál, amivel átformálhatja az egész életét. Beleértve az egészségét, párkapcsolatát, és a jólét különböző területeit, hatalmas léptekben haladhat. Kezdjünk bele azon témába, amelyet titoknak neveznek, és ezt a titkot már mindenki megismerheti.

A VONZÁS TÖRVÉNYE: JÓLÉT

Először is tisztázzuk le a jólét fogalmát, mert a vonzás törvényének használatánál kisebb káoszt okozhat, hogy „nem működik, mert nem azt kaptam, amit kértem".

A jólét sok ember számára a pénzt jelenti, a törvény értelében pedig az örömöt, harmóniát, boldogságot. Ha kézzel fogható dolgokat akarsz manifesztálni, először a jólét állapotát kell megteremtened ahhoz, hogy elérd, és működjön a vonzásod! Titokként jól elzárva, elhallgatva előlünk tartották azokat a lehetőségeket a rendszer befolyásolása által, amivel mindenki rendelkezik, de manipulálva, birkaként kezelve a jónépet, nem engedték felszabadítani teremtő elménket. A vonzás törvényének ismerete szabadságot ad az elménknek.

De a rendszer olyan jól kezdte manipulálni az emberek elméjét, hogy meggyőzték őket, majd helyettük gondolkodnak, és majd ők elveszik a felelősséget a munkások válláról, hogy nyugodtan tudjanak dolgozni. Minő dicső emberek voltak. A nép erősítette ezzel a rendszert, mivel szabad kezet adott a rendszernek. Persze tudattalanul. A nép átadta szabad akaratát és teremtő szellemi erejét, átruházva a rendszerre, ami gyarapodásnak indult, amivel még több elme teremtő erejét tudták megvásárolni. Az ember lemondott arról, hogy a „kicsi én"-ből „nagy én"-né legyen. Tanult emberek, milyen ügyesek, és még rólunk is gondoskodnak!

Bezzeg ha én is tanultam volna, akkor nekem is lehetne ez meg az, máshogy élhetnék. Valóban?

A titok megismeréséhez, ami nem más, mint a vonzás törvénye, nem szükségeltetik magas iskolai végzettség, és Buddhává sem kell válnod.

A vonzás törvénye mindenki számára elérhető, kivétel nélkül. Csupán a gondolataid határozzák meg, mit manifesztálsz a fizikai világodba.

Amikor a titok még titok volt, és elhitették a néppel, hogy „jó sorotok van, mi majd megoldunk mindent az öltönyös barátainkkal", mindig a „kicsi én"-edhez szóltak! A kicsi én nem mert nagyot álmodni, ezért meg sem kapta. A kicsi én a vonzás törvényét csak a túlélésre összpontosította, ami kosztra és kvártélyra szűkült le. A mindennapi megélhetésen volt a fókusz. Megelégedés volt számukra, hogy van ennivaló és van hol aludni. Nagyot álmodni a kicsi én számára egyenlő volt a halállal. „Kilógok a sorból, és azt a rendszer bünteti. Ez nem méltó a többi birkával szemben." A kollektív vonzás lekorlátozódott, és még a mai napig érzékelhető. A befolyásolt kollektív elme nem képes többet teremteni annál, ami van.

Ez nem ítélet, ez tény! Írtam már arról, hogy szüleink úgy neveltek minket, hogy szegények vagyunk, fiam, a szüleink is szegények voltak, és átadjuk neked is a szegénységtudatot, ami a törvény értelmében szegénységet szül.

A szegény ember szegénységtudattal nem tud teremteni, vonzani a bőséget. A tudat, ami gátat szab. Ezért szüleinket hibáztatni nem szabad. Azt tudták csak átadni számunkra, amit ők is tudtak és megtanultak. A titkot, hogy gondolatainkkal tudunk teremteni, vonzani tudjuk magunkhoz, amit elgondoltunk, ezért nem adták át nekünk, és megtanítani sem tudták.

Elhitték, és velük is elhitették, hogy ők mezőgazdasági vagy gyári munkások, és csak a test kimerítő erejéből tudnak megélni. Nekik ez jutott.

Amint napvilágra került és rengetegen leírták, megfilmesítették eme törvényt, óriási lehetőséget kínált számunkra. Sajnálatos, hogy a vonzás törvényét nem mindig arra használják, ami az embereket támogatná, hanem háborút szít!

A személyes vonzások emberek millióit pusztították el!

Személyes, egyedi, negatív, téves gondolatokhoz rengeteg ember csatlakozik, akik hasonló rezgéssel rendelkeznek, mint az alapgondolat létrehozója, és olyan embereket vonzott maga mellé, akik egyetértenek viselkedésével és cselekedeteivel. Teremtőtársakat vonzott maga mellé. Hasonló hasonlót vonz! Így alakulnak ki a csoportok, táborok, ahol gyűlölet és harc uralkodik. De ha ezeket a csoportokat fel akarjuk számolni, a saját egyéni gondolatainkat kell pozitívvá alakítani, és akkor olyan embereket vonzunk és olyan kollektív szeretet-rezgésű tömeg alakul ki, aminek az ereje sokkal, de sokkal erősebb, és küzdelem, harc nélkül megszüntetik a háborút. Szoktam mondani: a világbéke belőlünk indul ki. Az alapja, a téglái nem a háborúra épültek, hanem a szeretetre.

De térjünk rá azon izgalmas területre, amikor személyes tapasztalatként éljük meg azokat a manifesztációkat, amelyeket a vonzás törvénye által teremtettünk, és amivel pozitív változásokat indíthatunk el.

Ez egy játék, és rendkívül izgalmas játék ezen a hatalmas játszótéren, ahol élünk. Ha röviden kéne írnom a vonzás törvényéről, csak ennyit írnék: Amit elgondolsz és kéred, az megadatik.

Ez magában is így van, de neked is kell tenni érte valamit cserébe. Ne ijedj meg! Semmi olyat nem kérhetsz, amire nem vagy képes. Hidd el, hogy én is képes voltam megteremteni azt, amiről úgy gondoltam, hogy vágyom rá és azt választom, mert meg akarom tapasztalni. Te is képes vagy rá.

Nem végeztem vonzás törvénye-tanfolyamot, nem léptem ki a testemből, semmi olyat nem tettem, ami más számára elérhetetlen lenne!

Kezdjük lépésről lépésre!

Pozitív dolgok vonzására csakis pozitív, harmonikus, félelemmentes elme képes. Ezen állapotban tartasz fenn olyan rezgéseket, amelyekkel mágnesként vonzod a jó dolgokat. Sőt! Meg is tudod tartani! Vannak emberek, akik nagy pénzekhez jutottak hozzá, de elméjük nem volt stabil, egómentes, vagyis nem voltak kellőképpen tudatosak ahhoz, hogy a pénzüket meg tudják tartani, ezért pár év alatt elveszítették vagyonukat.

Első lépés az öröm, a harmónia, amit meg kell teremtenünk, annak ellenére, hogy most éppen milyen körülmények között éled életed. Ezen állapot enged a reális, tiszta gondolatoknak. Ezt az érzelmi állapotot kell gyakorolni!

Az emberek félnek a változástól, és nincsenek meg bennük, vagyis jó mélyre ásták azokat az érzelmeket, amelyek a pozitív teremtéshez kellenek.

Amikor rossz passzban vagy, negatív, dühös, mérges lelkiállapotban tengődsz, kicsi az esélye az alacsony rezgéseid miatt, hogy pozitív dolgokat teremtsél.

Eme negatív állapotról még fogok bővebben beszélni, hiszen nincsenek véletlenek, csak vonzás van, és ezt a lelkiállapot is mi vonzottuk magunkhoz. Bővebben a későbbi fejezetekben! Ha az öröm, boldogság, szeretet állapotában vagy, nincs akadálya annak, hogy fantasztikus dolgokat tapasztalj meg az életedben.

Érzelmeiden keresztül mérheted le, vajon rekiállhatsz-e eztazt teremteni, vagy először vissza kell térned a harmóniába, a Forráshoz. A tudatosság fontos eleme a vonzás törvényének, hiszen észre tudod venni, hogy milyen lelkiállapotban vagy, és ha kibillentél az öröm állapotából, abban a pillanatban választhatsz pozitív gondolatokat. Amikor döntést hozunk, hogy használjuk eme törvényt és tudatosan, konkrétan megfogalmazzuk kérésünket, azzal együtt el kell fogadnod, hogy egy folyamatba kezdtél bele. Azonnali megvalósulásnak nem vennéd hasznát.

Amikor megformálsz egy gondolatot, hogy mit akarsz, abban a pillanatban elindul valami hatalmas energia, ami elkezdi összerendezni számodra azokat a dolgokat, eseményeket, embereket, amelyek vagy akik által beteljesedik kívánságod.

Ahhoz, hogy megvalósuljon, amit akartál, hozzá kell járulnod azon pozitív rezgéseddel, amibe se kétely, se félelem, se aggódás nem fér bele.

A hitedet kell erősíteni, hogy elkezdj hinni a láthatatlanban, hiszen még nem látod és tapasztalod a kívánt dolgot. Hiszem, ha látom – ezt tanították meg neked.

A teremtés folyamatában ez fordítva működik: Látom, ha hiszem!

Hinni abban, ami még nem látható, izgatottan várni, rendkívül felemelő érzés. Nézzük meg azt is, hogy miért nem lenne jó az, ha egy elgondolt gondolat azonnal manifesztálódna.

Amikor elkezded használni a vonzást, akkor még kisebb a hit és a tudatosság, és nem tudnád kezelni az új helyzeteket, hiszen most tanulod, most alakulnak ki az új reakcióid dolgokkal kapcsolatosan, viszont még nem vagy stabil ezeken belül. Még élnek benned a régi hitrendszerek, elvek, eszmék, amelyek régi rezgések, vagyis nem stabilak. Azért is nem kapod meg azonnal, mert még elővennéd – ha nem is olyan erősen – a régi gondolataidat, amivel addig túléltél, és ugyanúgy reagálnál a dolgokra, mint annak előtte. Ezért is kegyes az Univerzum, hogy folyamatként állította, dolgozta ki a teremtést, hogy mire megkapod, úgy érezd, hogy tudtad: meg fog valósulni.

Az első lépés, amikor kérsz valamit gondolati szinten. Kérésed ne könyörgésből fakadjon, pl. „Kérlek, adjál pénzt, mert nincsen".

Ez szegényes gondolkodásból fakad, és nemhogy többet teremtenél, még kevesebb pénzed lesz. Ezzel az Univerzumnak nem a vágyadat, hanem az aggódásodat küldöd el, és azt is tükrözi vissza. A megfogalmazásod ne a hiányra világítson rá!

Fogalmazd meg így: Azt választom, hogy olyan bevételi forráshoz, lehetőséghez jutok, ami számomra a legmegfelelőbb, és amiből biztosíthatom magam és családom jólétét. Vagy: Váratlan bevételre számítok. Vagy: Elgondolt utazásomhoz, kocsim megvásárlásához olyan lehetőségeket vonzok magamhoz, amivel könnyedén megvalósíthatom azokat.

Ha a házad törlesztőrészletének kifizetése okoz gondot, akkor fogalmazd meg így: Házam részletfizetése könnyedén megoldódott egy váratlan bevétellel.

Ha a fókuszt arra fektetjük a teremtés során, ami eddig is bosszantott és nehézkesen ment, akkor a fókusz ott marad és még több energiát teszünk bele, ezáltal még nehezebben fizetjük ki adósságainkat.

Voltaképpen ahol a fókusz, ott az energia. Ha jó, ha rossz dologról van is szó.

Bármit kívántál, beleraktad egy virtuális kosárba. Az már megvan! Hidd el, hogy az már tiéd, még akkor is, ha nem látod, hogyan fog megvalósulni.

Ezután az ahhoz a tárgyhoz, élményhez, emberhez, eseményhez fűzött érzelmet őrizd, tartsd fenn magadban. Ezek a pozitív rezgések. Képzeld el, milyen jó lesz abba a kocsiba beleülni, elmenni, és érezni a vágyott utazás során a tenger sós illatát, milyen felemelő érzés lesz, amikor kifizeted a házad! Érezd át! Mindent tegyél meg, hogy megtartsd ezt az érzést!

Jómagam a kezdet kezdetén megrendeléstáblát csináltam és arra ragasztottam ki, hogy milyen dolgokat akarok magamhoz vonzani, illetve melyek azok az érzelmek, amelyeket erősíteni akarok magamban. Remek játék, hogy nap mint nap elképzelhetjük megtörténésüket. Amihez képet tudsz rakni, az számodra már nem lesz képtelenség. Jó magyar nyelvünk is remekül kifejezi, amit megtanítottak velünk: „Nem vagyok képes rá, ez képtelenség!"

Ne nézd azt, mennyi idő telt el azóta, hogy kértél valamit; az időnek nincs köze a vonzáshoz, csak az egó szereti az időt és így szólal meg benned: „Már nem is hiszem, hogy ez működik, mert olyan régóta várok! Ez nem működik, hagyjuk az egészet!".

A befogadási állapot abban rejlik, amikor tartod a pozitív rezgésed, amikor minden pillanatban azt érzed és tudod, hogy meg fog történni. Te felkészültél, bármikor is jön! Légy olyan, mint egy gyermek, aki izgatottan várja a szülinapi tortáját és az ajándékát. A gyermek is nagy hittel van, hogy tortát és ajándékot fog kapni. Nem kételkedik, hanem egyszerűen csak tudja. Legyél gyerek újból!

Hidd, hogy megkapod, hiszen már a tiéd, attól a pillanattól, amikor azt a gondolatot választottad! Már nem kell újra megfogalmaznod, nem kell újabb terveket szőnöd, elég egyszer, de akkor maradj meg hitednél, hogy már megvan, és várd lelkesen jövetelét.

Hinned kell valóságában, és hinned kell, hogy megérdemled. Ha így teszel, megtapasztalod a titkot! Megtapasztalod a vonzás törvényét! Gratulálok!

De mi történik, ha nem akar jönni az, amit első lépésként beleraktam a virtuális kosaramba? Na, ebben igazán jó voltam tudatos teremtésem kezdeti időszakában. Kellett egy kis idő, mire összeraktam magamban a dolgokat, és most rendkívül örülök, hogy leírhatom neked, ezzel segítve a te személyes vonzásodat.

Az első lépésben egy csomó mindent beleraktam a kosaramba. Fókuszáltam rá! Elképzeltem! De nem akart jönni, nem történt semmi.

A második lépésben csak tennem kellett volna dolgomat, mint eddig, és közben elhinni, hogy úton van felém a kívánságom. Csupán csak jól kellett volna éreznem magam. De ehelyett mit csináltam? Türelmetlen voltam, aggódtam, és kezdett a hitem meginogni, hogy egyáltalán működik-e a vonzás törvénye.

Hát ezek után nemhogy nem léptem előre, hanem az Univerzum visszadobott a kezdővonalra, mint a társasjátékban, és kezdhettem elölről mindent. Újból és újból meginogtam. Nem engedtem szabad áramlást a dolgoknak.

Kétségek merültek fel bennem, és már nem értettem semmit. Jó párszor visszadobtak a kezdőpontra, de örülök, hogy nem adtam fel és kitartottam amellett, hogy megértsem a törvény működését. Hiszen amit nem tudunk megérteni, nem tudjuk helyesen alkalmazni sem. Összeraktam végül a dolgokat és azokat az érzelmeket, amik miatt gátat, akadályt tettem az áramlás útjába, felszámoltam és új programmal helyettesítettem. Leírom, nálam mik is voltak az akadályok.

Még mindig elhittem, hogy a test kimerítő munkájával tudok csak megélhetést biztosítani.

Bűntudatom volt, hogy nem a fizikai munkát kerestem, hanem azokat a lehetőségeket, amikben jól éreztem magam, viszont pénzt nem kaptam érte.

A kívánságaim a jelenlegi életembe beleférnek-e, és mit okozok majd másoknak, ha megvalósítom vágyamat és elindulok az életutamon.

Ha megvalósulnak vágyaim, hogyan egyeztetem össze gyermekeim nevelésével, hiszen napi huszonnégy órában én álltam rendelkezésükre mindenben.

Tyűha! Ugye milyen gondolatok voltak elmémben? Saját magam ellensége voltam a teremtésben. Félelemmel, aggódással címkéztem a vágyott dolgaimat.

Az Univerzum azt mondta: „Akkor aggódj tovább, Triniti". Aztán megkérdeztem magamtól: Tényleg ezt akarod látni? Semmissé tettem mindent, amit teremteni kívántam. Csupán a téves gondolataim és érzelmeim hatására. Nem voltam képes a félelmeim miatt irányítani azt, ami annyira egyszerű, annyira csodálatos és természetes dolog. Hiedelemrendszerünkben vannak programok, amik hatalmas gátakat tesznek céljaink megvalósításának útjába. Végül megértettem mindent. Hát én milyen boldog voltam, hogy saját hülyeségemre rájöttem! Bomlott dolgokat állítottam magamról. Annyira nem szidalmaztam magam, hogy még el is higgyem magamról! Hála Istennek!

Na jó, menjünk vissza a játszótérre.

Elkezdtem az újrateremtést az akadályok felszámolása után:

– Nagybevásárlás az Univerzum bőségéből.

– Csak az öröm, béke, harmónia jellemezte napjaimat.

– Észrevettem, hogy nem csak én, de a gyerekeim is felemelkedtek rezgésileg hozzám, és csatlakoztak teremtőtársként hozzám.

– Elértük azt az érzelmi állapotot, amikor már a külső körülmények nem befolyásolták életünket, és kisebb dolgok kezdtek manifesztálódni.

– Tisztán láttuk a bővülést és a bőséget.

– Tisztán láttuk a folyamat fontosságát, és elfogadtuk.

A bővülés és a bőség első teremtői folyamatában nem a milliárdokról szól.

A bővülés az addig meg nem tett, de vágyként felmerült dolog, ami számomra a repülőút volt! A bőség elsősorban a szeretetben nyilvánul meg, a több szabadidőben, kellő mennyiségű időben a célomhoz vezető úthoz, hogy az elme működését tanulmányozhassam és megértsem. Aztán persze kisebb-nagyobb meglepetések értek, amiket csak pár nappal a megtörténtük előtt gondoltam, hogy meg akarok teremteni. Megértettük, hogy egy tanulási folyamatba kezdtünk bele, és rezgéseinket hitünk szerint emeljük. Ahogy emeltük hitünket, úgy a rezgéseinket is. Nagyon izgalmas játék, amit sohasem fejezünk be!

Amikor repülőutamat elgondoltam, elsősorban azért, mert meg akartam tapasztalni, hogy igazak-e a félelmeim vele kapcsolatosan, elhatározásom után körülbelül egy hét telt el a gép felszállásáig. Nagyon izgalmas volt a teremtés, persze a repülőút is! Hogy miért? Az első lépésnél tudtam, hogy meg fog történni, és nem kételkedtem benne. Még azt hozzátenném, hogy amikor elgondoltam, nem láttam, hogy miből fogom kifizetni, és miből fogok szállás- és költőpénzt teremteni. Nem a cél volt a fontos, hanem az oda vezető út.

Bármit akarsz megteremteni, el kell hinned, hogy már meg is történt. Három napon belül kezemben volt a pénz, és nem kölcsönből.

Rengeteg ember, aki igazán jól élt, de egy esemény hatására elveszített mindent, az utcán találta magát, újabb lehetőséget kapott az élettől. Amikor valaki a legmélyebb lelkiállapotban van, akkor olyan erős a hite, hogy hamar bekövetkezik nála a változás. Csodálatos teremtő lényként jöttünk, és ne engedd elmenni magad mellett azon lehetőségeket, amiket az Univerzum bősége kínál számodra.

NEM AKAROM! DE AKKOR MIT AKAROK?

A nem akarásnak nyögés a vége! – mondták a szüleink, mikor elegük lett a nyávogásunkból. Szeretném nektek a másik szemszögből megvilágítani azt a helyzetet, amit megtanulva „nyögés" címkéjével vérteztünk fel. Minden botnak két vége van, de nem mindegy, életed során melyik végét fogod. Ha pozitívan gondolkozol, és ezáltal simán mennek a dolgok akkor a bot azon végét fogod, amellyel bármi, amit akarsz, az a tiéd lesz. Ez nagyszerű, és kívánom, hogy így legyen mindenki életében. De van egy másik vége is, amit nagyon tudunk szorítani, és sehogy sem akarjuk elengedni. A „nem akarom" vége a botnak. Belegondoltam ismét egy szülőktől megtanult eszmefuttatásba. Hát persze, hogy nyögés volt a vége, hiszen ezen eszmét nem gondolták tovább, és azonosulás maradt csak nyűglődéssel.

Ha visszagondolsz szüleid panaszkodására, akkor máris megérted, hogy miért tartottak mindig ugyanott, ahol tartottak. Állandóan azon panaszkodtak, hogy „Ez a panel olyan hangos, mindig mindent hallani. Nem akarok itt lakni!"

„Már megint dolgozni kell menni – nem akarok itt dolgozni!"

„Már megint nem jó a kocsim – nem akarok már ennyi pénzt költeni rá!" „Évike olyan bosszantó, nem szeretem – nem akarok már vele élni!" Nézzük, mi lett a vége a panaszkodásuknak.

Egész életüket egy panelban élték le, pedig vágyak egy kis kertesre. Arról a helyről mentek nyugdíjba, amire mindig panaszkodtak.

A kocsit nem adták el, de folyamatosan költöttek rá, húsz éven keresztül azzal jártak. Ugyanazzal a férfival/nővel élték le az életüket, míg valamelyikük dimenziót nem váltott.

Van még, soroljam?

– Nem akarok már ezzel a bunkó főnökkel dolgozni – a főnök annak megfelelően tesz, vagyis bunkó marad.

– Nem akarok szegény lenni – hát szegény maradtál!

– Nem akarok rákos lenni – tudod már, mi a válasz? Blabla-bla...

Ezen kéréseket mind megkapod, ha nem változtatsz rajtuk, azonosulsz a jelen valóságoddal.

De egy nagyszerű dolgot tárok elétek, amivel a legjobbat hozhatjátok ki a bot „nem akarom" végének erős szorítása közben. Először is vedd észre, hogy folyton-folyvást arról beszélsz, mit nem akarsz. Tudatosan figyeld magad, akár le is írhatod papírra azokat a dolgokat, amikről úgy véled, nem akarsz már többet megtapasztalni az életedben.

Azt is megfigyelheted, hogy mióta tartod fenn azt az állapotot, amit nem akarsz, és milyen érzelmeket fűzöl hozzájuk. Az érzelmek ezen esetben is nagyon fontos tényezők. Abból a szempontból, hogy amikor kezded átformálni a „nem akarom" gondolatot arra, hogy „ezt választom", többé már azon negatív érzelmeknek még apró foszlányai sem jelenjenek meg benned, hiszen akkor akadállyá válik a pozitív gondolat teljes megfogalmazásában.

Először is nézzük meg az elme játékát.

Az elme a „nem" szót úgymond nem érti! Nincs benne a szótárában. Nem tudja hová tenni. Ezért amikor azt mondod: „nem akarok itt dolgozni", az elme így értelmezi: „akarok itt dolgozni".

Ez után az információ után, úgy gondolom, nagyon oda fogsz figyelni a megfogalmazásra, hogyan mondasz ki dolgokat.

Biztosíthatlak, hogy egy idő után már természetes lesz azon feladat, hogy amit kívánsz, azt konkrétan, pozitívan tárd az Univerzum elé.

Amikor észreveszed, hogy hajtogatod azokat a dolgokat, amit nem akarsz, tudd, véresen szorítod a bot végét, és nem érted, mi a fene történik annak ellenére, hogy te ténylegesen nem akarod! Nyűglődés folyik, kérem szépen! Mint a gyereknél, akire a szülő rákényszerít valamit, amit a gyerek nem akar.

Abban a pillanatban meg kell állnod, lecsendesedned, és átformálnod pozitív gondolattá azokat a mondatokat, amelyeket eddig szajkóztál. Írd le most már pozitív formában, hogy mit választasz ezután. Mire vágysz. Most már tudod, hogy az elme a finommotorikus mozgásra aktívan reagál, és gyorsabb válaszreakciót idézünk elő vele.

Írjuk le azokat a mondatokat, amiket az imént felsoroltam, immár pozitív megfogalmazásban.

A „nem akarok itt dolgozni"-t ezúttal fogalmazd meg így, vagy számodra a legmegfelelőbben!

– A legjobb, legbékésebb, legnyugodtabb munkahely befogadására készen állok. Vagy: Munkahelyem békés, és a legjobb helyen vagyok!

A „nem akarom, hogy a főnököm ilyen bunkó legyen, már rühellem az egész embert" átfogalmazva: „a főnököm szeretettel teli ember".

A „nem akarok szegény lenni": „Minden számomra a legjobban alakul anyagi szempontból".

Stb.

Ahogy elkezded így formálni a gondolataidat, igen hamar változást érsz el.

De az érzelmekre figyelj! Ne csak kimondd, hogy javul az anyagi helyzeted, hanem érezd is úgy! Tudom, nincs még ott, de el kell hinned, hogy áramlik a pénz.

Most se felejtsd el: ez a folyamat. Légy derűs, izgatottan várakozó és türelmes! Ne határozd meg konkrétan, honnét jöjjön a pénz, vagy miként találsz számodra megfelelő munkahelyet. Egyszerűen csak tudd, hogy bekövetkezik, és tedd a dolgod ugyanúgy, ahogy eddig. Nem fog csalódás érni! Nevetni fogsz, amikor mindazt, amit akartál, az Univerzum felkínálja neked. Vedd észre. Ez egy játszótér, ahol élünk, és emlékezni fogsz: Semmi komoly sem történik itt!

Összefoglalva: a legjobb állapot, amikor a „nem akarom" érzés van benned ahhoz, hogy konkrétan megfogalmazd, hogy mit választasz!

Ezután csak engedd el, és várd izgatottan!

MOZGALMAK

Számos ember ezen fejezetnél haragot, ellenszenvet érezhet. Meggyőzni senkit sem akarok, viszont szeretném leírni tapasztalataimat, amikor hatalmas felismerést éltem át a mozgalmakban rejlő energiák mögött.

A felismerésem előtt még nem igazán foglalkoztam a fókuszálás energiájával, de megértettem az ok-okozat törvénye által, hogyan működnek a mozgalmak. Világszerte rengeteg mozgalommal találkoztunk. Olyan csoportokkal, akik utcán, kivonulva próbálják igazukat és küzdelmeiket hangoztatni. Mindenkinek egyéni dolga, milyen ügy mellett áll, és szíve joga véleményét megformálni.

Mint mindenkinek, nekem is vannak véleményeim, de értékelem őket és a pozitív oldalukat erősítem. Régebben egyes csoportok hatalmas ellenszenvet váltottak ki belőlem, mert nem értettem, miért küzdenek. Ostobaságnak láttam. Küzdenek. Harcolnak, keresik az igazságot. Külső dolgok felett ítélkeznek, másokat okolva a rossz körülmények miatt.

Amikor hallom, hogy ezért azért utcára vonulnak, eleve tudom, annak nem lesz pozitív végkimenetele.

Emberek mozgalmakba lépnek be, küzdenek a rák ellen, az éhezés ellen, a kevés munkahely ellen, a kormány ellen. Érzelmeket, fájdalmat tesznek bele ezekbe a megmozdulásokba, és rengeteg ember, aki hasonló fájdalmat érez, csatlakozik ezekhez a csoportokhoz.

Azonosulnak a másik fájdalmával, és empátiát érezve becsatlakoznak az ő fájdalmukkal. Ezen érzelmek csakis negatív töltetűek. Az előző fejezetben szemléltettem a „nem akarom" botocskát, ahol is elmondtam, hogy minél jobban szorítod a negatív felét a botnak, annál jobban megerősíted azt, amit nem akarsz! A mozgalmaknál is ez történik! Rengeteg ember a küzdelmükbe fektetett negatív energiájával erősíti azt, amit nem akarnak, ezzel még több energiát fektetve a kormányba, az éhezésbe, a drogokba, a rákba stb.

Az érzelmek energiák. Az energiák egy jelentős számú embercsoportban, ha egy adott dolog ellen küzdenek, hatalmasra duzzadnak. Érthetetlenül állnak a fejlemények előtt, hogy miért nem csökken, miért inkább növekszik az éhezés, a drog fogyasztása, és a rákos megbetegedések.

A választás során felvonul az ellenzék, akkor nem abba a pártba fekteti az energiát, amivel szimpatizál, vagyis a saját maguk csoportjába, hanem abba, akit nem akar a kormány élén látni. Ezt tudják nagyon jól az öltönyösök, és épp ezért engedik az utcára a népet.

Ha nyernek, akkor megköszönik neked azt a sok energiát, amit összegyűjtöttél nekik. Küzdjünk a rák ellen = Ellenállás. Amikor elkezdesz küzdeni, akár egyéni harcot folytatva, akár csoportokba verődve, küzdötök a rák ellen, az evezőtöket véresre markolva eveztek az árral szemben.

Mi történik, ha árral szemben lapátolsz?

Igen hamar elfáradsz és kimerülsz. A rákos elváltozások elleni küzdelem szintén erősítette a betegséget, és egyre csak nő azok száma, akiknél diagnosztizálják az elváltozást. A fókusz magán a betegségen, és nem a gyógyuláson van.

Amikor csináltam magamnak a téves gondolataimmal egy vastagbél-daganatot, és már mást nem tudtam produkálni a megoldási szakaszban, mint vért és extra fájdalommal járó görcsöket, a toaletten töltöttem időm nagy részét, nem azonosultam a betegséggel, nem fókuszáltam sem a vérre, sem a görcsre, sem a halálra hanem meg akartam gyógyulni, és csak a gyógyulásba fektettem az összes fókuszomat.

Működik! Nem okoltam külső körülményeket, hiszen ez negatív energia, és nem engedhettem meg magamnak, hogy veszítsek pozitivitásomból. A küzdelem nem vitt volna a gyógyulásom felé. Elengedtem a betegség érzését, elengedtem az evezőlapátot, és engedtem sodorni magam a gyógyulás felé. A küzdelem, a harc félelemből fakad, és minden félelem a halálra, megsemmisülésre vezethető vissza. Mindig attól félünk, amit nem ismerünk, és ha félünk valamitől, ellenállunk neki, energiát fektetünk bele. A megértéssel megszűnik a küzdelem, és a fókuszunkat már abba fektetjük, ami a pozitív megoldás felé visz minket. A szegénység elleni mozgalmak, hogy gyűjtést szerveznek, segélyeket adnak, ismét nem megoldás, hiszen a segély elfogy, a gyűjtésből szétosztott élelem, pénz elfogy. És akkor? Kezdődik elölről és elölről. A segélyek fenntartják a szegénységet, és a kormány ezt nagyon is jól tudja. A szegénység csupán egy gondolat. Egy generációs címke, amit önmagunkra aggattunk. Elhittük, hogy szegények vagyunk, és be is tudják bizonyítani az emberek azzal, hogy igenis ő szegény, mert segélyekből él. A segély nem oldja meg a szegénységet, csak fenntartja. A gondolatokat kell átformálni. Isten nem akarta, hogy szenvedjünk ezen a földön. Csakis a mi választásunk volt. Beleegyeztek az emberek a szegénységbe. De ha választhatunk a szegénység és a bőség között, miért nem a bőséget választottuk?

Mert elhittük, hogy csak a kiváltságos emberek élhetnek bőségben!

A szegénység elleni küzdelmet sem pénzzel, sem adományokkal nem lehet megállítani, csak táplálni. A szegénységet a szegénységtudat átformálásával tudjuk csökkenteni és megszüntetni az embereknél. De ezt sem a szülő, sem a kormány, sem a nevelő nem fogja elmondani, hiszen vagy nem tudja, vagy nem érdeke, hogy emelkedjenek az emberek. Összefoglalva: Ahová tekintünk, ott a fókusz! Küzdelemmel, sztrájkkal, felvonulásokkal mind erősítjük azokat a dolgokat, amelyek miatt éppen felszólalni kívánunk. Ugyanannyi energia a rosszra fókuszt tenni, mint a jóra.

A JÓ ÉS A ROSSZ FOGALMA

Albert Einstein szerint minden relatív. Milyen igaza van! A jó és a rossz is relatív fogalom. Mihez képest jó, és mihez képes rossz?

– Milyen idő van odakinn? – kérdi a párod.

– Relatív – válaszolod.

Jó válasz. Mihez képest? A tegnaphoz, amikor rosszabb idő volt, vagy a holnaphoz, amikor extra jó idő várható? Hogy jónak vagy rossznak látjuk a dolgokat, csupán azon múlik, milyen szemüvegen át nézzük a világot. Nem az időjárás miatt reagálsz jól vagy rosszul, hanem egy elgondolt gondolat miatt. Van egy nagyon jó story, amit utam során hallottam és megjegyeztem.

Egy édesanya mindennap, mikor hazaér, a lábával visszatolja a polc alá a kis piros cipőcskét, ami útban van, de teljes nyugalommal teszi ezt. Nem kiabál, egyszerűen csak megteszi. Napok telnek el így, hogy szót sem szól a piros cipőcske miatt. Egyik nap viszont hazaérkezése pillanatában éktelen haragra gerjed, hogy majdnem elesett a cipőben, amit lánya ismét otthagyott a folyosón. Kiabál, káromkodik, amit eddig nem tett. Vajon a cipőcske váltotta ki a rossz kedvet az anyukából? Nem hinném! Inkább egy gondolat, ami negatív irányba vitte az egész napját.

Lehetett egy kritika a munkahelyén, vagy türelmetlen volt a hosszú percekig tartó dugónál, vagy leejtette a bevásárlótáskáját és szertehullott a vásárolt termék, vagy... vagy... vagy.

Felvette dühös szemüvegét, és nem volt hajlandó levenni még akkor sem mikor hazaért. Lehet, hogy két napja esik az eső, és az első nap szeretettel, elfogadással nézünk ki az ablakon, és csak ámulva tekintünk az esőcseppekre, másnap pedig szidjuk, hogy már mennyit esik, és mérgesek vagyunk. Relatív a mai napi időjárás a tegnapi érzelmeidhez képest. Minden csak megtörténik, de figyeld meg, mi az, amihez képest méred jónak vagy rossznak az adott dolgot.

Amikor az anyuka napokig csak odébb tolta a cipőt, nem vélte sem jónak, sem rossznak a cipő helyzetét, nem tartotta fontosnak, nem tette oda a fókuszt, csak elfogadta. Amikor egy napon hazaért, mihez képest értékelte a cipő helyzetét jónak vagy rossznak? Természetesen a tegnapi hangulatához képest, amikor harmóniában volt! Milyen jó volt, amikor sok pénzem volt, mindent megvehettem! Valóban? De akkor mennyi időt töltöttél panaszkodással, hogy nincs időd olvasni a könyveidet, mert reggeltől estig dolgoztál, és hullaként dőltél bele az ágyba? Milyen jó volt, amikor a gyerekem itt volt velem, de elköltözött, és most olyan rossz! Valóban? Mikor itt volt, nem tudtál elnyúlni munka után, most pedig elnyúlhatnál, mégis panaszkodsz? Minden relatív!

A relativitás egy viszonyítási elmélet. A viszonyításból panasz fakadhat, és a panasz egyetlen oka a valaminek a hiánya. Minden hiányból fakad! Minden panasz, minden betegség, rossz hangulat.

A hiány fakadhat bármiből – időhiány, szeretet, pénz, társ, megbecsülés, tisztelet stb.

El kell érnünk azt, hogy minden úgy van jól, ahogy van. Ha befolyásol minket az idő, a pénz, a főnök viselkedése, a közlekedés, akkor már ki is billentünk, vagyis hiányállapotba kerültünk. A harmónia hiányának állapotába.

Hogy mihez képes rossz most neked, azt igazán te tudnád leírni, megfogalmazni. Sokan azt mondják: „ahhoz képest, hogy megvan mindenem, nem érzem jól magam". Ha megvan mindened, akkor miért vagy rosszul? Mert nincs meg valami, valami, amiben hiányt látsz. Egy érzelem is lehet hiány. Figyelem! Például: „Gazdagok a lelki szegények" – mondja Jézus.

Hogy miért gazdagok? Mert sohasem azon gondolkodnak, hogy mi kéne még, hanem tudják, hogy mindenük megvan! Nem dologban mérik a gazdagságot, hanem a belső békében. Ezért nem szenvednek hiányt semmiben, csak engedik áramolni az Isteni energiákat magukon keresztül. A jelenben élnek, sem a múlt, sem a jövő nem létezik, csak a most! Abban kell megtalálni a jót!

RAGASZKODÁS

Sok mindenhez ragaszkodunk az életünkben. Pénzhez, a társunkhoz, a házunkhoz, autónkhoz, elveinkhez, hiedelmeinkhez, rendszereinkhez, tisztelethez, egzisztenciához stb. De vajon a ragaszkodás mennyi erőt vesz el tőlünk, és amihez ragaszkodunk, megtarthatjuk-e örökkön-örökké? A ragaszkodás a botnak azon vége, ahol a félelem jelen van. Amit megszereztünk életünkben, még a halálnál is jobban féltjük attól, hogy elveszítjük! Megtartásához pedig mindennapos félelmet aktiválunk, hiszen ha nem dolgozom eleget a házért, a kocsiért, nem tudom fizetni és elveszítem. Visszatérnék egy kicsit a piros cipőcske történetére, amikor nem a cipő volt a hibás, hogy ott hevert, ahol, hanem az anyuka gondolkodása tette hibássá a cipőcskét. Ha valamit elveszítünk az életünkben, nem azon van a hangsúly, hanem az önmagunkról gondolt gondolaton. A másik pedig a mások gondolata rólunk. Ami történik velünk, az nem véletlen. Mivel nincsenek véletlenek, csak vonzás! A ragaszkodás egy tárgyhoz, egy személyhez az egó téves gondolata. Az egó birtokolni akar. Semmi sem a miénk, kivéve, amit Isten adott nekünk. Egyetlenegy dolgot vihetsz magaddal, az pedig a gondolat, a tiszta gondolat, amit Isten ajándékozott neked. Nem vihetsz sem pénzt, sem házat, sem gyémántot, de az életedet adhatod annak megszerzéséért, és tested összes energiáját a ragaszkodás miatt a megtartásáért. A ragaszkodás korlátokat állít eléd. Te rakod le azokat a korlátokat lábaid elé. Mikor valamit meg akarsz szerezni, tulajdonoddá tenni, korlátozod saját szabadságodat, mert annyit tepersz érte, hogy a korlát mögötti örömre nem marad idő, arra, ami a legfontosabb lenne. Aztán mikor megszerezted, mintha már nem is lenne olyan fontos, de ha már ennyit dolgoztál érte, akkor véres tenyérrel szorítod magadhoz.

Újabb és újabb dolog merül fel, amit akarsz, és ha vért izzadsz, azt is megszerzed és tulajdonoddá teszed. Azt sem engeded, tartod, félelemmel tekintesz rá, hogy elveszítheted. Sok ember annyira ragaszkodik céljához, hogy kimeríti testét és a kapcsolatait annak érdekében, hogy megszerezhesse azt, amit ő elképzelt. Tudok olyan emberi történetről, hogy annyit küzdött a céljáért, hogy az utolsó lépésnél dimenziót váltott. Elfáradt.

Egy konzultáció során találkoztam egy hölggyel, nevezzük Andinak, aki építkezni kezdett férjével és lassan haladtak a papírmunkák, lassan történtek az utalások, a munkálatok, de már annyira lelassult a folyamat, hogy egós téves gondolatai tárházából elővett egy olyan valótlan gondolati címkét és önmagára aggatta, amivel a ház építésének küzdelmes folyamatát fel akarta gyorsítani. Vagyis ő azt gondolta, ha ezt állítja magáról, akkor másodlagos haszonként használhatja annak érdekében, hogy együttérzőbbek lesznek az emberek, és akkor felgyorsulhatnak az események. A valótlan téves gondolata és címkézése a következő volt: „rákos vagyok, és nincs időm ennyit futni a papírok miatt".

Küzdött a pénzért, küzdött az idővel. De semmit sem kapott meg időben, és mélyen érintette, hogy nem kapja meg, amit nagyon szeretett volna.

Többszöri beszélgetés sem segített neki abban, hogy megnyugodjon, és harcolt az igazáért, ami neki természetesen a saját igaza volt, és nem engedte el. Még a valótlan gondolatát sem, hogy ő rákos! Olyannyira igazzá vált, hogy nemcsak a ház építésével, de már a daganatos elváltozásával is küzdött. Megteremtette magának, hiszen elkezdett hinni abban, hogy ő tényleg az. Utolsó beszélgetésünk során már a kórházi ágyán feküdt. Azt mondta nekem: „Félek, félek feladni az egész dolgot, elengedni nem tudom, míg tudok, addig harcolok a betegség ellen".

Most már nem harcol semmi ellen, és békében van.

Sajnos nem tudta már megtapasztalni, milyen egy új ház élménye. Semmit sem tudott magával vinni, pedig nagyon küzdött mindenért. Nyolc hónap alatt elfáradt a küzdelemben.

A szülők, de legfőképp az anyák, tulajdonuknak tekintik a gyermeküket. Ez téves gondolat! Ha életet adunk, azzal csak lelkének adtunk lehetőséget, hogy fizikai formát öltsön, és megjelenhessen a Földön tapasztalni. Ha életet adunk, azt még nem birtokolhatjuk. Nem mondhatom meg a gyereknek önzően, mit csináljon, hogy én tudjam szeretni. Számára az lelki terror. Önzően szeretni valakit, befolyásolni és birtokolni az érzelmeit bomlott dolog.

Miért akarjuk birtokolni saját gyermekeinket? Mert ha betegek leszünk, segít nekünk? Ápol? Mert neki kell beteljesíteni az általam meg nem valósított dolgokat? Mert majd eltart nyugdíjas koromra? Ragaszkodunk hozzájuk, és önzően uraljuk lelküket. Ezekkel a gondolatokkal korlátokat szabunk a gyerekeknek, és nem tehetik azt, amiért e világra érkeztek. Mi, szülők, kezdjük kiölni a gyerekből azt az emlékezést, amiért itt van a földön. Ezt persze tudattalanul tesszük. Olyan harc folyik ilyenkor a gyerekben, hogy körülötte senki sem érti a viselkedését. Lekorlátozták szabadságát, szabad akaratát. Persze szülőként mondjuk: „De én vagyok az anyja, én tudom, mi jó neki". Valóban? Ha elveszed másnak a szabadságát, tudd: te is rab vagy!

A téves gondolataid rabja. Adjál szabadságot mindenkinek, és visszakapod. Egyetlenegy dologgal teheted gyermekedet, szerelmedet szabaddá, és az pedig az önzetlen szeretet. Ha valakit bebörtönzöl a beteges ragaszkodással, azt nem szereted.

A te szabad akaratod éppoly fontos, mint a másik személyé. A ragaszkodás állapota egy békétlen állapot. Csak ezt tudod adni a másiknak. Békétlenséget.

Maga a ragaszkodás, ez bármire vonatkozik, félelemből fakad. A félelem pedig a halálból. A haláltól való félelemtől. A halált veszteségként éltük meg eddig! Bármit elveszítettél eddig az életedben, akkor megsemmisültél. Nem vagyok nélküle az, akinek eddig gondoltam magam! Nem élhetek nélküle.

A párkapcsolatokban szintén ez a helyzet.

– Annyira szerettem és ragaszkodtam hozzá, mégis elhagyott.

Fojtogató érzés egy birtokolt személynek lenni és úgy élni, viselkedni, ahogy a másik fél akarata megkívánja.

A kapcsolatokban szintén szabadságot kell adni a másiknak, de ne úgy, hogy közben tövig lerágod a vasajtót azon gondolkozva, hogy mi a jó fenét csinálhat most nélküled, mert annak igazán nem lesz jó vége.

Sőt! Elképzeled elmédben, miket is csinálhat napközben, és este, mikor hazaér a párod, még felelősségre is vonod. Elhiszed gondolataidat. Ez nem szabadság! Neked elméd sötét börtöne, a másik félnek égig érő korlátok.

A férfiak birtoklásának, ragaszkodásuknak alanya a nő, a kocsi, a munka, a ház. Ezek elvesztésének mély fájdalma hosszan tartó konfliktus esetén – ami maximum kilenc hónap – szívproblémákat okoz. De elég, ha azt hajtogatod, hogy „megszakad a szívem".

Ha valamit, amit nagyon szeretünk, elveszítünk, nem véletlen esemény az életünkben. Itt fontos említenem „a minden rosszban van valami jó" mondást.

De meg kell értened: ha számodra fontos a harmónia, a békés élet, akkor minden érted történik, még azok is, amiket rossznak látsz abban a pillanatban. Engedj el mindent! Ha így teszel, megnyílik egy újabb ajtó, és lehetőséged lesz egy jobb munkahelyre, egy szebb párkapcsolatra, egy jobb autóra stb.

De ha ragaszkodsz és foggal-körömmel harcolsz, akkor mély pokollá teszed az életedet, és sajnos a földi életedben nem érheted meg a Mennyországot.

Az elengedés nem arról szól, hogy dobd ki, add el; arról szól, hogy ne ragaszkodj hozzá, egyszerűen csak élvezd. Élvezd a jelen pillanatban, hiszen minden múlandó, és csak a jelen pillanat ad arra lehetőséget, hogy félelem nélkül szeress.

A JELEN PILLANAT

Nem adhat mást Isten, csakis a jelen pillanatot, a most hatalmát. A jelen pillanat egy csoda! Hogy miért? Emlékezni fogsz a fejezet végén. Emlékezni, mert ezen könyv olvasása közben semmit sem tanulhatsz, hiszen mindent tudsz, csak elfelejtetted. Ezért csak emlékezned kell rá.

Emlékezéseim első lépésénél még bennem éltek a múlt félelmei, szorongásai. Még friss volt azoknak a dolgoknak az elvesztése, amelyekhez téves érzékelésem szerint ragaszkodnom kellett. Viszont értettem a döntéseim okát és értettem, miért történt csupán két óra alatt leforgása alatt, ami történt. Amikor még élnek bennünk eme negatív gondolatok, addig korlátokat szabunk emlékezésünk áramlásának. Ahogy tesszük le a múltat, azon belül a sérelmeket, félelmeket, elveket, eszméket, úgy szabadul fel elméd, és foglalja el helyét az emlékezés, a tudás.

Már jóval ébredésem előtt találkoztam egyik legnagyobb tanítómmal, Eckhart Tolléval, és ő magyarázta el a most hatalmát, mit is jelent, és hogy a múlt is a most-ban történt. Természetesen olyan fejet vághattam, hogy még a legszelídebb kisállat is elfutott volna tőlem. Kényelmetlen volt elmém számára ez az információ. Már majdnem felcímkéztem egómmal ezt a jóembert, hogy zagyva elméjű.

Jesszus, mennyire erős volt az egóm! De ha már itt tartunk, lehet, hogy már én is zagyva elméjű vagyok, amit persze nem vennék zokon. Nagyra becsülném az illető kritikáját. Azóta megértettem a most hatalmát.

Bizton mondom, te is azt teszed ezután. Minden pillanatokból áll. Amikor boldog vagy, nem mindig vagy abban az állapotban a nap huszonnégy órájában, hanem csak boldog pillanatokat élsz át. Ez a pillanat a most. A múlt is a most-ban történt. Ez rávilágít arra, hogy nem is létezik múlt, ezért nincs jelentősége és nincsenek következményei. A múlt felidézésére az időt használjuk, de csak addig tesszük, míg azonosulni akarunk a múlt fenyegető dolgaival, amit felidézünk, és újra át akarjuk élni. A múltra emlékezhetünk, de azt is a most-ban tesszük. Amikor emlékezünk a múlt fájdalmaira, akkor még mindig kötődni akarunk hozzá a bűntudat miatt. Ahol a bűntudat megjelenik, ott várják a büntetést is. Az egó akarata a szenvedés. Isten nem szenvedésre, hanem boldogságra szán téged és mindannyiunkat.

A múlt felidézése akkor a legnagyszerűbb, ha felidézed sikered és boldogságod pillanatait, és a jelenben is építkezel belőle. A múltban megtörtént cselekvéseid által akarnál most is úgy cselekedni, viszont az ismét a múlt újrajátszása, és nem biztos, hogy jelenlegi cselekvésedhez megfelelő megoldás lenne. Ezért kudarcba fullad. Minden pillanat más cselekvést kíván, hiszen folyton változik, alakul minden. Ezért a hozzá illő cselekedetnek is változnia kell.

Ez okoz gondot a generációk között.

– Én így csináltam, fiam, te is úgy csináld, meglásd, jó lesz!

Valóban? Pillanatról pillanatra változik minden, és a múltbéli tapasztalásokat nem tudjuk felhasználni. Mindig a mostra tegyük a fókuszunkat! Mit tehetek a most pillanatában? Mit kíván tőlem ez a pillanat?

Ne győzködj senkit, hogy tegye vagy ne tegye, mert bomlott dolog lenne. Az ő most-béli pillanata mást kíván, mint amit te átéltél a múltban egy hasonló helyzetben.

Nincs két egyforma pillanat. Ezért mindig az új megoldásokat keressük. Ne akarj ugyanazon gondolkodással felépíteni egy kapcsolatot, mint amellyel lezártad a régit. A végkimenetele ugyanaz lesz. Ne akarj belépni egy gyermekkori cipődbe, mert kudarcot vallasz. Változás történt. Mást kíván a lábad mérete: egy nagyobb cipőt! Ne akarj egy dinnyemagot elültetni egy cserépbe és ott felnevelni, mert kinövi magát. A mag elültetése a múltbéli pillanatban történt, és változni fog. Növekedni. Ne akarjuk ráerőszakolni, hogy a cserépben jó neki. Ha eddig nem értetted, hogy miért nem sikerült soha, aminek nekiálltál, vagy mindig és mindig ugyanaz lett a vége és már nagyon eleged van abból, hogy nem tudod megcsinálni, képtelennek érzed magad a feladatra, akkor vizsgáld meg a cselekvéshez fűződő gondolato-kat. Azok a múltbéli gondolatok akadályozzák a most cselekvé-sét. Ha változást akarsz az életben, egyetlen pillanatban teheted meg! A most pillanatában! Nem tegnap, nem holnap, hiszen az is a most-ban van. Ha készen állsz, akkor most jelentsd ki, hogy elfogadod a változást. Engedd el a régi elképzelésedet a dolog-ról, személyről. Vizsgáld meg, mik voltak azok, amik akadályoz-tak, és egy új elképzelést aggass rá. Magadról azt hitted, hogy nem tudod megcsinálni. Ezt képzelted magadról. A most felkí-nálja neked, hogy jelentsd ki, és ez óriási változás: „meg tudom csinálni, képes vagyok rá". Ezzel felülírtad régi elképzelésedet.

A most-ban kijelentett új elképzelések dolgokról, személyek-ről olyan nagy energiát szabadítanak fel, hogy kapkodod a fejed! Minden sikerül, amibe csak belevágtál; a személy, akiről eldön-tötted, hogy máshogy képzeled el, egyszer csak segítőkész lesz és támogató! Óriási változás!

Ne várakozz eme elmetakarítással, hogy megvizsgáld múlt-béli érzékeléseidet! Az egónak megfelel, és akarja is, hogy min-dent úgy csinálj, ahogy eddig – annak ellenére is, hogy szenved-tél tőle. Ami az egónak már ismerős és szenved tőle, azért harcol, nem engedi el. Megfelelő a túléléshez. Minden pillanatban hoz-hatsz döntéseket, ami meghatározza a jövőbeli pillanatokat. Amit most megélsz, cselekszel, azt a múltban már elgondoltad annak hatására, hogy ott döntést hoztál. Ha jól érzed magad benne, tartsd meg, ha nem, akkor a most-ban már meghatározhatod, hogy változtatsz rajta. Minden elgondolt gondolat megvalósul.

Épp ezért csoda a most hatalma, mert felhasználhatod, hogy egy újabb és újabb döntést meghozz.

Kár lenne elengedni ezt a hatalmat. Hiszen mekkora aján-dék. De sajnos megtesszük, és nem törődve a most pillanatával, azonosulunk a múlttal és a múltbéli gondolatainkat kivetítjük a jövőre, és erre használjuk az értékes most pillanatait.

A múlt hulladékát visszük a jövőbe, mert nem vagyunk haj-landók elengedni. Újból azon elképzeléssel lépünk a jövőbe, ami-vel a múltban éltünk. Ezért nem változik semmi. Ezért van, hogy olyan párkapcsolatot, munkahelyet, főnököt stb. kapunk, amilyen a múltban is volt. Ilyenkor címkékkel illetjük magunkat: lúzer, szerencsétlen, béna stb., amit elhiszünk saját magunkról, és szerencsétlenül éljük tovább napjainkat.

Nem kell elhinned, hogy a most-nak hatalma van, de arra kérlek, keress egy számodra negatív dolgot az életedben, nézd meg, milyen érzelmek fűződnek hozzá, döntsd el, hogy szeretettel, harmóniában akarsz tekinteni rá, és hajlandó vagy változtatni rajta. Ha így teszel, meglátod a pozitív változást és köszönd meg magadnak, hogy a jelent választottad, és éltél a *most* hatalmával.

Egy hanganyag hallgatása közben arra gondoltam, hogy az emberek nem ismerik, micsoda hatalom is van a kezükben. Senki sem mondta el nekik, és rettentő szenvedéseken mennek át, hogy nekik meg kell tenni azt, amit rájuk rótt az élet. Íme, a párbeszéd. Ha nem is ezekkel a szavakkal, de a lényeget megértitek.

– Hová mész?

– Dolgoznom kell menni!

– Ki mondta, hogy kell?

– Hát el kell mennem, mert el kell tartanom a családomat.

– Akkor te mondod, hogy kell, nem más, ugye?

Az illető is döntött, mert a munkát választotta, arra használta a pillanatot minden egyes nap, hogy a munka mellett döntsön, ezért el is ment dolgozni mindennap, hiszen az Univerzum nem tud felajánlani neki más lehetőséget csak azt, amit ő választ. Persze addig így is marad és addig sínylődik a munkahelyén, míg emlékezni nem fog a benne lévő hatalomra. Senki sem dönthet helyetted másképp. Senki sem vállalhat felelősséget az életedért. Csak te tudsz dönteni életed felől. Félnek az emberek használni a hatalmat, pedig mélyen, de tudják, hogy létezik és működik, de visszatartja őket az, hogy ha másként döntenek, akkor mi fog történni. Csak az, amibe te beleegyezel, és amit a *most* pillanatában választasz. Az emberek mindig várnak valamire, hogy majd akkor másképp döntenek, de addig így maradnak. Külső dolgokból várják a megoldást.

Volt egy hölgy, aki már nagyon el akart válni párjától, de nem tudta, hogyan tegye meg. Egyszer azt mondta: „bakker, ha történne vele valami, akkor sokkal könnyebb lenne minden". De mire gondolhatott? Elüti a villamos, hirtelen halál? Nem merte meghozni a döntést, hogy *vége, kész, megyek*. Nem volt stabil a döntés. Aztán megerősödött benne, és anélkül, hogy a srácnak véres lett volna a torka, megtette, hogy szakított vele. Azóta mindketten boldog kapcsolatban élnek, csak ki-ki másik partnerrel. Ne a külső dolgoktól várd, hogy majd történik valami! Addig ugyanaz fog veled napról napra történni, amíg nem változtatsz. A változás lehetővé teszi, hogy magadon keresztül új dolgokat megtapasztalj, és a „kell" szót már másra fogod használni. Ha úgy érzed, döntéseddel tönkretetted a napod, és dühös, mérges vagy, mindig jusson eszedbe, hogy változtathatsz hozzáállásodon. Kezdd el máshogy szemlélni a dolgokat. Veszíthetsz-e, ha így teszel? Biztosra veszem, hogy semmit. Inkább nyerni fogsz, mert hátrahagyod a depresszív hangulatodat, rád mosolyognak az emberek és szárnyalni fogsz! Használd a jelent mindig arra, hogy jólét vegyen körül.

EZ A TE DÖNTÉSED, EZ A TE HATALMAD!

A MOST PILLANATÁVAL VALÓ AZONOSULÁS

Ezen fejezet, akár az előzőnek is, lehet a folytatása, de meggyőződésem, hogy a *most* hatalmát kevesen használják gyakorlati szinten, annál többen a most-tal való azonosulást. Egy csodaszép játszótéren vagyunk, és vagy tiszta elmével, vagy a sérelmekkel, félelmekkel stb. teli indulunk nap mint nap játszani. Ezért is adtam a könyvemnek az ELMÉK A JÁTSZÓTÉREN címet. Attól függetlenül, hogy érted vagy nem érted a nagyszerű elme játékát, be kell mennünk nap mint nap játszani. Ha még otthon ülsz, akkor is játszol. Elég, ha bekapcsolod a televíziót vagy böngészel a net varázslatos világában. Elméd mindig veled van, nem tudod kulcsra zárni egy vitrinben. A *most* jelenlegi pillanatával való azonosulás akár végzetes is lehet. Egy lassú halál. A *most* pillanatát vagy arra fordítod, hogy tanulj belőle, vagy arra, hogy azonosulj vele, és a földi pokol mélyére zuhanj. Mint említettem, minden a te döntésed, a te felelősséged. De nézzünk mélyen bele, mi történik a most-ban.

Amit megélsz, gondolati szinten már elmúlt, jelentéktelenné váll. Kifejtem részletesen, mert segíteni szeretnék abban, hogy már ettől a pillanattól máshogy lásd a jelenedet. Mint tudjuk, minden elgondolt gondolatnak ereje van, de persze nem mindegy pozitív vagy negatív gondolat. Az elme nem válogat, csak teszi a dolgát, amire parancsot kap. Elgondoltál egy gondolatot és érzelemmel társítod, nem engeded el, kényszeresen rá gondolsz, vissza-visszatér a nap folyamán. Azt már elkezdi rendezni neked az Univerzum, és a megfelelő pillanatban a fizikai világodba manifesztálod és megtapasztalod. Mint egy jó rendező! Lehet, hogy már holnap megtapasztalod; lehet, hogy két hét múlva, de nem tudod visszaszívni, meg fog jelenni a világodban, nem tudod kikerülni, hogy megtörténjen.

Vagyis amit a mai napon megéltél, az nem a jelen valód, azt nem ma teremtetted meg, hanem a múltban. A múltbéli gondolatodat kivetítetted a jelenedbe. Semmi más nem történt. Elgondoltad, megtörtént!

Lehet, hogy akkor nagy jelentőséget adtál neki és félelmet, fájdalmat éreztél, de az elméd összerakta és az Univerzum öszszerendezte, hogy megtapasztald azt, amit képkockáról képkockára lemoziztál elmédnek. Ezek mind-mind a múlt képei, ma már nincs jelentőségük. Ma megint más gondolatok járnak a fejedben, szinte már el is felejtetted azokat a képkockákat! De mivel olyan nagy hangsúlyt, fókuszt, érzelmet helyeztél bele, ezért kikerülhetetlenül meg fogod tapasztalni. A régi gondolat az ok, a manifesztáció az okozat.

Ha vajon ha ezt a törvényt tudod, akkor tudsz-e azonosulni a múltbéli gondolatokkal? A válaszom: nem!

Mivel már nincs ereje, de megtapasztaltad a törvény szerint, akkor két dolgot tehetsz, és a döntés – ne felejtsd – a tiéd.

1. Azonosulsz a veszteséggel, a bánattal, a fájdalommal, a betegséggel, elkezded a külső körülményeket okolni, és még mélyebbre csúszol. Tehetetlenül figyeled, mi történik veled, és nekiállsz kapkodni, menekülni ebből a helyzetből.

Nem érted, mi történt, hiszen a dolgok már kezdtek a helyükön lenni. Megijedsz, hogy a jó dolgokat, amiket kezdesz megélni, nem érdemled meg, kételkedni kezdesz, hogy ez neked jár, és lelassítod a pozitív gondolataid manifesztációit, csak azért, mert egy gyenge pillanatban, amikor teremtetted gondolataiddal a pozitív dolgokat, becsúszott egy erőteljesebb negatív kép arról, hogy egyáltalán akarod-e, és miből fogod megteremteni. Példaként:

Hétvégén a barátaiddal olyan pozitív gondolatokat gondoltatok, hogy elmentek a következő hónapban nyaralni. Fel voltál spannolva, és izgalommal telve terveztétek a programokat. Másnap bekúszott az egó! A kocsid bírni fogja ezt a hosszú utat? El kell neked menni nyaralni, hiszen rengeteg munkát hagynál itthon.

Elkezdesz erőteljes gondolatokat gondolni, hogy valóban nem mai a járműved, ráférne egy jó szerviz is, előfordulhat, hogy tényleg nem fogja bírni. Rengeteget kattogsz rajta napokon keresztül. Félelmet raksz a gondolat mellé. A következő héten lefoglaljátok a szállást, minden happy, mindenki boldog, de az indulás előtti napon nem indul a kocsi. Természetesen nem gondolsz rá, mennyi energiát fektettél a negatív gondolatodba, hogy nem lesz jó a kocsid, de azt már tudod mondani: „Na, bakker, tényleg szervizelnem kellett volna".

Most mit teszel? Eszedbe jut, hogy gondoltál rá, hogy elromolhat és keresed a lehetőségeket, hogy megoldd? Vagy azonosulsz azzal, ami történik, és húzod magad azzal, hogy „Na, tudtam, hogy nem megyek el, mert ott a sok munkám, biztos ezért történt velem, most mehetek dolgozni, hogy kifizessem a javítást".

Ezen esetben azok a gondolatok járhatnak még a fejedben:
– Nem hiszem el, hogy nekem semmi sem sikerül.
– Bele sem kellett volna kezdenem, megint kettétört, amit szerettem volna.

Ez az, amivel abban a pillanatban tudunk azonosulni.

Az, hogy napokig minden rendben ment az életedben és villámcsapásszerűen jött egy negatív élmény, az azért lehetséges, mert gondoltál egy téves gondolatot, ami még nem következett be, de már előre féltél tőle.

Rengetegszer történik az ember életében ilyen.

Amikor gyermekeim még picik voltak, rendszeresen a karácsonyi ünnepek alatt lettek betegek. De miért? Mert már alig vártam az ünnepeket a mókuskerék-életemben, és mindig arra gondoltam, csak nehogy betegek legyenek!

Szerettem volna már velük lenni napokig, csak mi, bezárkózva, ünnepelve, de féltem, hogy meg fog történni. A bezárkózás megtörtént, és rendszerint valamelyik gyerekem belázasodott. Természetesen az én pörgős életem hatására a megpihenés élménye, a kifáradt testi és szellemi énem is hatással volt az ő kis radarjukra.

Az a program futott évekig, hogy nem úszhatjuk meg a karácsonyt betegség nélkül. Azonosultam a tapasztalatommal, amit évről évre manifesztáltam.

A régi gondolatokat futtattam. Nem tudtam átírni, és máshogy gondolkodni. Mára már nem történik meg, felülírtam régi gondolatmenetemet.

Megtörtént velem az is, hogy mikor kisebbik lányomat költöztettem fel Budapestre, mert ott folytatta tanulmányit, a költöztetése előtti napon hallottam, hogy valakinek a kisgyermekét halálra gázolták. Egyszerűen nem tudtam kiverni a fejemből, nem tudtam elhessegetni a gondolatot. Tisztában voltam vele, hogy a nagyvárosban jobban kell figyelnie majd, és tudtam, hogy felkészült arra is, hogy körültekintőbb legyen. A költözés simán lezajlott, de a gondolat még mindig ott motoszkált a fejemben, már-már félelmet is éreztem. Másnap este telefonon hívott a lányom, hogy szeretne valamit elmondani. Hát, gondolom, tudjátok, miről volt szó...

Majdnem telibe találta egy autó! Centin múlott, hogy nem gázolta el.

Elkezdtem félteni a gyerekemet a hír hallatán, amit szombat este meghallottam, és ugyanazon fájdalmas érzelemmel telt meg az elmém, amit az az anya érezhetett. Azonosultam olyan dologgal, ami meg sem történt, de a lányom adott elmémnek egy lehetőséget, hogy ne higgyem el, mert ez nincs benne az ő megtapasztalásában, mégis adott rá nekem valós képeket, hogy egy részét gondolataimnak megtapasztaljam. A lányom vállalta be azt, hogy megmutassa: tévesen gondolkoztam! Egy agyrém! De vajon befolyásolhatjuk-e mások megtapasztalását a mi gondolatainkkal? Hát bebizonyította, hogy igen. Természetesen ha nincs benne ezen formájú negatív esemény az örvényében, akkor nem történik meg az a képsorozat, amit lejátszottam magamba, hanem egy darabkáját tapasztalta meg a fizikai világban.

A lányom átvette rezgéseimet, ezzel azt üzente: ez téves gondolat volt, ami nem történhet meg.

Amire gondolunk, a fizikai világunkban megéljük! Fontos tudni eme példa után, hogy amilyen esemény bekövetkezik, annak már ma nincs jelentősége, hiszen a múlt gondolata volt. Az én esetemben két napra az elgondolt gondolat után már meg is történt. Abban a pillanatban tudtam, nem szabad megijedni, mert gyorsan visszagondoltam, hogy ez már lejátszott gondolat, és nem lehet rám olyan hatással, hogy kiboruljak. Halottam a hangját, hogy jól van, utána pedig elmeséltem neki, hogy volt bennem egyfajta félelem és megköszöntem neki, hogy bebizonyította, hogy nem fordulhat elő nagyobb baj. Remek tapasztalás volt mindkettőnk számára.

Azt még fontosnak tartotta, hogy figyeljek arra, hogy a telefonbeszélgetés után ne gondoljam túl a dolgokat, hogy akár holnap is megtörténhet ugyanez az esemény. Arra gondoltam, hogy figyelemfelhívás volt számomra, hogy ma már csak a pozitív gondolataimba fektessem az energiáimat. Csak megmutatta számomra ez a történet, hogy tegnap hogyan éreztem magam! Egy mutató volt számomra. Nem kellemes mutató, de sajnos meg kell néha tapasztalnunk olyan dolgokat, amiből tanulhatunk, és kényszerít, hogy máshogy kezdjünk el gondolkozni.

Ha félsz, hogy a főnököd beszól, mert nem csináltál meg valamit, vagy nem tudtad időre befejezni, akkor be fog szólni. Elgondoltad kockáról kockára, még az arcvonásait is láttad képzeletedben. Minden úgy fog történni, ahogyan kimoziztad. Elképzelted, ezáltal meg akartad tapasztalni, érzelmeket tettél gondolataid mellé. Akartad és megkaptad. Ha úgy gondolsz ugyanerre a szituációra, hogy „biztos megérti, hisz' látja, mindent megteszek, és tuti, hogy ad még pár napot, hogy befejezzem a munkámat" – akkor úgy fog történni.

Mi az, amit elgondolsz, és mi az, amit rezgésed által mutatsz az emberek felé? Ha előre kezdtél félni, és már felkészültél a főnök beszólásaira, akkor meg fogod tapasztalni, hiszen te kérted, hogy így legyen. Ezzel a negatív elmével indulsz el a reggel folyamán a játszótérre. A most benned van, persze csak gondolati szinten, míg azzal már azonosulsz, hiszen rettegve mész be a munkahelyedre, és felkészültél a legrosszabbra. Ki mondta, hogy így kell lennie? Természetesen a főnöködnek lehet, hogy eszébe sem jutott, hogy megdorgáljon, csak te kérted, hiszen el is gondoltad, sőt még azt is, hogy mit fogsz neki mondani, ha rád förmed, és megteszi neked, hogy megtapasztald. De ha ezt már tudod, akkor nem ítélheted el a viselkedése miatt, hiszen ő csak lehetőséget adott a gondolataid megtapasztalására. Ha békés elmével indultál volna el a főnököd felé, akkor egy békés elméjű főnökkel találtad volna magadat szembe. Ezért nem fontos, hogy ma mi van! Elmúlt! Nem létezik! Régi gondolat lecsapódása történt meg! Ne azonosulj vele. Ha most beteg is vagy, vannak tüneteid, fájdalmaid, az a múltbéli gondolataid miatt történik veled. Már megtörtént, átrágta magát minden gondolati fázison, és manifesztáltad. Ne azonosulj a múltban elgondolt gondolatod lecsapódásával, vagyis a betegséggel. A most erejével, a képzeleteddel lásd meg magad gyógyult állapotban. Képzeld el, ha kifut az elváltozásod, hová mész, mit eszel, kivel találkozol stb. Ha így teszel aggodalom, félelem nélkül, garantálom, meg is fog történni. Hiszen most pozitív gondolatokat gondolsz, amiknek meg kell jelenniük a fizikai világodban. Ha elhiszed, hogy beteg vagy, akkor elkezded keresni a külső segítséget, pánikolsz, kérdéseket teszel fel magadnak, miért éppen te lettél beteg, elkezded a jövődet sötét képekben lefesteni, ami szintén megjelenik a világodban. Elveszíted munkád, aztán fizetésképtelenné válsz, elveszíted házadat, egzisztenciádat, és választás kérdése lesz, melyik híd alá költözöl. Ez sajnos gyakori az emberek elméjében! Hinni abban, ami még nem történt meg. Ez nem más, mint az egó játéka. Imádja a szenvedést. Ne hagyd magad. Te irányítasz, nem az ego. Meg kell érteni, hogy bennünk van az a csodálatos tudás, az elme nagyszerű szerepe az életedben, hogy gyógyulásod érdekében felhasználhasd a tudást, miszerint a pozitív gondolatok és érzelmek pozitív eredményeket mutatnak. Hasonló hasonlót vonz! Ha most van a fizikai testedben elváltozás, ebben a pillanatba állj neki és vetítsd ki egészséges testedet magad elé! Hunyd le szemed! Képzeld el, milyen csillogó szemmel örülsz, hogy gyógyult vagy, képzeld el, mennyi energia van már benned. Tegyél képeket, hogy milyen ruhát öltesz magadra, ha meggyógyultál, és elindulsz a külvilág felé. Bármit képzelj el, ami jóleső érzéssel tölt fel. Intelligens sejtjeid azonnal reakcióba lépnek, hiszen a csodás elme reagál gazdijának pozitív képeire, és elindul a gyógyulás. Csak tartsd ezt a képet, ne engedd el. Most senki sem billenthet ki. Bíznod kell a láthatatlanban. Bíznod az erőben, ami benned van. Ezért is fantasztikus a *most* ereje. Bármikor megszakíthatod betegségeddel való azonosulásod! Bármikor! De mondhatod, hogy „Nézd meg! Van papírom róla, hogy beteg vagyok, és nem látod, hogy nem vagyok jól". Ez nem ad okot arra, hogy másképp dönts. Értem, hogy tudsz beszélni a betegségedről és csoportot alkotsz veled hasonló elváltozásban lévő emberekkel, de attól még nem gyógyulsz meg! Sőt! Még több félelmet beleteszel a betegségbe!

A Tudatos Klinika Facebook-oldalamon egyszer feltettem egy kérdést, hogy ha lenne egy daganatos elváltozásotok, kit kérdeznétek meg, hogy mit kell csinálni. Két válaszlehetőséget adtam.

A – Azt kérdezném meg, aki többször átesett ilyen betegségen.

B – Aki még nem, és harmóniában van önmagával.

Meglepődtem, amikor a válaszok érkeztek. Az A választ mondták! Megdöbbentem! Arra kíváncsiak az emberek egy elváltozás során, hogy milyen kezeléseket javasolnak neki azok, akik már többször elszenvedték a daganatos elváltozást, és a külső körülményekből akarnak meríteni a gyógyulásukhoz energiát. Attól félnének kérdezni, aki még sohasem volt daganatos beteg! Megkérdezni tőlük, hogy mit teszel, hogy nem vagy beteg? Félnének, ha azt hallanák, hogy *semmit, csak jól érzem magam*.

Az egészség egy döntés eredménye. Akkor is dönthetsz az egészség mellett, ha éppen elváltozásban van a tested. Mivel a test nem tud betegséget létrehozni, hiszen csak egy ruha, ezért az elménknek kell utasítást adni, hogy elinduljon a gyógyulás. A test az egóval van összeköttetésben. Az egó a gyógyulást a külső segítségekben keresi, de az csak tüneteket elnyomó, lelket nem gyógyító segítség!

Lehet megszüntetni a testben a fájdalmat, de a lelked attól még szenved tovább. Ha megérted elváltozásod okát, az elmében felszínre hozod azt a tudást, amivel elindítod a gyógyulást. Még fel sem kell állnod a kanapéról. Erre a tudásra csak akkor emlékezhetsz, ha nem azonosulsz többé a betegséggel. Addig az egó uralkodik rajtad. Minden elváltozás egy fejlődési szint, amelyet arra használsz, hogy elsüllyedj vagy felemelkedj. Fejlődj, vagy pusztulj!

Nagyon erős mondatnak hangzik, de igaz. A testtel való azonosulás egy bomlott dolog! A testet csak arra használd, hogy megfigyelhesd érzelmi állapotodat, hiszen elméd tükre. Isten épp ezért adta nekünk eme különleges ruhát, hogy elménk fejlődését megfigyelhessük. Micsoda ajándék! Te is így gondolod?

Karbantarthatod, etetheted vitaminokkal, gyümölcsökkel, de mindhiába, ha a lelked bomlott, téves gondolatokkal van tele, és hiába a sport, hiába a vitamin, az elméd tükrében megjelenik a fizikai világodban az elváltozás. Vannak sportolók, akik naponta erősítik testüket, de holtan esnek össze; a szívük leáll.

Ez egy agyi esemény, és nem a szív leállása, hanem az agyban lévő duzzanat a lassú szívverés központját nyomja, és ebből adódóan áll meg a szív. A sportolóknál a teljesítményorientált gondolkodás sok esetben nem pozitív esemény felé viszi a karriert. Azon emberek, akik nap mint nap sportolnak, sőt a munkájuk, nagyon fontos a mentális, pozitív gondolkodás, mert ha a sportoló negatív gondolatokat fűz a saját teljesítménye mellé, és azonosul velük, akkor előfordul ez az agyi esemény.

Mindig azt éljük meg kint, amit bent! Azzal találkozol a fizikai világodban, amivel belül azonosultál.

És ne mondd, hogy beteg vagy, mert papírod van róla – ez már egy okozat. Legyen az okozat egy ok, hogy fejlődni akarsz, tanulni a jelen pillanatából.

Félsz nemet mondani az orvosnak, a külső segítséget viszszautasítani?

Ezután mi fog történni? Semmi olyan, amibe te nem egyezel bele. A te döntésed minden. Te mit akarsz megtapasztalni. Tudjuk: a hasonló hasonlót vonz!

A betegség járhat fájdalommal, kimerültséggel, de ha azonosulsz, akkor hasonló dolgokon mész keresztül a te akaratod szerint!

Szeretnék ezek után feltenni egy kérdést neked! Megéri azonosulni a betegséggel?

AZ ÚT ELVEKKEL VAN KIRAKVA

Ezen fejezet címének számomra fontos jelentősége van a munkásságom során, hisz' az elme játékában fontos szerepe van. Ha valaki megtisztel bizalmával és eljön hozzám egy személyes konzultációra valamilyen elváltozással a testében, vagy számára rossznak vélt élethelyzetét ábrázolja fel, akkor tudom, hogy olyan téves elveket vall, amiktől akadályozva van a jólét!

Amikor saját egós énemet értékeltem a már valós énem szemével, rá kellett jönnöm, hogy nem egy és nem kettő olyan elvvel éltem, ami addigi életemben az igazi testi és szellemi szabadságomat akadályozta. A változást választottam, és érzetem napról napra, hogy elindultam azon az úton, de a régi elvekkel képtelen lettem volna feljebb jutni. Amikor láttam Al Pacino csodálatos filmjét – Egy asszony illata –, abban hallottam eme kiváló színész szájából és azonnal megjegyeztem: „Az út elvekkel van kirakva."

Azonnal tudtam, hogy felhasználom gondolataim leírása során ezt a mondatot. Hát most megtettem. De nézzük meg az *elv* szó jelentését.

Az elv egy szilárd meggyőződés vagy elképzelés. Az első gondolat, ami vezérel, vagy vezérli cselekedeteidet. Ezen elv az, amit szüleid vagy mások programoztak, s azt nem engeded el. Azt szajkózod, még ha fárasztó is számodra.

Megtanultad és nem is tudod, hogy el lehetne engedni és fel lehet cserélni a számodra legmegfelelőbbre. Számtalan elvvel rakjuk ki utunkat a túlélés érdekében, és ezekkel megyünk végig. Mi lehet egy szilárd meggyőződés? Szinte eddig még bele sem gondoltál, olyannyira természetes volt számodra.

Nézzünk pár elvet annak érdekében, hogy a belső munkád könnyedebben haladhasson. Ha lehet, írd le saját eddigi elveidet bizonyos dolgokról! Nézzük:

– Betegségekről a meggyőződésed, pl.: a rák halálos.
– Pénz – pl. csak kemény munkával tudod elérni.

- Megfelelés - pl. ha megfelelsz mindenkinek, akkor szeretni fognak.
- Istenről - pl. Isten megbüntet, ha rosszat teszel.
- Lustaság - pl. elfecsérelt idő.
- Szülőnek lenni - pl. megfelelni mindenben a gyermekünknek.
- Iskola - pl. minél többet tanulsz az iskolában, annál több pénzed lesz.
- Tudás - pl. az iskola tudás, és hatalom.
- Tekintély - pl. nagy tudású, sok iskolát végzett emberek.
- Igazság - pl. neked van igazad, mert jó ember vagy.
- Vagyon - pl. ha van nagy autód, házad, akkor vagy valaki.
- Idő - pl. ha hajnaltól estig dolgozol, meg tudsz mindet csinálni, be tudod fejezni.
- Alvás - pl. ha keveset alszol, többet élsz.
- Házasság - pl. meg kell felelned házassági kötelezettségednek.
- Család! - pl. meg kell felelned mindig, minden körülmény ellenére.
- Együttérzés - pl. együtt kell érezned, mert akkor érzi a törődést.
- Program - pl. mindig kell valami, nem ülhetsz otthon.
- Nő - pl. mindig jól kell kinézned, nem vehetsz fel melegítőt.
- Férfi - pl. a férfi sohasem sírhat.
- Étel - pl. hat után bűn enni.
- Szeretet - pl. csak annyira szeretec, amennyire ő téged.
- Szex - pl. házasság előtt bűn.
- Spórolás - pl. meggyőződésed, hogy aki spórol, az nagyszerű ember.
Stb.
Ha valamik a te elveid közül még felszínre jöttek, amiket itt nem olvastál, kérlek írd le és figyeld meg, azok támogatóak vagy nehezebbé teszik életedet! Ha nem vagyunk hajlandóak eme elveken változtatni, akkor tényleg kicsit kacskaringós lesz az utunk. A nők körében több ilyen tanult meggyőződés van, mint a férfiak életében. Sokkal több feladatot látnak el, és azokhoz is tartoznak elvek, hiszen cselekedetre ösztönöznek!

Amikor fiatalasszony voltam, a karácsony előtti időszakhoz tartozó elveim teljesen kimerítettek. Meggyőződésem volt, hogy ablakot, függönyt kell mosnom, a legtisztább állapotban kell átadnom az ünnepnek a házamat. Erre találtam egy jó poént a neten: „De Krisztus is istállóban született, ott sem volt patyolat tisztaság!" Milyen igaz!

Fárasztó volt minden egyes karácsony előtti időszak. Bele sem gondoltam akkor, hogy ki a fene fog itt körbejárni és méricskélni, számolgatni a porcicáimat! Agyrém, nem? Viszont ezt láttam, tanultam az anyámtól, hogy patyolat tisztaságnak kell lennie. Egyébként jól megtanultam, az tuti!

Szóval az elv helyett, miszerint halálra kell takarítani egy lakást a nőnek karácsony előtt, máris új elveket találtam ki magam számára, és egy pipát már rajzolhattam is egy negatív elvem mellé! Már nem esem a fa alá zombiként! Élvezem!

Aztán miszerint mindig legyen rend, mert bárki bármikor betoppanhat, mit fog gondolni? Na, ezt is kipipáltam! Már sokkal fontosabb dolgok foglalkoztatnak. Ugrottam egyet a „kit érdekel" szinten. Szuper érzés, próbáld ki!

Anya vagyok. Mindig, minden körülmény ellenére jól kell éreznem magam, mosolygósnak, pozitívnak kell maradnom! Miért? Anyák is megélnek kontrasztokat és nem félek már kimutatni, ha benne vagyok egy rosszabb hangulatban, hiszen valamiért választottam. Az anyaság egy szerep, nem kell mindig eljátszanunk. Fárasztó! Ne rajtam múljon, hogy a gyerekek boldogok vagy sem, inkább ezzel megtanítottam nekik, hogy van vezérlőrendszerük, és semmi közük az én hangulatomhoz, ne vegyék személyesnek! A kontraszt jó dolog, de nem mindegy, meddig tart! Már hamar tudatosítom, hogy kibillent állapotban vagyok, ezért sem tudok azonosulni a rossz hangulatommal, inkább megnézem, mi billentett ki, és azt átfordítom pozitív szemléletté! Na, pipa az állandó anyai megfelelés mellé! Lustaság... Na, ez nagy téma mindenkinél! Lustaság vagy inspirációhiány?

Eckhart Tolle tanítóm mondja: „Ha lusta vagy, légy a világ leglustább embere!". Ez tetszik! Miért? Mert azon állapotban vagy, amikor kicsit eltávolodtál a Forrásodtól és nem érzel ihletet, inspirációt ahhoz, amit szeretnél csinálni. Ha ezt érzed, ne állj neki, mert akkor nem lesz olyan jó, mint amilyennek te szeretnéd! Maradj benne ebbe az inspirálatlan állapotban, vagy ha úgy akarod nevezni, lustaságban addig, míg vissza nem térsz Forrásod harmóniájához, mivel ott rejlik az összes ösztönző, pozitív eszköz, amivel a legjobbat hozod ki azon dologból, amiket meg akarsz valósítani. Ez a „ha nem akarod, ne csináld" téma.

Nyújtózz, szundikálj, sétálj, olvass! Ne erőltess semmit! Energiaveszteség az erőlködés! Nézzél meg egy gyereket! Anyuka odaülteti az asztalhoz a gyereket, hogy tanuljon. A gyerek már szétfolyik az asztalon, annyira nincs benne motiváció a tanuláshoz, de csak erőltetve van! Nem megy neki, nyűglődik, késő este még mindig ott fekszik az asztalon. Hagyni kell csinálni neki egy ideig, amiből pozitív energiához jut, és utána szó nélkül visszaül tanulni. A lustaság számomra anno lelkiismeret-furdalást okozott, de ez is már csak a múlt elve! Szintén pipa!

Sajnálatos, hogy nem tanították meg nekünk a kontraszt szó jelentését, hogy hogyan és mire használjuk.

Amikor jelentkezik ez a lustaságnak nevezett érzés, ami inkább inspirációmentes pillanat, akkor belecsúsztál egy kicsi kontrasztba! De mondok valamit! A legjobb helyen vagy ekkor! A legjobb hely, ahol pihentetheted elmédet, megfogalmazhatod, elképzelheted azt, amit ezután tenni akarsz.

Akik már kóros lustaságban szenvednek, munka nélkül tengetik az életüket, sivár zombiéletet élnek, azok már cél nélküli emberek. Cél nélkül márpedig nem élet az élet, hanem földi pokol!

Szintén kontrasztos állapot, de akárhogy tengenek-lengenek, nem tudják, egyáltalán mit is akarnának, nem is tudják megfogalmazni. Az „ez jutott nekem" elv alapján élnek, amit persze véresen komolyan el is hisznek.

Ezért is tanítanám meg a gyerekeknek, hogy mire használják a kontrasztot, de ez következő fejezet témája.

Az elvek, mint érzékelitek, nem mindegy, hogy pozitívak vagy negatívak. Rettentő fáradságos munka azon elvekkel élni, amik már nem szolgálnak, érzed, hogy vesztesz az erődből, ha használod. Ezeket az elveket azon életek írták, akik megélték, de te már más életet élsz, és ezen elvekkel nem tudsz fejlődni, csak gátakat pakolsz magad elé! Felszabadításod abban rejlik, hogy felszámolod-e ezen elveket, vagy szolgálsz nekik továbbra is! Ne legyél az elnyűtt elveid rabszolgája! Minden elv valamit védelmez, csak egy dolgot nem: a szabadságodat!

Azoknál az embereknél, akik egész életükben szigorúan ragaszkodtak elveikhez és nem mutattak hajlandóságot, hogy kitekintsenek ezen meggyőződéseik csőlátásából, sem jobbra, sem balra nem hajlanak, betegségként a bambuszgerinc jelentkezik tünetként! Merev elvek, merev gerinc! Akkor van házi feladat! Hajrá!

A KONTRASZT HASZNÁLATA AZ ÉLETÜNKBEN

Kevesen vagyunk, de annyira kevesen már nem, hogy világszerte hangoztassuk a kontraszt működését. Lehet hinni benne, lehet nem hinni, de lehet használni. Remek eszköz, amit adtak a fentiek, hogy használjuk bátran, és hozzuk ki belőle a legjobbat. Olyan dolgokat, amiket még álmunkban sem mertünk elhinni. A legszebb eszközök egyike, amit Isten nyújt nekünk annak érdekében, hogy jobbá formálhassuk eddigi életünket. Ahogy nekem, úgy embertársaim millióinak sem beszéltek a kontrasztról, hogy mikor következik be, és ha bekövetkezik, mi a jó fenét kezdjenek vele. Néha tudattalanul használjuk, de akkor is működik. Példának okáért: Amikor egy nap lecsúsztál érzelmileg, rossz passzban voltál, mert beszólt valaki, hogy mit csinálsz, nem lesz úgy jó, dühös, mérges lettél. De akkor jött egy gondolat, hogy te ezt meg tudod csinálni, csak éppen akkor figyelmed elkalandozott. Persze, hogy meg tudom csinálni, ez nem kérdés, mégpedig a lehető legjobban.

A rossz energiákkal nem foglalkozva tovább kihoztad a legjobbat magadból a pozitív gondolataiddal – meg tudod csinálni –, és még jobban sikerült a kontraszt hatására, mint egyébként tetted volna!

A kontrasztok érzelmi mélységek, és nem gyengeség. A gyengeség az, ha nem vállalsz felelősséget érzelmeidért és cselekedeteidért, külső körülményeket okolsz rossz érzelmi megéléseidért. Ha valaki vagy valami kibillentett alap harmóniádból és nem érzed jól magad, akkor reagáltál valamire. Valamire, ami téged, a valós énedet már nem szolgálja, hiszen nem érzed jól tőle magad. Az lehet egy meggyőződés, egy hiedelem, bármi, amit a múlttal azonosítottál! Amikor kibillensz, akkor vagy a múltban, vagy a jövőben vagy, de semmiképp nem a jelenben. Ha jelen lennél, akkor örömöt, boldogságot, harmóniát sugároznál! Itt és most meg kell tanulnod használni a kontrasztot annak érdekében, hogy fejlődni tudj, hogy olyan szintre léphess, ahol semmi komoly nem történik, és tiszta elmével játszhass az Univerzum hatalmas játszóterén. Nem kell tenned ahhoz semmit, hogy megtanuld a kontrasztot használni. Nem kell több tíz tanfolyamot végigülnöd, nem kell százezreket elköltened arra, hogy visszatérj a jelen pillanatába és a jólét legmagasabb szintjeire elérj.

Egy dolog kell csupán: hogy elkezdj bízni magadban, a legfelsőbb valós énedben, aki tud mindent, mire van szükséged. Ehhez hozzátartozik az, hogy ne félelemmel tekints döntéseidre, hiszen az ismét akadályt gördít eléd. Bízz magadban!

Ha valóban napi szinten elkezded használni a kontraszt hatalmát, perceken belül egy olyan hirtelen ugrás történik a vezérlőrendszered segítségével, hogy nem csak a boldogság, öröm állapotába lépsz, de inspirált, öletekkel teli éneddel találkozhatsz.

Szülőként megtanítottam a gyermekeimnek, és ha valamelyikünk ezen állapotában kerül, akkor csak azt mondjuk: Kibillentél!

Vagy még azt sem. Engedjük a másiknak, hogy elvonuljon, ha annak szükségét érzi, de gyakori, hogy mély beszélgetésbe kezdünk, és segítünk egymásnak ezen helyzetek érzelmi helyreállításában. De csak ha kérjük!

Nem ítélkezünk, nem leszünk mérgesek, hiszen tudjuk, nem személyes a dolog, és nem ránk irányul. A segítő ebben a kapcsolódásban nem azonosul a másik féllel, nem veszi át téves gondolatainak érzelmi rezgéseit, hanem higgadt marad!

Hogy mi a feladata a segítőnek? Nyugodt, és nem a gyengeséget erősíti, hanem a valós énjére emlékezteti a vele szemben ülőt! Ha a segítő a kontraszt állapotában lévő személy dühös, mérges, félelemmel teli énjét kezdi erősíteni és szintén dühössé válik, akkor megerősíti az egóját a másik félnek, és abból nem fog pozitív reakció teremtődni. Csak az tud tudatosan segítőként részt venni egy kapcsolódás alkalmával, ahol a másik fél kontrasztos állapotban van, ha ő saját maga nem ismeri ezt a hatalmat. Eme hatalmat az életed bármely területén használhatod. Sokan erre sem figyelnek, hiszen csak azt mondják „roszszul vagyok", esetleg „szomorú", de megfogalmazni már nem tudják, hogy miért.

Ha megfigyelnék, hogy mi volt az oka a kibillenésüknek, akkor a kontraszt hatalmával nem tudnánk napokig a szomorúság, depresszió állapotában maradni. Merj megfogalmazni olyan dolgokat a negatív kontrasztod alatt, amit nem tapasztaltál meg, és azt sem tudod, hogy hogyan fog megvalósulni, de higgyél a hihetetlenben és lásd a láthatatlant. Segítek példákkal.

Az első oszlop a negatív kontraszt, a másik annak pozitív átformálása.

Nem akarok visszamenni a kollégiumba, mert hiányzik a család, és nagyon szomorú vagyok.	A családom mindig velem van, bármikor beszélhetek velük, de most ott kell lennem ahhoz, hogy valóra váltsam álmaimat, és boldog vagyok az úton, amin haladok.
Kevés a pénzem, és lehangoló, hogy állandóan ki kell számolnom az ételre és a csekkekre valót. Dühös vagyok ettől a helyzettől.	Tudom, ez csak átmeneti helyzet az életemben, és szeretettel teszem, amit tennem kell. Boldogság tölt el, hogy be tudom fizetni a számlákat és van étel az asztalon.
Kisebbségi érzésem van attól, hogy a szomszédomnak nagyobb háza, autója van. Senkinek érzem magam attól, hogy éjjel-nappal dolgozom, mégsem tudom lecserélni az autómat.	Tudom, hogy ezekkel az érzelmekkel akadályoztam azokat a dolgokat, amelyek miatt kisebbségi érzés alakult ki bennem. Tudom, hogy pozitív gondolataim segítenek abban, hogy véget vessek ennek az élethelyzetnek. Képes vagyok a teremtésre. Addig, míg nem áramlik felém a jó, megbecsülöm azt, amim van.
Beteg vagyok, és gyenge.	Téves gondolataim áldozata voltam.
Képtelen lettem bármire az életemben betegségem miatt.	Tudom, ami történt, azt én tettem magammal.
Tehetetlen senkinek érzem magam.	Tudom, hogyha az egészséges énemre figyelek, akkor elérem a gyógyulás állapotát. Felelősséget vállalok gondolataimért és csak az egészségre fókuszálok. Kiegyensúlyozott, boldog embernek látom magam.

Stb.

Amikor negatív kontrasztot élsz meg, a következő dolgokat iktasd ki a gondolatrendszeredből.

- Elítélem, utálom ezt a helyzetet.
- Türelmetlen vagyok.
- Hibáztatom magam és másokat
- Nem vagyok képes megcsinálni.
- Félek a változástól.
- De hát én ilyen vagyok.
- Megmondták, hogy ide kerülök. És tessék!
- Rosszul döntöttem.

Vedd észre, hogy ezekre gondolsz, mert akadályozni fognak az emlékezésben! Ne erőltesd a jólét állapotát! Engedd megtörténni azt, amit választottál. Csak engedd, ne lapátolj az árral szemben, ott már nincs semmi.

Összefoglalva a kontrasztot:
Semmi sem történik véletlenül. A kontraszt a legjobb hely, hogy meghatározzuk, mit nem akarunk, és hogy ezután mit akarunk. A kontraszt alatt megélt negatív érzelmek csak megmutatják, hogy olyan dologra reagáltunk, ami minket már nem erősít, és lehetőséget ad arra a kontraszt, hogy változtassunk rajta. A negatív kontraszt érzelmeivel azonosulva beleragadhatunk hosszabb időre egy depresszív hangulatba, ami akadályozza a jó beáramlását. A kontrasztok csak mutatók, nem végleges élethelyzetek.

MIT TEGYEK, HA SZÜLŐKÉNT ÉLEM MEG A KONTRASZT NEGATÍV OLDALÁT?

Csak tudatos szülő tud tudatos gyermeket nevelni. Minden szülő csak azt taníthatja gyermekének, amit neki megtanítottak. Kivéve, ha egyéni fejlődés nem megy végbe. Csak arra tudtam tanítani gyermekeimet, amit én anyámtól tanultam. Jelen esetben nem az iskolai tudásról, hanem a szellemi tudásról beszélünk. Azok a szülők, akik félnek a betegségektől, félnek a veszteségtől, más véleményétől, azok eme elveket tudják csak átadni gyermekeiknek, és hasonló gondolkozással mennek végig útjukon.

De aki már ismeri a törvényeket (vonzás, ok-okozat) és a kontraszt hatalmát, az már át tudja adni ezt a csodás emlékezési lehetőségét gyermekének és boldog, kiegyensúlyozott felnőtt válik belőle. Ez a tudás hatalom! Hatalom ahhoz, hogy te irányítsad életed, és ne az egód. Személyes tapasztalatom hozzájárult ahhoz, hogy megértést lelhessetek szavaim között. Amikor kislány voltam, tehetetlenül néztem szüleim veszekedését, hiszen nem értettem, mi lehet akkora dolog, hogy ennyire kiborult a bili, és miért nem szólnak egymáshoz napokig. Miért nem tudnak megnyugodni azonnal, amikor kikiabálták magukat, és miért van rossz kedvük, ha pénzügyeik nem éppen jól alakultak, és miért történt hónapról hónapra ugyanaz. Miért? Miért? Miért?

Válaszok: a hülye kormány! Az ostoba főnök. A nyalógép Jucika, az infláció, bla-bla-bla. Ezt láttam, ezt tudták csak tanítani.

Mindig volt, akit okolni lehet, és mindig van valami, ami miatt piszkos rosszul érezheted magad. Szerintetek mit tanultam meg? Veszekedni kell, ha másik nem ad igazat nekem. A pénzügyi helyzetemet a kormánynak köszönhetem. Bla-bla-bla. Szüleinket bántani ezért nem lehet. Már írtam, hogy helytelen lenne olyan embereket okolni – pláne a szüleinket –, akik a tudás hiányában tették, amit tenniük kellett, magukból igyekeztek a legtöbbet adni. Őket is programozták szüleik, és ők is először érthetetlenül figyelték szüleiket, és hogy nem kaptak elegendő tudást ahhoz, vagy segítséget, hogy fenntarthassák tiszta valódi szellemi lényük alapérzelmeit. Elfele tették, többé már nem emlékeztek rá. De elfelejteni azt jelenti, hogy a tudást eltakarja valami, amit sötét, és valami negatív gondolat. Vagyis az egó. Mivel nincs sötétség, csakis a fény hiánya létezik, az elfeledett fény az emlékezésre való tudás. Eme semmi, amit sötétségnek neveznek, a híres egó, egy gondolat, egy illúzió, épp ezért a fény beeresztésével semmissé tétetik. Az egó egy hoszszabb fejezetet tesz ki, épp ezért maradjunk a kontraszt hatalmánál a szülő-gyermek kapcsolatában. Nézzük meg, hogy egy szülő megengedi-e magának, hogy rossz kedve legyen, ledőljön pár órára, beleordítson a párnába, kifejezze fájdalmát, szomorúságát, tehetetlenségét. Kérlek benneteket, tegyetek így! Mikor megszültem csodálatos gyermekeimet – és most is, ezen sorokban szeretném nekik megköszönni, hogy engem választottak édesanyjuknak –, felvettem egy szerepet: az anya szerepét öltöttem magamra. Természetesen a többi szerepem mellé. Amit felmenőinktől tanultam az anya szerepköréről azt eljátszottam én is. Nem mutathattam ki, hogy fáradt vagyok, nem mutathattam ki, hogy férjemmel veszekedtünk stb.

Ez egy megbetegítő állapot. Nagyon sok energiát elvesz. De miért ne mutathatnám ki, hogy negatív kontrasztomat élem meg éppen? Mert nem akarom megijeszteni a gyereket, hogy baj van? Elmondok egy óriási titkot. A gyerek nem hülye, hanem gyerek, akinek tiszta lelke van még! A te lelkiállapotod – még ha fizikai testedre nem is kommunikálod le – rezgéseit átveszi, és mindent érez, amit te érzel. Ezért ők ezen a szinten sokkal intelligensebbek, mint mi, felnőttek. Amikor felkeres, hogy konzultációra jelentkezik, és a gyermeke elváltozása miatt keres és kér segítséget, az első kérdésem az, hogy mennyi idős a gyermek, hiszen körülbelül tízéves koráig akire nagyon rá van hangolódva a gyermek, annak negatív rezgéseit érezve tüneteket produkál, jelezve ezzel a szülő felé, hogy konfliktusban van. A szülő tükörképe a gyermeke, és ha a negatív kontraszt idején te nem éled meg szülőként a dühödet, fájdalmadat, nem tudod használni a kontraszt erejét, akkor a gyermeked lesz a mutatója a konfliktusodnak. Nem a gyereket, hanem magadat kell gyógyítani. A gyereknek nincs olyan története, amitől súlyos beteg lenne! Ő mutatja meg neked, hogy milyen lelki állapotban vagy! Ha beszélsz róla, ha nem!

A másik dolog. A gyerekeket gyerekként kezeljük, hiszen csak a teste mérete választ el azon elv szerint, hogy ő gyerek, te meg felnőtt. A szellem kora nem a test méretétől függ. Nem tudod, gyermeked lelke mennyivel idősebb vagy fiatalabb nálad. Lehet, hogy több életen keresztül élt már, mint te. De a fizikai világunkban csak a fizikai testet figyeljük meg, és azon keresztül szemlélünk mindent. A tudás a gyermekeknél még nem merült feledésbe, nagyon tiszta. Minél kisebb, annál intelligensebb. Szerinted miért ellenkezik veled, amikor te megtiltasz valamit, és ő juszt sem csinálja? Miért nem fél leülni a hideg kőre, lila szájjal még mindig úszni a vízben? Miért nyugodtabb egy betegség alatt, te pedig halálra aggódód magad? Ezért! Mert ő tudja, hogy annyira a Forrásnál van még, hogy semmi komoly nem történhet. Annyira érzékelik vezérlőrendszerüket, hogy nyugodt, harmonikus, boldog állapotban maradnának, ha a szülő nem irányítaná őket.

Ha mély lelki váltságban vagy, engedd meg magadnak, hogy átéld, átérezd. Beszélj róla gyermekednek, hogy kibillentél, és most nem érzed jól magad. Ne félj kimutatni érzéseidet a gyerek előtt. Nem kell megfelelned anyai, apai szerepednek abban a pillanatban. Csak engedd el magad a gyerek előtt is! Ez nem gyengeség! A gyerek nem várja el, hogy anya és apa mindig erős legyen. Ő még ismeri, tudja, hogy mi a kontraszt. Csak mi gondoljuk azt, hogy nem nyilvánulhatunk meg a gyerek előtt negatív érzelmeinkkel. Mutasd meg neki, hogy te is használod vezérlőrendszeredet, és ennek segítségével a negatív kontrasztból akár bármelyik pillanatban ki tudsz lépni. Ha mindig tartod magad, akkor nem fogja megtanulni, és mindig mást fog elővenni érzelmi lecsúszása állapotában! Tanítsd meg neki, hogy érzelmeinkért mi vagyunk a felelősek, és senki más! Amikor szülőként benne vagyunk a kontrasztban, sem eltitkolni, sem hazudni nem szabad a gyereknek.

Benne voltam egy mély érzelemben és rettentő dühös voltam. Elmenekülni, beülni a kocsiba butaságnak tartottam volna, de megfordult az elmémben, hogy elmegyek itthonról, hogy a gyerekek ne lássanak. De nem tettem! Éreztem, hogy ők hozzájárulnak majd ahhoz, hogy hamarabb megfogjam a bot másik végét.

Elmeséltem nekik, hogy rosszul érzem magam, és benne vagyok egy olyan helyzetben, hogy meg kéne fogalmaznom, hogy tulajdonképpen mit is akarok, és felülírni azt, amit nem akarok, hiszen pont amiatt jutottam kontrasztba. Jól tettem, hogy nem ültem be a kocsiba és hajtottam el, mert mivel ők még annyira a Forrásnál voltak, szinte perceken belül olyan energiával láttak el, hogy határozottan meg tudtam fogalmazni, mit is akarok. Óriási segítség volt számomra. Rá kell jönnünk, hogy a tiszta energia bennük van még, és ha szülőként megélünk egy mély, negatív érzelmet, ha csak beülünk közéjük, akkor is eltöltenek annyi energiával, hogy képesek leszünk pozitív gondolatokat gondolni, és önzetlen szeretetükkel felemelnek magukhoz. Ők a segítőink. Csodás lelkek! Ők tudnak terelni minket a kontraszt negatív élményéből a fény felé. Meleg ölelésüktől már vagy tudatosan vagy tudattalanul, de érzed, hogy jól akarsz lenni. Figyeld meg! Amikor te, mint szülő, kontrasztban vagy, a gyerek nem sír, nem fél, nem hisztizik, nem türelmetlen.

Tudja, hogy készen áll arra, hogy segítséget nyújtson számodra. Nem tud mást adni számodra ebben a pillanatban, csak azt, amire szükséged van! A szeretetét.

Ezért is beszélj neki nyíltan érzéseidről, hiszen akkor ő is nyitott lesz feléd, ha majd arra kerül a sor. Ők tudják, hogy sosem abból lesz a baj, amiről beszélünk, hanem abból amiről nem! Ez egy titok volt eddig. Mi vezéreljük napi huszonnégy órában az életünket, mi vezéreljük érzelmeinket. Vezéreljük oda, ahol lenni akarunk. Felemelő érzés ezt tudni, és emlékezni rá. Engedjük gyermekünk közeledését a kontrasztos állapotunkban, mert odaáll mellénk ez a gyönyörű lélek, és terelni fog a jólét felé. Ez már biztos. Gyógyítók. Jó párszor megtapasztaltam! Köszönöm, Dorina, Anna, Kevin!

141

A KONTRASZT HASZNÁLATA AZ ÉLETBEN

RÖVID RECEPT

Ez egy rövid recept, amit ha követsz, elkerülhetetlenül manifesztálod teremtő gondolataidat.

De fel kell hívnom a figyelmedet ismét, hogy a teremtés eredménye lehet pozitív és negatív! Attól függően, milyen gondolatokra fókusztál az elméd! Kezdd el figyelni gondolataidat és a hozzá tartozó érzelmeket, milyen irányba visznek el. Ha jól érzed magad, akkor nyilván pozitív a fókusz, ha letört vagy akkor nagyon negatív a gondolatmeneted! Vedd észre, ha becsúszik az egó a teremtő gondolataidba.

Első lépés.
Belekerültél a kontrasztba és ez az a pillanat, ahol megfogalmazhatod gondolati szinten, mit nem akarsz és, hogy mit akarsz!

Második lépés.
Ezt a vágyadat képekben ki is vetítheted magad elé.

Harmadik lépés.
A gondolathoz társíts egy érzelmet, egy rezgést, amit meg kell tartanod.

Negyedik lépés.
El kell hinned, hogy még nem látod, de rezgéseidet fenntartva tudod, hogy megvalósul.

Ötödik lépés.
Az első lépés gondolata manifesztálódik a fizikai világodban, vedd észre, hogy már jelen van az, amit elgondoltál.

A negyedik lépéshez hozzátenném, hogy az emberek nagy része (még) elhiszi, hogy a rossz is megtörténhet vele, sőt felkészül mindig a legrosszabbra, ezért negatív rezgéseit fenntartva azt jeleníti meg világában! Ilyenkor szokták mondani, hogy „Na ugye, megmondtam!". A belső lényed néha belevezet egy kontrasztba, hogy még nagyobb fókuszt tegyél arra, amit elgondoltál, hogy megvalósítasz! Amikor az általad választott gondolat még nem elég erős, és tehetetlenül állsz a dolgok előtt, amiket még nem látsz a fizikai világodban, akkor megtörténik, hogy belemész egy negatív érzelmekkel teli pillanatba, mert ott tudod még jobban megerősíteni azt, amit akarsz! Remek lehetőség! Használd ki a kontrasztokat, erősítsd meg gondolataidat, vágyaidat, elképzeléseidet, és válaszd a jólét érzését!

EGÓ

Már annyit írtam az egóról, itt az ideje, hogy bővebben vázoljuk azt a valamit, ami akár földi pokollá is teheti életünket! Talán találkozol ebben a fejezetben olyan mondatokkal, amelyek, ha még egós éneddel éled fizikai világodat, negatív reakciókat válthatnak ki. Ezzel megsértettem az elméd egós részét, és épp ezért reagál!

Akár azt is mondhatod: Hülyeség az egész, vagy talán nem is igaz ez a sok badarság, amit olvasok! Esetleg dühöt válthatok ki belőled. Figyeld meg, melyik mondatra reagálsz, és elemezd, mert azon dolgok még negatív hatással vannak az életedre. Foglalkozni kell vele! Felülírni egy pozitív gondolattal! Olyan művelet, amikor lecserélsz valamit! Ha valami negatív reakciót vált ki belőled, akkor nem a valós éned reagál, hanem az egós! Vagyis nem te vagy! Olyan skizofrénnek hangzik, ugye? Kettős életet élünk mindannyian, kivéve az újszülött csecsemőket, és azokat, akik már túlléptek az egó hatáskörén. Két személyiség él bennünk. Amivel megszülettünk, a tiszta, valós, egótlan, és a szerzett én (ha így leírhatom), amit életünk során felépítettünk magunkról, hogy „ez vagyok". Tanult elvek, hiedelmek, félelmek tégláiból rakosgattuk magunkat össze, és elhittük, azonosultunk is vele. Úgy hívják: maradandó önkép! De lehet-e mindkettő énnel élni? Lehet, de mocskos fárasztó dolog! Talán érzed is. Nem igaz? Biztos hallottad már: Halj meg, hogy élj!

Ez az egós énednek szól. Az egónak meg kell halnia ahhoz, hogy a valós éneddel éld az életet, nem pedig az egóssal, aki csak túlél! Krisztus a tanításában ezt le is írta! Ha valaki a **Csodák tanítása** című könyvet olvassa és tanulmányozza, akkor sok mindent megérthet, ami tényleg valós és nem illúzió. Mindnyájan félreértettük Krisztus tanítását, és nem értettük, minek kéne meghalni, hogy éljünk. Most már tudjuk, hogy az egónak kell meghalnia! Sokáig én sem szembesültem az elmém egós részével, sőt még most sem vagyok Buddha.

Tudtam, hogy van ez a valami, és még neve is van, de hogy hogyan működteti magát, azt nem. Mindaddig, míg el nem kezdtem a saját elmémmel foglalkozni, és össze nem raktam a dolgokat. Legnagyobb segítségemre a könyv – amit az előbb említettem – volt, hogy megértsem a dolgok menetét. Lenyűgöző időszak volt számomra, egyszerűen mással sem tudtam foglalkozni, mint az elmével. A tanítást a mai napig mindennap olvasom, tanulmányozom, és megfordult az életem. Elhomályosodott, veszített erejéből az egó az elmémben, és sokkal közelebb kerültem ahhoz az állapothoz, amivel elindultam e világba. Rá tudok hangolódni az örömre, harmóniára. Csodás így élni! Nagyon egós életet éltem, és persze cselekedeteim is ezt mutatták. Áldozatává váltam az egónak. Nem kellett sokat várnom születésem után, hogy erre a hatalmas játszótérre egós elmével induljak el. Döbbenetes visszagondolni rá! Viszont van más út, amit mindenki megtalálhat és emlékezhet rá!

Egy egós elme a valós, harmonikus elmével nem tud mit kezdeni.

Nem leli meg benne a különleges kapcsolatot, ezért ilyenkor nem jut táplálékhoz és visszahúzódik. Figyeld meg, ha találkozol egy dühös egós emberrel, és odamegy egy kisállat közelébe, akkor elveszíti egóját egy pillanatra, hiszen a kisállatban nem működik az egó, és egyszerre meglágyul, mert nem kap táplálékot. Hirtelen szeretet jön fel benne, és még mosolyog is! Előbújt a valós énje.

De nézzük, mi az egó!

Egy gondolat. De kinek a gondolata? Hová lehet visszavezetni? A válasz: az eredendő bűnre. Ádámra és Évára, akik bűnt követtek el, mikor a tiltott fáról csemegéztek. Ezzel elindul a kollektív bűntudat, amit a Biblia remekül megfogalmaz nekünk. A bűntudat már nem a tiszta elme, nem Isten ajándéka és öröksége. Az egó elkezdte működését. De ahol bűn van, ott várják a büntetést is. Hisz' vétkeztek Isten ellen, és féltek Isten büntetésétől. Már ki is alakult az egó második lépcsőfoka, egy újabb meggyőződés az elmében, hogy Istentől félni kell, mert büntet.

De ha félünk Istentől, akkor meg kell felelnünk, mert újabb büntetést kapunk, ezen harmadik lépcső a megfelelés, és így tovább.

Vagyis eredendő bűnből származik eme gondolat, amit egónak nevezünk, és kollektívan szenvedünk tőle egész életünkben. Ha egyáltalán észreveszed... Vagy már természetes a szenvedés? Sajnos azt kell, hogy mondjam, az emberek nem veszik észre. De ha elkezdesz felébredni, megdöbbenve konstatálod, hogy éltél, hogy gondolkoztál és cselekedtél. Félreértettük az egész élet lényegét, félreértettük Istent! Az egó negatív gondolatok halmaza, ami egyre nőtt az évszázadok, évezredek alatt. Bekúszott mindenhová. Egyházakba, politikába, egészségügybe, kapcsolatokba, és a szülő-gyermek közé is. Sajnálom, de be kell látni: a spirituális tanításokba is. Voltaképpen bárhová nézel, akárhová mész, az egó jelen van. Vagyis rajtad és általad keresztül. Miért is mondom így? Egy egós elme nem valós dolgokat lát! Az ember egós elméjén keresztül látja a dolgokat, helyzeteket, eseményeket, embereket. Nem az élet szar, te látod egós szemléleteddel szarnak! Nem a munka nehéz, te látod egós elméddel nehéznek! Te mondod, hogy kell az egód, viszont senki sem kényszerített rád semmit. Nem fogta a kést a torkodhoz, hogy meg kell tenned ezt vagy azt! Néha durvának hangzanak mondataim, de hatásos, arra már rájöttem.

Beszélni fogunk arról, hogy mi a legjobb módszer – ha lehet így nevezni –, hogy teljesen elhomályosítsuk elménk ezen részét. Eckhart Tolle tanítóm fogalmazta meg nagyon jól az egós elmét: *Az emberi elme őrültsége*. Valóban az.

Őrült gondolatokat gondolunk, és ezáltal őrült módokon cselekszünk. Mikor megszülettünk, tudtuk már, hogy kettősségbe születtünk bele. A tapasztalásokhoz kell a kettősség, hiszen akkor csak az történne velünk mindig, nem választhatnánk, nem lenne fenn és lenn, nem lenne sötétség és fény, és sorolhatnám tovább. Sok gyermek születése pillanatában sem érezheti a boldog első lélegzetvételt, hiszen a könnyed születés, ami Isten ajándéka, művi beavatkozások, gyötrelmes dolgok között történik meg. Már a várandós anyuka egós gondolatai megtörhetik gyermeke első pillanatait, és sajnos az egész életét. Mondok rá egy példát.

Ha egy anyuka elhiszi, amit az akadémikus orvoslás mond neki, hogy harmincöt éves kor felett komplikált és veszélyes a szülés, a várandósság, sőt megnövekedett számban vannak Down-szindrómában született gyermekek, akkor kilenc hónapon keresztül abban a félelemben él, hogy gyermeke beteg lehet, nem veszi le a fókuszt róla, retteg a tudattól, akkor nagy eséllyel megtörténik, hogy a gyermeke Down-szindrómával születik. Mivel említettem, hogy az egó egy gondolat, és az édesanya is gondolatokat formált, amiket nem tudott elengedni, és társította hozzá a félelmet, megvalósította az elgondolt egós gondolatát. Ha elhisszük dr. Nagy Tekintély mondatait és kilenc hónapon keresztül erre fókuszálunk, akkor meg is történik. Volt rá példa, hogy az eredmények azt mutatták, hogy Down-szindrómás a gyermek, ám az anyuka olyan szinten átállította gondolatait, hogy teljesen egészséges gyermekük született. Gondolatban elfogadta azt a lehetőséget is, hogy ha így születik meg a baba, azt is elfogadással kezeli. Az anya elméje a fogantatás előtti kilenc hónapban, várandóság alatt, és szülés után kilenc hónapig nem mindegy, milyen gondolatokra fókuszál, hiszen befolyásolja gyermeke fejlődését!

A gyermek első pillanatában nem mindegy, hogy milyen elméjű lény tartja karjában, hiszen azzal az elmével kezdi el a kapcsolódást az újszülött gyermekével. Tudom, nagy felelősség az anyák részéről, de ne legyen lelkiismeret-furdalása senkinek.

Az egó ádáz ellensége a tudás, amit Isten ajándékozott nekünk. A túlélés hajtja, és ha szembekerül egy olyan helyzettel, ami addig nem történt meg, elkezd bekúszni, felébred, és már ott van a félelem, az aggódás, ami reális cselekedetet nem szül. Nézzünk egós gondolati formákat: panaszkodás, hibáztatás, vádaskodás, ítélkezés, önsajnálat stb.

Nem szabad egy egós beszélgetőpartnered egós gondolatait személyessé tenned! Ez nem a te valódra mutat, tehát úgy nézz a veled szemben állóra, hogy téves gondolatai vannak, hiszen valami miatt védekező mechanizmusba kapcsolt elméje. Példa:

Amikor te időben leadod a munkádat és ő csak pár nappal később végzi el, ráadásul a főnök még meg is jegyzi, hogy legközelebb ilyen ne forduljon elő, figyelni kéne a határidőre, akkor az elméje máris elkezd kifogásokat gyártani, az egó elkezdi keresni az útvonalat magának és támadásba lendül. Olyan okokat keres, amikkel megmagyarázhatja, hogy miért nem tudta befejezni időre a munkát. Azt már nem tudná kimondani az illető, hogy „Bocs, főnök, igaza van, kicsit elnéztem az időt, azt hittem készen leszek vele, legközelebb jobban figyelek".

Még egy példa, de ez már a gyerekek egóját is mutatja:

A gyermek rosszabb jegyet visz haza, és édesanyja megdorgálja, ordít vele, hogyan sikerülhetett ilyen rosszul ez a dolgozat (itt látjuk, anyuka is egós). A gyermek elméje szintén védekezni kezd, az egó útvonalat keres, és ezt válaszolja: „Az XY-é is rossz lett, anyu! A tanár nem mondta, hogy ma doga lesz".

Védi magát másokkal, hogy az ő gyengébb dolgozatát homályosabbá tegye, a másikat teszi fókuszba, hogy ne ő legyen a középpontban. Az egója nem engedi kimondani neki: „Anya, tényleg nem készültem rá, nem sikerült túl jól, ezután jobban figyelek".

Azután tipikus a nők körében... Egy pár sétál az utcán, és egy feltűnően csinos nő jön velük szembe. A pár női tagja azonnal előveszi fegyverét, még úgy is, hogy a párja meg sem szólalt, rá sem nézett. Elkezdi ítélni a csinos hölgyet: „Na, nézd meg! Az utcára sima hétköznap kijön ilyen ruhában, sminkben! Úgy megy abban a cipőben, mint a kacsa". Ismerős számotokra, hölgyeim?

A férfiaknál is vannak igen hasonló esetek, hogy őket se hagyjuk ki. Ha egy magasabb és jóképűbb pasi közeledik, az egó máris utat tör, ráadásul náluk még bekapcsol a birtokféltés is, és őrületbe is átmehet a gondolkodás. Férfiak esetében még fizikai megnyilvánulást is okoz a birtokának féltése. Rengeteg esetet tudok, amikor bántalmazásig fajult férfiaknál a birtok védelmezése. Persze a női pankráció is fel-feltűnik egyes szórakozóhelyeken. Ilyenkor az egós gondolatok a nemi birtokzónákban, ami az agyban található, kicsapódnak, mint egy biztosíték, és elindul az őrület.

Mint említettem, az egó imádja a drámákat. Sőt keresi is. Mindenben és mindenhol. A dráma az egó színészkedése. Szeret drámázni a munkahelyen, a párkapcsolatban, a betegség alatt, sőt egy parkolóhely megszerzésében is. A lényeg, hogy fincsi, tápláló hangulatot teremtsen. Élteti, mintha vért kapna, a kicsi szúnyoghoz hasonlóan. Ezeket nem csak különböző tanokból, de tudatosan megfigyelt saját tapasztalatból ismerem, sőt a konzultációs alanyaim is más és más egós gondolatokkal érkeztek hozzám, amiket jól kielemeztem. A házasságom húsz éve alatt megtapasztalt egós csatáim a férjemmel mára már a legjobb tanulmányok párkapcsolati dolgok megértésében, és ezáltal segítek a többi embernek: rávilágítok, miért kap lángra kapcsolatukban újból és újból egy adott probléma. Veszedelmes viszonyokkal találkoztam, de annyira nyitott az elme, hogy hamar megértésre talál, és még ha a konzultáció elején nem is látja be, de hamar kibukik belőle, hogy nincs olyan, hogy valaki hibás lenne a kapcsolatban. Gyönyörű a megértés. Nincsenek véletlen találkozások. Olyan embert választunk magunknak, aki jól tudja a rezgéseinkből, mi az, amit meg kell tanulnunk, és előszeretettel nyomkodja azokat a gombokat, amely dolgokra még hevesen reagálunk. De meddig nyomkodja? Míg meg nem tanulsz belőle valamit. Nem bántani jött, csak tanítani. Érdemes a kapcsolat első heteiben letisztázni, mik azok a dolgok, amiken valamelyik fél berágott egy vita során. Természetesen a párkapcsolatok nagy része, sőt mindegyik azért szakad meg, mert csak a fizikai testtel nézünk a másik emberre. Meg persze vannak olyanok is, akik halálukig tudattalan állapotban, alázattal eltűrik a másik egós viselkedését. Nem találnak megoldást, és beleragadnak ebbe az életbe ezzel a tudattal. Mindig van megoldás! Mikor elemeztem saját házasságom alatti egós cselekedeteimet, visszamentem a gyökerükhöz, és egyre több mondat csengett a fülembe, amit felmenőim tanítottak meg velem, és jó mélyre tettem, hogy még véletlenül se felejtsem el. Minden miértre megkaptam a választ.

A válásunk előtti hetekben azt mondta nekem a férjem: „Úgy érzem, én csak egy híd vagyok a te életedben". Igaza volt, és na-

149

gyon hálás vagyok neki, hogy erős híd volt! Egy olyan erős híd, amin úgy kelhettem át, hogy az utamhoz érhettem, amin születésemkor elindultam, és kezdtem felébredni egós álmomból. Férjem az én érdekemben egy hálás szerepet teljesített be. Köszönöm!

EGO A PÁRKAPCSOLATBAN

– Majd én megnevelem! – mondja az ifjú ara, mikor frissen felhúzott gyűrű kerül az ujjára. Valóban sikerülni fog? Amikor egy nő és egy férfi elkezdik közösen élni az életet, először csak moziba, színházba, táncolni mennek, esténként a legszebb énjüket mutatják. Mosolyognak, szelídebbek, kacérkodnak, és olyan csodás dolgokat mondanak magukról párjuknak, hogy szinte elvarázsolódnak. Nem munkából rohannak az esti randira, hanem jól előkészített külsővel, de nyúzott aggyal érkeznek, hogy minél szebbnek lássa őket partnerük. Kívül-belül a legjobb énjüket mutatják. Izgalmas napokat, heteket élnek át együtt abban a szerepben amit partnerük megkíván tőlük, épp azért, hogy őket válassza. Semmi gond nincs ezzel, mindenki így csinálja! Csak egy rövid kitérőként mesélem el neked, hogy volt egy rövid kapcsolatom válás után, ahol a valós énemet mutattam, nem akartam megfelelni, csak azt adni magamból, ami vagyok, de az illető nem szimpatizált a valósággal. Pedig olyan jóképű volt! Na, ilyen is van. De az egó, mint említettem, éhezik a drámára, és addig alvó állapotban marad, míg nem jön egy esemény, egy szituáció, amikor is felébred, aktiválja magát, és robbanásszerűen átváltoztat mindent a kapcsolatban, és az a szerep, amit játszottak a párok, azonnal megváltozik, és a romantikus film egyszerűen horrorisztikussá válik.

Az alkohol befolyásolhatja működését, és fogyasztása is elindíthatja az egó reakcióit. Kezdődhet a kibillenés az egó javára. Egy szimpla telefon, miszerint:

– Drágám, elmegyünk a srácokkal sörözni és nézzük a meccset!
– Legénybúcsú
– Autóverseny
– Csak pihenni szeretnék.
– Ma anyámékkal leszek stb. (A nők részéről.)
– Pizsiparti lesz.
– Lánybúcsú lesz.

Vagy csak 3-4 napos tanfolyam, amit régóta tervezett az adott fél!

Stb.

Ezen dolgok máris szerepváltásra kényszerítik az alanyt, és felébredt egóval a következőket mondhatja:

– Persze, én már nem vagyok annyira fontos!

– Meguntál!

– El akarnak venni tőlem a barátaid!

– Bezzeg ha én mennék el, akkor őrjöngenél.

– Meg akarsz csalni?

Stb.

Ez már dráma, és háborút indít el, pedig még nem is költöztek össze. Aztán ha még ezek után meg is történik az összeköltözés, onnantól egyre több esély van a „húzd meg, ereszd meg" játszmára. A „majd én megnevelem" téma még nagyobb lendületet vesz. Az egós elme érzékeli a másik egós elmét, és tudja a gyenge pontokat, mit kell megnyomni ahhoz, hogy jóllakhasson. Ha az egyik egós elme tudja, hogy a másik ugrik arra, hogy „Hol voltál?", akkor gondolkodás nélkül meg fogja kérdezni! Hát több sem kell a másik félnek, és már reagál az elméje! Gyanakvó viselkedést kezd el játszani, mintha egós partnere nem bízna már benne. Innentől elkezdődik a nagy egós harc, és elkezdi mindkét fél megvédeni az igazát. De ez nem fog sikerülni. Megnyugvás történhet átmenetileg, de nincs kibeszélve és feloldva, honnan jöhet, milyen mélyen van a gyanakvó viselkedés. Nincs szó arról, hogy gyanakvó emberként születtünk, hanem egy múltban átélt esemény, egy hiedelem, egy szülőtől hozott program (Ne bízzál senkiben!) nem lett felszínre hozva elméjében. Sajnálatos, hogy rengeteg ember szenved féltékenységben, nem bízva partnerében. Még akkor sem, ha mindent megtesz a féltékeny félért, és semmi gyanús dolgot nem csinált! Az ilyen emberek még saját magukban sem bíznak. Ez önértékelés-letörésre vall. Rengeteg megbetegedés ered önértékelésből! Szeretnék pár elváltozást felsorolni, ami önértékelés-letörés megoldási tünete, vagyis a betegség. Nem csak a párkapcsolati témákból fakadó elváltozások, hanem az egész életre kiható önértékelések. Íme:

- Porcok
- Lép
- Here
- Petefészek
- Leukémia
- Zsírszövet
- Állkapocs
- Szívizom
- Húgyhólyag stb., és a legsúlyosabb önértékelés a csontokat érinti. Rengeteg nőnek vannak derékproblémái, én is befutottam, és nem volt kellemes dolog. A csontritkulást felcímkézik a menopauza utáni tünetként, pedig csak egy önértékelést kéne rendbe hozni, sőt meg is lehet előzni a tudatos gondolkodással.

Önértékelés-letörésünket minden esetben kivetítjük másokra, és bennük keressük a hibát, ami pedig bennünk van. Ami másban bosszantó, az is bennünk van, és ha sokszor bosszankodsz miatta, minden egyes alkalommal fel is fogod magadban erősíteni.

De mi történik, ha egós alanyunknak, aki nem bízik párjában, egy gyanakvó elme, olyan ember a társa, aki elkezdett felébredni, egómentes gondolatai vannak? Hogyan vehető észre, hogy felébredt, vagy ébredező ember van melletted?

Mint ahogy többször említettem, az egó szereti a drámákat, és keresi is.

Ha az egó enni akar, és partnere egója már nem áll csatába, akkor nincs reagálás. Azon félnél, aki a felébredés útján jár, már nincsenek válaszreakciók. De ne tévesszük össze őket azokkal, akik nagy alázattal élnek (rossz értelemben), és nem mernek visszaszólni, csendesen, magukba fojtva mindent, belül csatáznak, ami rettentő megbetegítő!

Aki tudatosan gondolkodik, már nem ítélkezik, hibáztat, nem ellenkezik. Ezzel a válasszal szolgál tiszta elméje: Igazad van!

Ebben a pillanatban megváltozik minden. Alanyunk egója visszahúzódik, várva egy másik alkalmat, ahol pöffeszkedhet jóllakottságában.

Viszont fektessünk le valamit, ami kérdés lehet nagyon sok ember számára.

Az „igazad van" nem jelenti azt, hogy feladtad és engeded elnyomni magad, és engeded, hogy uralkodjanak rajtad! Ez nem így van! A legjobb dolog, amit teszel magaddal és partnereddel. Magaddal azért, mert nem adsz lehetőséget elmédnek, hogy téves gondolatokat gyártson, ezáltal megvéded fizikai testedet, hogy elinduljon benne egy elváltozás. Hiszen téves gondolataink áldozatai vagyunk, amikor testünkben egy elváltozás jelentkezik. Békét ajánlottál és fogadtál el magad számára, és békét ajánlottál fel partnerednek, akivel jót cselekedtél, hiszen csillapítottad egója hatalmát. Lecsendesítetted elméje azon részét, ahová bekúszott az egó. A párkapcsolatban azért van annyi veszekedés, dráma, mert egós elmével lépünk be a kapcsolatba és az egó a saját maga igazát keresi. Persze igaza van, ugyanúgy, mint neked vagy bármelyikünknek! Fontos tudni: e világon hét és félmilliárd igazság van, de egy ember sincs, aki dönteni tudna. Lehetetlen. Megváltoztatni partneredet csak úgy tudod, hogy engeded tapasztalni, és a legönzetlenebb szeretettel szereted. De ezt csak akkor éred el, ha saját magadat is szereted. Hiszen addig sem partneredet, sem gyerekedet, főnöködet, szomszédodat nem tudod szeretni, míg magadat nem!

Itt írhatnám, hogy *élni, és élni hagyni*.

Nem arról van szó, hogy el kell viselned mindig partnered, szomszédod, főnököd ostobának tűnő viselkedését, hanem hogy megtanuld, ők nem ilyenek, csak életükben események, szituációk során téves gondolatokat rögzítettek, és csakis úgy tudsz segíteni nekik, hogy szeretettel tekintesz rájuk és hagyod ezzel a szeretetérzéssel élni őket. Tudom, van olyan, hogy nem elég! Akkor el kell engedni szeretettel. Az én esetemben így alakult.

Sokan mondják: „Én szeretlek, de ilyen vagyok! Ha kell, beszólok, dühöngök, de engem senki sem irányíthat. Változzon ő, és akkor én is változni fogok".

Valóban ő legyen, aki ha jól viselkedik, ahogy neked tetszik, akkor te is megváltozol? Csak ő a hibás? A te hangulatod az ő viselkedésétől függ?

Azért van rossz napod, mert rosszul viselkedett a partnered? Ezek egós, őrült gondolatok. Ha párkapcsolatban élsz és hasonló gondolatok járnak az elmédben, szeretnélek figyelmeztetni, hogy drámát szít az egód. Persze lehet, hogy sok ember most be van pöccenve az írottak olvastán, mert nem támasztom alá igazságukat és hallom szavaikat:

– Ha tudnád, milyen tuskó néha!

– Persze, nem tudod, nem te élsz vele!

– Hallanád, miket mond rám!

Bla-bla-bla.

Védekezel! Ez nem önszeretet! Feladatom nem az, hogy elítéljelek, és gyengeségedet erősítsem! Feladatom, hogy segítsek neked megértésre találni abban, hogy a változás belőled indul, és kihat partneredre is. Ne tétovázz. Ülj le és nézd meg, mi boszszantó partneredben, és keresd meg magadban, hogy miért reagálsz rá úgy, ahogy!

Tudod, minden negatív reakció egy hiányállapotból fakad! Ha például arra reagálsz negatívan, hogy nem ér haza időben, és ráadásul nem is telefonál haza, talán a hiány állapotából fakadva a „nem kapok elég figyelmet, nem vagyok senki" régi hiedelmedből fakadhat, ami mindig előjön hasonló szituációkban. Elméd mindenre emlékszik, és míg fel nincs oldva, nincs kibeszélve, ott marad, és gyötörni fog.

Ha arra vagy kiélezve, hogy nem mondja soha, „Szeretlek", akkor nézd meg, melyik szülődnél érezted a szeretet hiányát!

Mondhatnám viccesen, hogy tanulj a székelyektől: „Egyszer mondtam, ha változik, szólni fogok!"

Minden hiányállapotra vezethető vissza! Minden reakció, minden betegség! Egyáltalán nem biztos, hogy a mostani párkapcsolatod alatt alakultak ki ezek a hiányállapotok. Gyermekkorból, előző kapcsolatból maradó, sőt halmozott hiány alakulhat ki. Természetesen a hiány állapotának megtapasztalása alatt a másik felet hibáztatjuk, amikor semmi köze a te érzéseidhez. A te érzéseid a te gondolataid, cselekedeteid, belőled indulnak, a te lelkiállapotod határozza meg, hogy pozitív vagy negatív lesz az eredménye kivetítésednek a fizikai világra.

Ha úgy döntesz, hogy bármikor is jöjjön haza a párom, akkor is jól akarom érezni magam, nem befolyásolhatja hangulatomat, akkor olyan csodát művelsz magaddal – és persze a párodra olyan pozitív rezgési hatással leszel –, hogy képes átvenni tőled a pozitív rezgéseket. Belőled indul a béke!

Ha nem vagy hajlandó változtatni viselkedési formáidon, akkor kérlek, ne várd el, hogy a másik változzon. Szó szerint tükörképet mutat neked! Ha teszel egy lépést, az nem gyengeség, hanem erő. Ha nem mutatsz hajlandóságot, csak azért is hajtod igazadat, minthogy inkább boldog legyél, akkor áldozattá váltál! A téves, egós gondolataid áldozatává. Ezzel megmenteni egy kapcsolatot szinte lehetetlen.

Az egó folyton mást akar elérni, más célokat tűz ki maga elé. „Ha ez nem jött be, majd keresek másikat és másikat." Erővel igyekszik mindig mindent elérni. Az egó célja az, hogy mindig igaza legyen. A téves, egós gondolatok mindig arra ösztönöznek, hogy áldozatot kell hozni ahhoz, hogy elérd a célt, és szobrot emeljenek, és elismerjenek. Az igazság szobra. A temető is azzal van tele. Nem kell félni az egótól, hiszen csak egy gondolat, amiben hittél.

Párkapcsolati szinten például hiheted, hogy...
– Ha mindent megteszel neki, sosem fog elhagyni.
– Ha lesed kívánságait, akkor nem máshol keresi.
– Ha mindig csitti-fitti vagy (ami néha melós tud lenni), akkor nem néz másra.

Ha már ilyen gondolataid vannak, akkor az alapgondolat ebben az esetben, hogy „lehet, hogy el fog hagyni, küzdenem kell érte".

De amiért küzdünk, azt elveszítjük, hiszen a fókuszunk, az energiánk a veszteségen van. Saját magunkat olyan korlátok közé szorítjuk, olyan címkéket aggatunk magunkra, olyan szerepet játszunk el, ami valótlan és őrült. Hiedelmünk rendkívül széles skálájáról akasztunk le (főleg a nők) olyan elméleteket, amelyeket mélyen el is hiszünk, hogy valósak. Például:
– Nélküle nem vagyok egész.
– Nélküle nem tudnék mihez kezdeni.
– Nélküle nem tudnék egy szelet kenyeret sem venni.

Kishitű gondolatok a „kis énről". Amit magadról gondolsz, azt sugárzod párod és mindenki felé! Gondolataid meghatározzák identitásodat és mélyen elhiszed, hogy ilyen vagy! A kapcsolatban nincsen vezető, csak egység létezik.

Élni az életünket, tapasztalni, amiért eme csodálatos Földre érkeztünk, és ezzel a gondolattal hagyni a párunkat, aki szintén a tapasztalás útját járja. Közben pedig egómentes szeretettel élni társunk mellett. Ezt sokan úgy értelmezik, hogy megengedjük, hogy fűvel-fával-bokorral legyen, és azt csináljon, amit akar. Közel sem így van. Szabadságot adni másnak szabaddá tesz, és ez egyet jelent a harmóniával és békével. Ez a szeretetteljes emberi kapcsolat. A lélek békéje!

EGÓ A BETEGSÉGBEN

Rendkívül érdekes a betegségek alatt az egó. Szinte egészséges állapotban észre sem veszed működését az elmédben, de hirtelen megbetegedésed alatt vagy erősödni fog, vagy gyengülni.

Nézzük az első lehetőséget, amikor erősödik benned, amikor kapsz egy diagnózist, hogy súlyosabb elváltozásban van a tested, és már nem érzed magad annak, aki eddig voltál. Emlékszel? Az egó egy gondolat, az elme őrült része, amely téves gondolatokat kreál. A beteg emberek száz százalékban egós elmék, hiszen a téves gondolatuk tette őket beteggé. Mikor erősödik az egó a betegség alatt? Hát attól függ, az illető mennyi hiedelmet és téves eszmét hordoz magával. A „kis én" címkéjű embereknek, akik úgy hiszik magukról, hogy kiszolgáltatottak a felsőbb hatalmaknak, erősödik az egójuk, miszerint a tanult dr. Tekintély majd segít rajtuk. A „kis én" nem magában, hanem külső segítségben keresi a gyógyírt, mivel hiedelemrendszere felerősítette benne azt az egós, téves gondolatot, miszerint csak dr. Tekintély tudja meggyógyítani, hiszen ő ezt tanulta meg az iskolában. A megerősödött egó elkezd a túlélés érdekében küzdeni a betegség ellen, téves gondolkozásba, téves cselekedetekbe viszi bele, ezzel sokszor olyan útra téved a gyógyulása érdekében, ahol a végeredmény pozitív lesz. „A műtét jól sikerült, de a beteg elhalálozott."

Az egós elmét megerősíti és egyben azonnali hajszába küldi emberünket, aki sokkot él át diagnózisának közlése alatt. Az ego felerősödik, a hiedelem megerősödik, és előjönnek olyan azonosulási gondolati minták a betegséggel kapcsolatosan, mint például:

– Szegény én!

– Áldozat vagyok.

– Nagyon beteg vagyok.

– Tehetetlen lettem.

Stb.

Ez táplálék, sőt élvezet az egó számára, hiszen ha így gondolkodik az egós elme gazdija, biztos, hogy nem kezdi el keresni az igazságot, hogy vajon miért is lett beteg! Az már hatalmas törés lenne az egó számára, ha csak egy pillanatra is elgondolkodna alanyunk betegségének valós okán. Felmerülhet benne, hogy „Mostanában annyi konfliktusom volt, lehet, hogy azok okozták testemben a rendellenességet. Lehet, hogy nem is kéne beszednem azt a sok gyógyszert vagy eljárnom a kezelésekre.". Ez az egónak tragédia lenne. A félelem az emberekben hatalmas. Viszont a betegségből az ember mindig annyit ért meg, ahol tudatilag tart. A másik a hit. Miben hiszel? Találkoztam egyik előadásom alkalmával egy hölggyel akinek több daganatos elváltozása volt, és ha jól emlékszem, ötvenkét sugárkezelést kapott. Ha nem előttem mondta volna, hanem csak hallottam volna valakitől, nem hittem volna el. Megkérdeztem tőle, hogy a fenébe lehet túlélni ennyi sugarat. A következő volt a válasz: „annyira erős volt a hitem a sugárban, hogy nem úgy gondoltam rá, hogy káros, hanem hogy ez nekem gyógyító szer". Ismerte és tudta károsító hatását, de a mérhetetlen hite a gyógyulásban erősebb volt, mint az a méreg.

Gratuláltam neki, és megemlítettem ritka emberi mivoltát.

Ellenpéldát is említenék, amikor a konzultációs alanyom a megértéssel olyan gyors ütemben haladt a gyógyulás végleges kifuttatásához, ami erősebb gyulladásokat és különböző tüneteket produkált, hogy megijedve a hirtelen tünetegyüttestől orvoshoz fordult, és a diagnózis annyira megijesztette, hogy egós énje beleegyezett a kezelésbe, és soha többet nem láttuk viszont.

Nem elítélendő, hiszen a tapasztalatának része volt a „fiatalon meghalni", hite a gyógyulásban nem volt elég, győzött az egó.

De lássuk, mi történik egy szintén beteg, egós gondolati halmazzal rendelkező alannyal, akinek gyengül az egója elváltozása alatt, és vajon mi váltotta ki nála, hogy egója elhalványult és valós énje kezd feltörni a felszínre. Szintén téves gondolatainak áldozatává vált, hiszen konfliktusát nem a megfelelő módon oldotta meg. De az előző példa alanyához képest neki a betegség által erősödni kezdett a hite, ezáltal az egó halványodni. A gyógyulásba vetett hite a valós én tudásának felszínre hozatalával elmélyítette önmagát az öngyógyítás valós és bölcs használatában, mivel a tudás, ami mindenkiben benne van, felerősödött, és egója, ami addig vezérelte életét, háttérbe húzódott. Ezzel elkezdődött a gyógyulási folyamat, pozitív gondolatai egyre erősebbek, a tünetei egyre gyengébbek lettek. Első öngyógyítással való gyógyulásának gondolatai és fizikai testén a tünetek enyhülésének tapasztalta hatására még erősebb gondolat és még erősebb akarat jön fel benne, hogy képes meggyógyulni külső körülmények felhasználása nélkül.

Voltaképpen ezek az emberek jól használják a kontrasztot, hiszen a betegséget is lehet annak nevezni, mivel kibillent harmóniájából, és itt tudja megfogalmazni, mit akar, mert már tapasztalja, amit nem. Életének egy fordulópontjához ért, ahol választani kellett abban a helyzetben, ahol testének temploma romokban hever. A fókuszát a gyógyulásra és nem a betegségre helyezte, ez rendkívül nagy erő ebben a helyzetben. Nem azonosult betegségével, jelenlegi állapotával, ezért az összes energia a gyógyuláson volt. Nem maga a gyógyulás volt a legfontosabb, hanem az út, amelyen megmaradtak pozitív gondolatai, türelme, és a betegséggel szembeni alázata. Cseppnyi félelem is belekerül a gondolatok közé, amivel az egó hamar visszarántja a gyógyulni vágyót. Betegség alatt legyen ez a napi mantrád:
- Gyógyult vagyok!
- Hiszek magamban!
- Szeretem magam!
- Minden rendben van!
- Vagyok!

EGÓS ELMÉK A RENDSZERBEN

Amit látsz, amikor kimész az utcára, boltba, bárhová, amit én hatalmas játszótérnek nevezek, az a Mátrix.

A Mátrix egy jól kidolgozott, egós elmék által felépített illuzórikus rendszer.

De hogyan alakulhatott ki olyan világ, amiben nem érezzük jól magunkat, szenvedünk, tele van fájdalommal, szomorúsággal, gyűlölettel? Gondolatokból épült, olyan szemléleti őrületből, ami bomlott, egós elmékre vall. Körülnéztél már akár csak egy pillanatra is a világban? Elmék uralnak elméket! Korlátokat, szabályokat alkottak, hogy fennmaradjon a hierarchikus rendszer. De meddig tarthatja magát? Ki merem jelenteni, hogy omladozik. Omladozik a politika, egészségügy, s már küzd a fennmaradásért. Az oktatás pedig... Minden, ami körbevesz, régi gondolatok lecsapódása a fizikai világban. Évezredekkel ezelőtt – vagy talán milliókkal – minden csoport kiválasztott egy vezetőt. Eleinte erősebb, masszívabb férfiak lettek azok, akik utasították a velük egy kasztban levőket, mit kell csinálni annak érdekében, hogy életben maradhassanak. Vezetővé vált! Az ő gondolataival irányított több embert, annak ellenére, hogy lehet, nem a legjobb gondolatnak vélték vezetőjük elképzelését. De hallgattak rá, mert már tekintélyként tisztelték, és kialakult az alattvaló-társadalom, amelynek már nem kellett gondolkodnia, csak más gondolatait végrehajtani.

Birkaként meneteltek vezetőjük után, életük felett a felelősséget átadva vezetőjüknek, akitől várták, hogy megmondja nekik, mi jó, mi rossz, és hogyan éljenek.

A vezér élvezettel kiszabta a korlátokat, és ezzel elindult az „Az én nagy vagyok, te kicsi, és én tudom, mi jó neked".

Nem kell gondolkodnod, majd én vezényelek! Érződik jelenlegi társadalmunkban is, ahol kiéleződött a hierarchikus rendszer. Az alsó szinteken élők félelemmel tekintenek a fentiekre, hiszen a hiedelemrendszer a hierarchiával egyidőben született.

Egy feljebb lévő embernek nem mer szólni egy „kisebb rendű",
hiszen évezredek óta hordjuk a címkéket, hogy virtuális játé-
kunkban ki milyen beosztásban éli életét, és megtanultuk a ránk
aggatott címkéhez méltóan élni. Identitásodat, hogy ki vagy mi
vagy, befolyásolja, hogy hol állsz a hierarchia létráján. „Ez va-
gyok én." Alsó osztály, középosztály, felsőosztály. Rangsorolás!
Minden osztályrészben kialakultak egyes hiedelemrendszerek.
Természetesen egós gondolatok. Az alsó osztály hatalmas nyo-
más alatt volt, és még most is változatlanul őrzik identitásukat.
Mi az alsó osztályba tartozunk, és nem kell félnünk, mert min-
dent megmondanak, hogy kell csinálni, felelősséget nem vál-
lalva életükért, s fenntartják azokat a rendszereket, amelyek-
től segítséget kapnak. Befolyás alatt tartják elméjüket és észre
sem veszik, hogy kishitű életfelfogásukkal fenntartanak olyan
rétegeket, amelyek egyre jobban gazdagodnak, ők pedig szegé-
nyednek. Elítélni nem lehet őket, hiszen a rendszer működésé-
ből is annyit értenek meg, ahol éppen tartanak. Ezért tudnak
fennmaradni még a rendszerek, habár már gyenge lábakon áll-
nak, hiszen egyre több ember kezd átlátni rajtuk. Mindig lesz-
nek emberek, tömegek, akik bennük bíznak, hogy megmentik
őket. Külső segítséget várnak, nem tudva, hogy bennük van a
megoldás.

A középosztály már bonyolultabb, és itt a legtöbb a csopor-
tosulás.

Csoportokba verődnek, és rendszeren belül igyekeznek kü-
lönféle dolgokat erősíteni, hogy többen legyenek, és az ellen-
zéknek hulljon a férgese.

Bomlott dolog, hogy barátok, családok esnek szét eme egós
gondolkozástól, mert igazságot akarnak szolgáltatni. A legerő-
sebb a politikai választópolgárok körében, hogy összeverődve
hatalmas táborokba igyekeznek bomlott egójukat etetni, és „mi
jók vagyunk, és ti rosszak" elveket hoznak fel, hogy miért job-
bak, és igyekeznek a legtrágárabb üvöltésükkel felhívni a figyel-
met magukra. A középosztály jobban tájékozódik már. Sokszor
van rá példa, hogy egós elméje kitartott egy csoportnál és egy
napon rájön, hogy nem azt mondják vagy teszik, ami megfelel

számára. Csalódottan odébbáll, viszont egója akarja, hogy dráma legyen az életében, ezért ismét keres egy másik csoportot, ahol ugyanazt csinálja, mint a másikban, csak éppen az emberek változtak körülötte. A hatalom nagy úr! Ha valaki kezébe odaadod a hatalmat, akkor megismerheted az embert. Voltál már úgy, hogy ismertél valakit, aki csupa szív-lélek ember volt és feljebb került nálad mind iskola, mind egzisztenciális értelemben, és egy idő után furcsán bámultál rá, hogy ki ez az ember? Ha a ranglétrán feljebb levő emberhez hozzá nem illő értékrenddel élő embertársa közeledett, akkor régebben még halál is várt rá, hiszen a vezető bomlott gondolkozásának nem felel meg akkor már; nem jó ember. Olyan ítélkezések miatt haltak meg több száz millióan, ami egy ember nemtetszéséből fakadt. Akik nem tartoztak ezen „rossz emberek" körébe, azok pedig Istenként néztek vezetőjükre, bálványozták, hogy micsoda dolgot vitt véghez érettük és mekkora segítség számukra a vezetőjük bölcs gondolkodása.

Szembeszállni tilos volt, mert akkor családostól mehettek ők is a másvilágra. Ezért birkanyájként baktattak vezetőjük után, elszürkült elmével. Ma ugyanez történik, csak más a helyszín és az emberek. Egók csatája a Mátrixban. Küzdenek mindenért az egós elmék, nem felismerve elméjükkel, hogy ha jó lesz minden, amiért megküzdöttek, akkor nem nekik lesz jó! De az elismerés, hogy „te is tettél valamit, hogy én, mint vezető növekedhessek", szóbeli dicséret vagy elismerő kézrázás, széles mosoly kíséretében jár. Hát beleteheted a pénztárcádba, talár megduplázódik a pénzed az elismeréstől!

Támogatott a világ olyan vezetőket, akik egós elméjükben lévő hatalmas gyűlöletet éreztek a szemüveges emberek ellen, akiket halállal sújtottak. Azt gondolta, ha kiirtja a szemüveges embereket, akiktől meg akarta védeni a nemzetét, mert azt gondolta, hogy ők a tudásukkal elnyomják népét, és talán túl okosak is, egyenlőség lesz országában. Nagyon bomlott elme volt Pol Pot, a khmerek vezetője, akinek nem számított, hogy anya vagy apa, tanár vagy pap, halálra ítélte őket.

Ezek a tekintélyes személyek. De megvan a szerepük a világban; nagy szerepük van a változó tudat életében. Hatalmas tanítói a világnak.

Ha a háború nem lett volna az emberi elme nem mozdult volna ki abból, ahol volt. Nem fejlődött volna olyan gyorsan az ipar és más dolgok. A világot a kegyetlen háborúk változtatják meg. Nehéz erre a dologra másként tekinteni, de igaz. Minden nagy csata, háború, betegség azért történik, hogy kényszerítse az embereket arra, hogy kezdjenek el másképp gondolkodni, mert már a régi gondolkodás nem vitte előbbre a nemzetet. A háború is egy kontrasztos állapot, csak kollektív kontraszt. Az emberek közösen tapasztalják meg a negatív életet, és közösen fogalmazzák meg vágyukat arra, hogy a világban béke legyen, és fejlődés. Minél több ember kér egyszerre, annál erősebb a teremtés! Nem a háborúra tették a fókuszukat, hanem a békére. Mekkora dolog tudni, hogy kollektív kéréssel, összefogással mekkora energiákat mozgatnak meg az emberek. A háború idejében természetesen pozitív volt a kérés, viszont egy politikai felvonuláson nem a békéért vonulnak fel.

Hatalmas gondot okoz már gyerekkorban, hogy meg akarják mondani a gyereknek, hogy mit csinálhat és mit nem. Hamar ránk teszik a címkét, hogy jó vagy rossz gyerek vagyok. Még a télapótól is félnek a gyerekek, mert ha valaki virgácsot kapott, akkor kinevették a többiek, és elhitték, hogy tényleg rossz volt. Aztán átmegyünk az oktatási rendszer magasabb fokára, az iskolába, ahol brutális oktatási anyaggal szedálják le a gyerekek elméjét. Az egyiknek könnyebb, a másiknak kissé nehezebb.

Sőt, hogy a gyerek jobban értse, hogy ő nem jó tanuló, csoportosítják őket, hogy még jobban megerősítsék magukban, hogy „hülye vagyok".

Aztán számokkal különböztetik meg pillanatnyi tudásukat. Jön a középiskolai besorolás! Te érettségiztél, nagyon jó, de neked csak szakmád van! Telnek az évek, mindenki járja az útját, gondolkodása hol erre, hol arra viszi. Az iskolában viszont nem az életet tanítják. Nem azt az életet, hogy maradhatsz gondolkodásodban pozitív; mit jelent számodra az emberi jóság... nem tanították meg, hogy bármit csinálsz, bármekkora az iskolai végzettséged, embertársaidhoz mindig szeretettel és ne lenéző viselkedéssel fordulj. Nem tanították meg, hogy egyek vagyunk, és egyikünk sem különbözik a másiktól; nem tanították meg, hogy a szegénynek ne alamizsnát, hanem bátorító, szerető, inspiráló szavakat adj. Nem tanították meg, hogy a rendszer nem korlátozhatja csodás elmédet; nem adták a kezedbe a megértést, hogy a világ úgy áll össze, amilyen gondolatokkal felruházzuk. Nem tanították meg, hogy bármit tehetsz, bármi lehetsz, és identitásodat nem a világ határozza meg. Nem tanították meg, hogy a félelem félelmet szül, a háború háborút, és a szeretet, ó, a szeretet békét, és a béke belőled indul, akkor is, ha a rendszer nem azt kínálja, amit elfogadnál. Ne fogadd el, de ne is harcolj ellene, hiszen akkor az egóddal tartod életben azt, ami ellen éppen küzdesz. Engedd működését, de ne figyelj rá, mit harsog. Te fordulj magad felé és keresd a békédet. Találd meg magadban és a világ eléd tárul, az a világ, amit magadban megtaláltál: a békés, harmonikus, szeretetre méltó világ. Ez jelenti a Mátrixból való kiutat.

Amit nem tanítottak meg nekünk, amit elfedett elménkben a fátyol, az emlékezésre hullatott sötét fátyol, hogy vannak Tekintélyek, akiktől félni kell. És akiktől félünk, azok elméje befolyásolja életünket. A tekintélyek szerepet játszanak: az a szerepük a rendszerben, hogy megtanítsanak valamire. Nem félni kell tőlük, hanem mélyen magunkba nézni, hogy mire akar rámutatni az életünkben, amivel még foglalkoznunk kéne, mert nem lett feloldva, felülírva. Semmi komoly nem történik a játszótéren, csak mi tesszük azzá a gondolatainkkal.

A rendszer egy óriási illúzió, de nem az egós elmék számára. Ha te szeretnél máshogy szemlélni dolgokat, íme, kezdő lépéseidhez olyan megerősítések, amelyek kitisztítják elméd azon részét, ahol megbújva várta az egó, hogy felébredhessen és reagálhasson a drámai eseményekre, amelyekkel tele van ez a hatalmas játszótér!

– Világomban minden rendben van.
– Minden értem történik.
– Szabad vagyok.
– Látásom szeretetből fakad.
– Rendelkezem az ősi tudással.
– Erős a magamba vetett hitem.
– Egyetlen célom van, a boldogság.

EGÓ A GYEREKNEVELÉSBEN

Az egónak egy célja van: elkülönülni, különlegessé válni. Az egó hajtóereje a félelem. Félelem, ami emberek tömegének szinte megfogalmazhatatlan, hiszen sokszor nem is tudják, mitől félnek. Egy válasz van minden félelemre: a haláltól való félelem, amiben benne foglaltatik az Istentől való félelem, szeretettől való félelem. Mindig félünk valamitől. A gyermeknevelésben a legfontosabb, hogy önzetlen szeretettel neveljük gyermekeinket, ne feltételekhez kössük szeretetünket. Egós elmék világában élünk, és egós gyerekeket nevelünk. Sajnos így van. De már van remény, és úgy látom, elindult valami, megmozdultak az elmék a pozitív irányba, kezdik felismerni az emberek, hogy valami nem stimmel ezzel a világgal, és kezdenek szemléletet váltani, s már nem félelemmel, hanem a szeretettel kezdi nevelni az új generációt.

Mielőtt nekiálltam volna ennek a fejezetnek, elvittem gyermekeimet Európa egyik legnagyobb béke sztupájához, ahol óriási élményben volt részünk és hatalmas energiákkal töltődtünk fel. Békés és boldog hely. Kinyíltunk a hazafelé úton, és a régi sötét, egós énünket elemeztük. Megdöbbenve hallgattam gyermekeim beszámolóját, hogy milyen is voltam a múltban. Félelemmel, aggódással teli, és önző módon tőlük vártam el, hogy harmóniában legyek. A következőket mesélték:

– Anya, elhallgattam előled, amikor véletlenül becsúszott egy rossz jegy, mert féltem elmondani.

– Anya, amikor felhívtalak, hogy hármas lett a matekom, letetted a telefont, mert azt mondtad, nagyon ideges lettél.

– Anya, megtiltottad, hogy táncra menjek, mert nem jól sikerült a dolgozatom, és két hétig nem táncoltam.

Erre csak azt tudtam mondani:

– Sajnálom, drágáim! Bocsássatok meg az akkori tudatlanságomért!

Olyan hatalmas volt az egó, hogy a gyereknevelésemből sem maradt ki. Annyi félelem volt bennem, hogy a gyermekeimet gyötörtem és valós félelemben tartottam őket. Elkezdtek küzdeni a szeretetemért, éspedig úgy, hogy erős megfelelési kényszerbe taszítottam őket. Egóm azt akarta, hogy többre vigyék, mint én. Egóm azt akarta, hogy különlegesek legyenek és dolgozzanak azon, hogy kitűnjenek. Egóm azt akarta, ne keljen szégyenkeznem, hogy gyermekeimnél néha vannak gyenge napok a tanulás terén. Egóm azt akarta, hogy elvárásaimnak megfelelően éljenek, hiszen én tudtam, mi jó, és mi lesz jó nekik. Egóm azt akarta, hogy hibák nélkül éljenek napi huszonnégy órában. Egóm azt akarta bebizonyítani, hogy milyen jó szülő vagyok.

Totál bomlottan gondolkoztam, de kellett, mint tapasztalat ahhoz, hogy most tudatos szülő lehessek. Kontrasztos állapot. Már tudom, milyen akarok lenni, és tudom azt is, hogy olyan már nem!

Nem a szégyen, hanem az öröm lángja él bennem, mert hajlandó voltam feladni azt a gondolkodást és megtalálni azt az egyensúlyt magamban, ahol már önzetlen szeretettel és békével tekintek és érzek azokra a csodás lelkekre, akik megtiszteltek azzal, hogy engem választottak édesanyjukként. Megtanítottak valamire, ami feladatuk volt. Ezt a feladatot remekül teljesítették.

A szülőket elítélni nem lehet, ahogy már írtam az előző fejezetekben, és ne is tegyétek meg, hiszen őket is megtanították az egós neveltetésük során az egós nevelésre.

A szülők azt hiszik – legfőképp az édesanyák –, hogy mivel ők szülték, ezért birtokolják, rendelkeznek felette, irányíthatják, korlátokat szabhatnak neki, elvárásokat fektethetnek le annak érdekében, hogy kaphat a szeretetükből, ha megfelel számukra a gyerek viselkedése.

Nem feladatom megmondani, te milyen szülő vagy, de ha rossz érzések támadtak fel benned, és ellenérzésed van a leírtaktól, akkor megesik, hogy egy-két dologban változnod kell. Szabad akaratod szerint cselekedj.

A gyermekünk mellettünk akarja jól érezni magát, mellettünk érzi magát biztonságban, és keresi a szeretetet.

Amikor elhozod gyermekedet a bölcsiből, óvodából, iskolából, hirtelen elkezd hisztizni, ami az intézményben nem történik meg soha, csak mindig akkor, mikor melletted van. Miért történik ez? Azért, mert melletted érzi, hogy biztonságban van, melletted lehet gyerek, és anyának nem kell megfelelni, mert a gyerek nem ismer mást, csak az önzetlen szeretetet, és tudja, hogy anya és apa segít neki abban, hogy a napi feszültséget, amit el kell viselni az intézményben – megfelelni a nevelőknek – mellettük levezetheti. De ez sajnos több esetben nem így van. Mint említettem, szeretetemet én is feltételekhez kötöttem, és elvárásom a napi fárasztó munka után az volt:
– Csendben legyél!
– Ne ugrálj!
– Ne vinnyogj! Bla-bla...
Lekorlátozzuk a gyerekekben a felgyülemlett negatív energia kiáramlását még otthon is. Ennek meglesz a súlyos mentális és fizikai eredménye. A gyermek az életét ugyanúgy a birtokának tekinti, hisz' megtanítottuk velük az „enyém, én életem" szavakat. Az életet nem az ember éli, az nem egy rajtunk kívül álló dolog. Az élet rajtunk keresztül történik. Viszont nem tud a gyereken keresztül megnyilvánulni, mert mi, szülők korlátokat és feltételeket szabunk számukra. A gyermek egyetlen dolgot akar: szeretni! Mivel azon energiái, amelyek szeretetből fakadnak, blokkolva maradnak a szülő, nevelő által, és a sok energia, amit nem tud kiadni épp azért, mert ha kiadja magából, a szülőnek nem felel meg, sőt ezáltal még messzebb kerülne a szülői szeretettől, óriási energiafelhalmozódás lesz a testében, ami diszkfunkciókat okoz, vagyis betegséget, illetve komoly mentális zavarok alakulnak ki, amit felnőtt korában is cipel magával.

Ezen gyerekeknek, akik állandóan vágynak szüleik szeretetére, gyakran van mandulagyulladásuk. A szeretet hiánya a mandulán nyilvánul meg. Az anya szeretetének nélkülözése májproblémákat okoz. A máj az éhezés, nélkülözés szerve. Éhezem anyám szeretetére. Találkoztam olyan esettel, akinél az anya szeretetének, figyelmének hiánya kicsi korban kezdődött. Állandó mandulagyulladása volt, és kivették a manduláját, és újra visszanőtt, jelezve, hogy pótolni szeretné az anya szeretetét. A későbbi években megkapta, amire vágyott, azóta megszűntek a gyulladások.

A következő nevelési forma, amikor – igaz, tudattalanul – tekintélynek tüntetjük fel magunkat a gyerek szemében és eljátsszuk, hogy „te kicsi vagy, én pedig nagy". Ez meghatározó a gyermek indentitásának a kialakulásában. Sajnálatos, hogy nem csak mi, szülők alakítjuk ki a gyermekben ezt a zavart, hanem a nevelők is. Tisztelet a kivételnek, mert elmondhatom, hogy vannak olyan pedagógusok, akik már felébredtek a szeretet világára. Kezdeném ott, hogy nem fizikai, hanem szellemi lények vagyunk. Lehet, elhiszed, lehet, nem. Te döntöd el, miben hiszel. A gyermekben, mikor megszületik, benne van az ősi tudás. Egy ajándék mindenki számára. Tiszta és sérthetetlen. Ahogy elkezdünk nőni, hatéves korunkra már annyi hiedelmet szedtünk öszsze, hogy lassan ez a tudás száz százalékban egós gondolatokká alakul. Ezek a felnőttek! Tele hiedelmekkel, szerepekkel, viszont az egyetemes Isteni tudás feledésbe merül. A gyermek születése pillanatában több mint egy felnőtt, még ha teste apró is.

Bölcsebb, mint akármelyik felnőtt, aki jó pár tíz évet megélt – vagyis túlélt. És mégis kevesebbnek nézzük ezt az apró emberi lényt, mert a testi szemeinkkel látjuk. Elméje színtiszta tudat. Ha ezt tudnák a felnőttek, nem egy irányítható emberként kezdenék el nevelni, hanem segítenének neki megőrizni azt az értékes tudást, amivel hozzánk érkezett. De mivel csak a testét látjuk és az elméjét üresnek, amit úgy gondoljuk, nekünk kell majd telepakolni olyan dolgokkal, amivel majd túlél, azon tanítással, amit mi tanultunk, elkezdjük programozni. De csak olyan programokat tudunk adni, ami bennünk van. Ha egós tanításokkal éled az életed, azt adod neki, vagyis telerakod negatív eszmékkel, elvekkel, hiedelmekkel. Ha tudatosan kezdtél el gondolkozni már várandósság előtt, és érted, hogy a gyermeked tiszta tudat, nem fogsz átprogramozni semmit benne, engeded megnyilvánulni gyermekedet a világban. Hamar megérti a gyermek, hogy ő kisebb, mint a felnőttek, és ha valakinek sokszor említik azt, hogy „te még kicsi vagy, ezt nem értheted", márpedig a gyerek sokat kérdez, akkor elméje a sokszor említett mondat után elhiszi és programként elkezd működni, ami azt jelenti, hogy megáll a növekedésben, hiszen elhitte, hogy kicsi. Ezen szülők, akik ezt a mondatot használják, igyekezzenek más, kielégítő választ találni gyermekük kérdésére. Illetve a legjobb válasz az igazság a kérdezett dologról. Ez a „kicsi vagyok" olyannyira beépülhet a gyermek elméjébe, hogy felnőtt korában is ezen hiedelem alapján éli az életét, és bármibe is szeretne belevágni, előugrik az egója, ami figyelmezteti, hogy „Ne felejtsd, te kicsi vagy még ehhez".

Szomorú történetek vannak az életben, de ezeket mindmind fel lehet tárni.

Még egy egyszerű javaslat ahhoz, hogy ne tekintélyként nézzen ránk a gyermek. Mikor beszélgetünk vele, ne fentről nézzünk rá lefele, hanem guggoljunk le hozzá. Akkor érzi, hogy egyek vagytok, nem különbözőek. Ha csalafintaságot csinál a gyerek, javaslom, tedd ezt:

– Guggolj le hozzá, nézz a szemébe, úgy mondd el neki, hogy mi a véleményed arról a dologról.

– Ne ítéld el cselekedetét, de megkérdezheted miért tette.

– Ne illesd destruktív kritikával, hogy rossz, neveletlen stb., mert identitásához hozzáteszi elméje, és elhiszi magáról.

– Mondd neki, hogy ezek után is szereted, s öleld meg a legnagyobb békével.

A destruktív kritika gyakori már nem csak szülőktől, hanem a pedagógusoktól is. Nincs jó és rossz gyerek, csak harmóniájából kibillent gyerek van. Meg kell figyelnünk, mi az, ami kibillentette, ahelyett, hogy bomlott, egós tekintélyszemély szereppel elítélnénk a gyerek viselkedését. De mitől billen ki egy kisgyermek, amikor élete története a játékok körül zajlik, és a mese világában él?

Az első hét évben – de akár tízéves korig – olyannyira érzékeny a gyerek a szülő konfliktusaira, hogy mint láthatatlan köldökzsinóron, átveszi mindazokat a negatív érzelmeket, amiket a szülő átél. Leggyakrabban az anya konfliktusait veszi át, hiszen a legtöbb családban az anya van a gyermekkel a legtöbbet.

De ráhangolódhat személyekre, akikkel a nap folyamán többet vannak. Nagyszülő, dadus, tanár stb. Képzeld el, a gyermeked, amióta megszületett, csak játszik és játszik, nem politizál, nem aggódik a pénz miatt, nem aggódik a holnap miatt, egyszerűen csak boldog a játékaival. Akkor hogyan lehet, hogy súlyosabb elváltozásokon mennek át a gyerekek akár már két-három évesen? A válasz: akire a gyermek ráhangolódott, olyan huzamosabb ideig volt benne egy konfliktusban, hogy olyan negatív rezgéseket bocsájtott ki, hogy a gyerek átvette, és tükröt mutat az illetőnek egy elváltozással, hogy „hahó, valamit meg kéne oldani". A szülő nem ér rá saját életét rendbe rakni, és a gyermek képes elváltozást létrehozni teste templomában azért, hogy figyelmeztesse szeretett családtagját, vagy akire nagyon ráhangolódott, hogy konfliktusa nincs lezárva. Ekkor már nem lesz konfliktus a konfliktus, hiszen gyermeke egészsége előbbre való, mint bármi, amit a szülő olyan nagy dolognak vélt. Ilyenkor nem a gyermeket kell gyógyítani különböző vegyi anyagokkal – természetesen ha nagyobb gyulladás vagy fájdalom jelentkezik, nem szabad elvetni, hiszen mindennek megvan a maga helye –, hanem a szülőnek kell tudatosítani, hogy benne volt egy megoldatlan dologban, és megoldást kell találnia rá.

Ahogy ez megtörtént, abban a pillanatban a gyermeknél elindul a változás a gyógyulási szakaszban, és teljesítette dicső küldetését. Viszont ne szidd magad, ne ítéld magad, ne ostorozd magad. Légy hálás, becsüld nagyra azt a tudást, ami gyermekedben van, és örülj, micsoda tanítást kaptál tőle, hogy felébresztett mély álmodból. Ők tanítók! A legnagyobb és a legtöbbre becsült tanítók.

Ne akarjunk felülemelkedni rajtuk. Egyenlőek velünk, sőt tudatuk tisztasága gyógyító és ébresztő hatású. Hallgasd őket, figyeld őket! Beszélgess velük sokat, mert rengeteget tanulhatsz tőlük. A tudás nem a mérettől függ, sem attól, hogy milyen iskolát végeztél. Attól függ, mennyire értékelsz másokat. A következő generáció életét mi határozzuk meg azzal, hogy milyen tudati mintával tanítjuk őket. Itt és most elkezdhetjük átformálni a generációs mintáinkat, ami kihat a többi generációra is. Minden belőlünk indul, mindent mi vezérlünk, a mi gondolataink határozzák meg a holnapot. Békét akarsz? Teremtsd meg magadban! Minden gyereket, aki ezen a bolygón él, fogadjatok hatalmas nagyrabecsüléssel, hogy feladatot vállaltak a világ ébredésében.

Nagyon szeretlek benneteket! Ölelek mindenkit: Triniti.

ALÁZAT KONTRA ALÁZAT

Az alázat szintén egy gondolat, viszont nem mindegy, hogy tudatos, vagy tudattalan egós elmével tekintünk erre a gondolatra. Az alázat azon folyamatban jelenik meg, amikor célunkhoz vezető utunkon haladunk, és ha rossz címlét rakunk rá, ezzel megkeserítjük az életünket. Az alázat és alázat között olyan mélységek és magasságok vannak, mint bármelyik gondolati forma mögött. Döntéseket hozunk napi huszonnégy órában. Hol kisebb, hol nagyobb választások elé vagyunk állítva, és sokszor nem is figyelünk rá, de döntünk. Viszont vannak az életünkben olyan döntések, amik során hatalmas fordulatot vesz az életünk, de itt fontos megemlítenem, hogy gyakran tudattalanul döntünk, és akkor nehézségek léphetnek fel, ha egós elmével tekintünk rájuk. Nézzünk olyan példákat, ahol az alázat, mint gondolat, játszhat negatív illetve pozitív szerepet döntésünk során.

Kezdeném a példát az én döntésemmel, amit végig tudok vezetni nektek, ezzel segítve, hogy az alázat nem rossz, sőt előbbre visz az utadon. Amikor kezdtem érezni, hogy valami nincs rendben körülöttem, mély belső gondolatok törtek fel, hogy döntést kell hoznom. Tudtam, hogy meg kell hoznom, mert rettentően szenvedtem a mókuskerékben, szinte fojtogató érzés volt nap mint nap felkelnem és elindulnom, ugyanazt csinálnom egész nap. Nem volt semmi inspirációm, nem élveztem azt, amit csináltam, közben egyre több és több tünet jelent meg testemben és kezdtem nagyon kimerülni. Vagy változtatok, vagy kinyírom magam. Ezek a gondolatok jártak a fejemben naponta. Éjjel szintén álmatlanul aludtam; féltem mindig, hogy elalszom, és nem tudok felkelni hajnali fél ötkor a fáradságtól. Nagyon beleforgattam magam, és így utólag visszatekintve, bomlott gondolatok miatt tettem ezt magammal. Csak a munka, rohanás, megfelelési kényszer hajtott. Ego, ego, ego! Jól tudom, hogy világszerte nem voltam egyedül ezzel az életstílussal, de rajtam állt a döntés, milyen irányt veszek, vagy csak beleragadok. Megtettem! Döntöttem! A döntésem szó szerint így hangzott: mindazt, ami nem erősíti, hanem gyengíti énemet – érzelem, munka, talán emberek –, ebben a pillanatban elengedem, bármi is történik ezután. Olyan könnyű lettem, miután ezt kijelentettem, mintha valamit levettek volna a vállamról. Nagyon felemelő érzés volt tudatos döntést hoznom, saját életemről.

Nem tudom, mi a feladatom; nem tudom, mi fog történni, viszont azt éreztem, útjában áll az a fárasztó, monoton élet, amit éltem. Nem tudtam, mikor fog bekövetkezni. Azóta megtanultam, hogy létezik az Univerzumban egy nagy erő, amit isteni időzítésnek hívnak, és a számodra legmegfelelőbb időben érkezik az, ami mellett döntöttél. És itt jött az alázat! Tudtam belül, hogy míg nem történnek meg életemben a változások, addig abban a helyzetben, amiben addig voltam és dolgoztam, alázattal kell folytatnom, és rendíthetetlenül hittem benne, hogy oda vezet, ahol lennem kell. A döntéseimnek olyan ereje volt, hogy fizikai testemen is jelentkeztek elváltozások. A felső első fogaim elkezdtek eltávolodni egymástól, ami apa és anya fog. Kezdtem gyanakodni arra, hogy vannak olyan programok a szüleimtől, amit én fogok lezárni és beteljesíteni. Kutattam a múltamban egy kicsit, hogy a fogaimnak mi köze lehet a döntéseimhez, és rájöttem: anyám programját én teljesítem be. Anyámat többször biztattuk, hogy váljon el apánktól, mert nem a legfényesebb volt a házasságuk. De apám meghalt, ezzel a kapcsolat nem záródott le, csak fel lett függesztve, amit anyám lezárásnak minősített. De nem volt kibeszélve, ezért még fennállt a program, hogy le kell zárni a kapcsolatot. Mivel anyámhoz én álltam közelebb, ezért nekem jutott a feladat beteljesítése, és elkezdtek eltávolodni fogaim, ami jelezte, hogy eltávolodás kezdődött köztem és a férjem között. Most már érezhetitek, miután döntéseim során erre is kiterjedt, hogy ha nem szolgál, és nem emeli utamat, akkor elválunk egymástól.

Döntésem után amit csinálnom kellett addig, míg nem jön az isteni időzítés pillanata, nem tudtam megítélni a helyzetet, türelemmel, hatalmas izgatottsággal vártam, miközben célom-

175

hoz vezető utam tapasztalatait elfogadtam, és megértettem, hogy most még ezt kell tennem. Könnyebbé vált minden. Igazán nem tudtam, hogy mit kell elengednem, mi fog kiszakadni az életemből és mi marad, de egyre jobban formálódott bennem, ki vagyok és mit akarok. Talán öt hónap telt el döntésem és azon pillanat között, amikor is megtörtént az elengedés az életemben, de az alázat nem gyengült azidő alatt. Egy nyári napon, az egyik negyvenen túli születésnapom után három nappal találtam magam szembe a szinkronicitással, miszerint egyszerre történnek párhuzamosan meg a dolgok, amik véletlenszerűnek tűnnek. De nem volt véletlen, mert olyan, mint tudjuk, nem létezik, csak vonzás van. A döntésem alapgondolata, hogy menjen minden, szeretettel elengedem, ami fejlődésemet akadályozza. Olyan erős volt a kérés, hogy egy napon, sőt két óra leforgása alatt el kellett engednem a jól fizető ausztriai állásomat és a húsz évnyi házasságomat. Hiába a tudat, hogy be fog következni, mégis megrázó volt a szinkronicitás. Újabb életbe cseppentem bele. Mire megtörtént az elengedés, meggyászoltam a kapcsolatot és a munkámat (mert kell egy gyászidőszak minden elengedés után), kiforrt bennem, hogy mi a feladatom. A feladat, amit vállaltam, a legörömtelibb számomra. Nagyon boldog vagyok. De a feladatomat nem elég csak úgy beteljesítenem, fejlődnöm kell, tágulnom. Meg kell ismernem a még téves gondolataimat és felülírni őket, tisztulnom kell, és ehhez idő, minőségi idő szükségeltetik. Az időt kértem és megkaptam. De akkor miből lesz pénzem? Gyerekek, háztartás. Az élet pénzbe kerül. Elvált nő lettem, és újabb döntést előtt álltam, ami sokkal mélyebb alázatot kívánt. A döntésem a következő volt: Az időt a fejlődésre megkaptam, és nem véletlenül. Kitartok feladatom mellett, és bízok a fentiek segítségében. Az alázat áldásos volt ezután is. Mivel mondhatom, hogy minimálisra redukálódott a bevételem, elengedtem az addig bennem élő egós gondolatot, hogy veszteség ért, és az alázat segített egy olyan pozitív címkét rátenni jelenlegi élethelyzetemre, ami elfeledtette velem, hogy valaha is számított a pénz a boldogság megtalálásában. Az alázat nagy tanítóm volt. Az alázat vitt előbbre, mert tudtam, hogy csak átmeneti ez az időszak, és elengedhetetlen számomra a minőségi idő a fejlődésemhez. Ha engedtem volna az egónak, akkor rohantam volna bele egy másik mókuskerékbe. Sokszor megmutatkozott a lehetőség előttem, de már nemet mondtam rá. Véget vetettem a hajnaltól estig tartó őrületnek. Fejlődésem alatt elkezdtem tanfolyamokat szervezni azokból az anyagokból, amiket addigra már megtanultam és magamon tapasztaltam. Nem jött be! Aztán irodát béreltem személyes konzultációra, workshopokra. Nem jött be! Alázattal tettem, amit tennem kellett. Tudtam, hogy ami nem ment, az nem tartozik feladatomhoz. Már nem volt miből fizetnem az irodát, elengedtem, és lakásom hátsó részében alakítottam ki egy picike helyiséget, ahol szeretettel vártam azokat az embereket, akik megtiszteltek bizalmukkal, és személyes konzultáció keretében feltártuk azokat a konfliktusaikat, amik megbetegítették a testüket. A pénzem elfogyott, konzultációkra talán kéthavonta jelentkeztek. Nem küzdöttem, elfogadás volt bennem. Pályázatokat írtam munkahelyekre, de sehonnét nem kaptam igenlő választ. Azt hittem, hogy vissza kell mennem a Mátrixba, de az sem! Hónapokig csak jöttem-mentem a házban és azon gondolkoztam, mit kéne csinálni, mi történik, van-e még valami, csak nem veszem észre. Naphosszat csak a Csodák tanítását olvastam, elemeztem, mindennap alázattal csináltam a leckéket, alkalmi munkákból éltem, és nem vettem észre, hogy már azt csinálom, ami a feladatom. A tanítással elkezdtem emlékezni az isteni tudásra, amivel segítő feladatomat naponta gyakoroltam és átadtam azoknak az embereknek, akikkel kapcsolatban álltam, megkerestek telefonon, és segítettem, hogy visszataláljanak harmonikus énjükhöz. Akkor eszméltem fel, hogy bár alázattal, türelemmel, a rengeteg elmével kapcsolatos elemezgetésem során már a feladatomat végeztem, hiszen olyan boldog voltam, ha egy léleknek segíthettem, hogy szinte szárnyaltam. Ekkor tudtam, hogy megérkeztem. Az emlékezéshez nagy alázattal éltem életemet, nem rettentem meg semmitől, olyan nyugalom honolt bennem, hogy lenyűgöző pillanatokban volt részem, amikor a valós énemmel találkozhattam meditációim során, illetve amikor emberek kapcsolatba léptek velem, hogy segítségükre legyek. Senkit sem kerestem, hogy segítenék, de megtaláltak a rezgéseim által.

Ha tudod, hogy az élethelyzet, amiben vagy, szükségeltetik a célod elérésében, akkor pozitívan értékeled az alázatot. De nézzük a negatív oldalát az alázatnak. Az előző fejezetekben már megemlítettem, de bővebben beszéljünk róla. Az alázkodós alázat gyötrelmes, kimerítő az élet bármely területén. Amikor azt hallom az emberektől, hogy „Én pedig alázattal csinálok mindent meg, amit elvárnak tőlem, mégsem kapok tiszteletet, megbecsülést" –, akkor gondolatai nem alázatról, inkább megalázkodásról szólnak, ami az alázat ellentéte. Aki tiszteletet, megbecsülést kíván munkája elvégzése után, kell neki a megerősítés, hogy jól csinálja, kell a visszajelzés, mert csak akkor érzi jól magát. Valakinek akarja magát érezni, és azért küzd és megalázkodik mindenki előtt, csak kapjon egy jó szót. Ha nem kapja meg, akkor megalázva érzi magát. Egy életen át olyan alázattal dolgozik, hogy bármit is csinál, sosem értékelik, vagy értékelik, csak nem neki megfelelően. De miért van így? Mert az alázatot negatív címkével jelölte az elméjében, és egójának egy célja van: addig küzd, míg emelvényt nem állítanak neki. Maximum sírkő-emelvényt. Aki megalázva érzi magát, annak csak egy célja lesz mindig is az életben: „Valaki ismerjen már el!"

Ezért a nyavalyás mondatért küzd egész életében. Közben pedig a benne lakozó valódi feladatára nem figyel.

Alázat pozitív értékelése: A célhoz vezető úthoz szükséges, tanító, felkészítő gondolat, érzelem.

Alázat negatív értékelése: Az egó célját teljesítő, emberi mivoltukat megalázó gondolat.

Az alázat is egy döntés, de mindenki szabad akaratából döntheti el, hogy élethelyzete megalázó, vagy alázattal végigmegy az úton és kitart döntése mellett.

A dicséretre várás emberieskedés, hiszen az identitásukat határozza meg, hogy ki vagyok ebben a világban. A dicséretet nem várva, csak tenni azt, amit tenned kell, és a pillanat megkíván, akkor megkaphatod a szívből jövő dicséretet és küzdeni sem kellett érte. Hiszen célunk nem a dicséret, hanem a feladatunk, amit vállaltunk, mikor leszülettünk, az pedig nem más, mint hogy add tovább a szeretetet.

KERET VAGY KÉP

Ha engem kérdeztek, akkor a képet választom. „Már" a képet választom. Miért mondom, hogy a képet, és miért, hogy „már"? A válasz egyszerű! Döntés kérdése volt. A mai világ annyi mindent kínál számodra, hogy csak kapkodod a fejed. Ez kell, az kell. Ez jól áll, ez jól mutat, ez nagy, ez még nagyobb, ezzel kitűnhetek, felnéznek rám, különleges leszek, rajongani fognak értem, elismernek, hogy „ez igen!" Valóban? Társadalmunk fogyasztó társadalom, de tudattalan elmével halmozza azokat a dolgokat, amelyekkel identitását növelheti. Ez a keret! A keret legyen szép, csupa báj! Tűnjön ki a tömegből. Különlegessé akarjuk tenni magunkat. De a keret drága dolog tud lenni. Az életedbe is kerülhet. De kinek milyen döntése volt, hogy mit mikor akar megtapasztalni.

Felkínálnak neked mindent, persze nem ingyen, és addig dolgozol érte, míg bele nem szakadsz. De akkor is kell, mert senkinek érzed magam, viszont ha megszerzed, amit akarsz, akkor leszel valaki. Hamar megszerezhetsz bármit, és erre kitűnő hitelajánlatok vannak. De még mennyi! Megelőlegezik számodra identitásodat, és már meg is vásároltad kettő az egyben: Identitás + keret.

De mi történik, ha már minden megvan, megmutattad a neten, az utcán, és eljött az idő, hogy hazamenj és magaddal legyél az üres házban? A fotó káoszt ábrázol, üres, foltos képet, amit körbevesz egy csillogó keret. Láttatok már hasonló gondolatokat a világhálón, hogy szemből az alma mosolygós, fényes, egészséges, belül pedig kukacokkal teli, rothadó gyümölcs, amit hátulról mutat a tükör, senki sem lát, hogy rothadó állapotban van. A keret szép, de a kép rohad! Nem kéri senki, hogy Buddhaként élj, és add el mindened, nem kéri senki, hogy ne vágyjál nagy dolgokra, de a keret elkophat hamar, kivéve, ha a képből sugárzik a boldogság és a szeretet.

Úgy tehetjük széppé és tartóssá a keretet, ha a kép, ami lelkünket jelképezi, harmóniában van. Vannak színésznők, akik pályájuk során ragyogtak, szexszimbólumok voltak, szárnyaltak, szépségükért imádták őket a férfiak, de az idő elhalványította szépségüket, és üresnek, kiégettnek érezték magukat. Boldogtalanná, céltalanná váltak, hiszen a keret elkopott és csak a kép maradt.

Ha szépségének lángoló időszakában elkezdte volna a belső énjének képét szeretni, akkor az arca elhalványulása ellenére is boldog maradhatott volna. Értékét, identitását a külső, fizikai énje határozta meg. De a test szépsége nem örök, a lélek szépsége viszont igen. A lélek szépsége, ha felismered és ápolod, akkor kiül az arcodra, szemedbe.

A vágyaidat úgy határozd meg, hogy felfeded őszintén magad előtt, miért is vágysz rá!

Kisebbségi komplexusban szenvedő embereket látsz, bárhová is mész, hiszen ha belül kicsi vagyok, akkor kívül kell keresnem valamit, amivel nagynak tűnhetek. Mellek, izmok, ajkak, kocsik stb. Önértékelési zavar abban az esetben, ha felfedjük az okát annak, hogy ő a nagy valamivel egyensúlyozza a „kicsi ént". Ítéletet hozni felettük badarság lenne, mivel már tudjuk, hogy téves gondolataik áldozatává váltak.

Addig, míg a belső értékekkel nem kezdenek el foglalkozni, felszínre hozni azokat a konfliktusokat, amik miatt „kicsi énnek" érzik magukat, addig a keret, a külsőség marad számukra a fontos. Vannak emberek, akik csak azzal tűnnek ki a tömegből, hogy ragyognak, mert belső békéjük, harmóniájuk kisugárzik az arcukra. Fantasztikus ilyen embereket látni. Mosolyog akkor is, ha nem éppen úgy állnak a dolgok, ahogy ma reggel elképzelte, de a képet nem engedi elhomályosítani egy külső körülmény. A nem ragaszkodás a szépséghez, a vagyonhoz, a birtokhoz azt jelenti, hogy békében vagy a világgal, önmagaddal, mert tudod, hogy ezek a dolgok múlandók. Krisztus is megemlíti tanításában: „Boldogok a lelki szegények."

A nem azonosulás a szépséggel, a pénzzel, a házzal, kocsival boldoggá tesz. Nem félni attól, hogy elveszíthetjük, boldoggá tesz! Gyönyörű képek!

A keret az élet másodlagos dolga, a kép a lényeg! Az legyen bárki számára lenyűgöző, ha találkozol vele. A szépség belülről

181

fakad, kifelé mutatkozik meg. Párkapcsolati választások során, tisztelet a kivételnek, a keretet nézik, a külsőt, nem a belső szépséget, de sok esetben az alma...

Persze legyen elképzelésed a jövőbelidről, de ismerd meg, mielőtt beleharapsz!

VÁLTOZNI AKAROK, DE NEM TUDOK

Érdekes téma volt saját utamon, hiszen többször akartam változtatni dolgokon, nem sikerült. Nem értettem, miért térek mindig ugyanoda vissza, ahonnét elindultam. Talán nem akartam eléggé? Nagyon akartam, de a gondolat nem volt elég, hogy „változni akarok". Miért nem elég? Mert ez egy új gondolat a régi mellett, és a régi gondolat az alapgondolat, ami sokkal erősebb. Az alapgondolat határoz meg mindent a döntéseid során. Ismét saját tapasztalatomat írom le nektek, bízva, hogy lefordítjátok a saját gondolataitokra. Már leírtam nektek, hogy döntésem volt elengedni azokat, amik nem szolgálják utamat. Hosszú évekkel ezelőtt is megfogalmazódott bennem ilyen döntés, de nem történt az égvilágon semmi. Aztán mikor az önismeret útjára léptem, rájöttem, miért nem: olyan erős volt a negatív alapgondolatom, hogy hiába az akarás a változásra, nem sikerült. Nézzük meg pár szóban, mik lehetnek az alapgondolatok! Ezek tanult gondolatok, amit a szüleink megtanítottak velünk, amiket láttunk a világban, és gondolatot, érzelmet fűztünk hozzá, akár egyénileg, akár kollektív gondolatként. Amit megtanultál, azt használod is mindaddig, míg le nem cseréled, vagy úgy döntesz, átírod. Elvek, eszmék, hit és hiedelem. Ezek mind akadályokat raknak a változásod útjába. Persze, érzelem is társul hozzá. Félelem, aggódás, kételkedés stb. Ha valamiről van egy meggyőződésed, akkor aszerint cselekszel. Az én alapgondolataim a következők voltak:

– De miből fogok megélni?
– Mi lesz a házzal?
– Mi lesz a gyerekekkel?
– Miből megyek nyaralni?
– Ezt nem csinálhatom!
– Dolgoznom kell, hogy eltartsam a családomat.
– Mit mondanak rólam?
Stb.

Ezen gondolatok tartottak vissza a fejlődéstől. Javaslom, azon élethelyzetben ahol változni vagy változtatni szeretnél, fejlődni akarsz, ülj le és mélyen nézzél magadba, milyen félelmes alapgondolatok vesznek körül. Amit itt felsoroltam, az akkori félelmetes alapgondolataim, amelyeket már pozitív gondolatokkal átírtam, olyan változásban vannak, hogy megkérdezem magamtól: Miért vártál ilyen sokáig? Hisz' ez gyerekjáték! Persze mindennek megvan a maga ideje az isteni időzítés szerint. Eztán betartottam egyik tanítóm, Esther segítő mondatát, ami nagyon erőteljes: Semmi komoly nem történik itt a Földön! Meglásd, tényleg így van. Minden azon múlik, hogy milyen szemmel tekintesz az előtted álló életre. A Csodák Tanításában a 129. leckének eszméje a következő: „E világ mögött ott rejlik az a világ, amelyre vágyom." Az általam látott világban nincs már semmi olyasmi, amire vágynék. Tulajdonképpen az általam látott világ a Mátrix, ahol félelem, aggódás, betegség, megfelelés, halál stb. létezik. Mindig is ott volt mögötte az a világ, amire oly sokan vágynak. És valóban; én már ezekre nem vágyom. Nincs vágyam megtartani belőle semmit. Sem a félelmet, sem a betegséget, semmit. A gyógyulást is az emberek akarják, de az alapgondolatuk a betegségről akadályozza őket a gyógyulásban. Miszerint a rák halálos, kegyetlen betegség, alapgondolattá vált az elmében. Sem nem halálos, sem nem kegyetlen. Ezt két daganatos elváltozásom után merem kijelenteni, hiszen megtapasztaltam. Amikor a betegséget rossznak címkézed és még mindig félsz tőle, akkor alapgondolatod, miszerint a betegség rossz dolog, belevisz olyan cselekedetekbe, amelyeknek nagy valószínűsége, hogy negatív tapasztalatokat élsz át, vagy... Illetve a gyógyulást lelassítja, mert azonosulsz a betegség gondolatával.

Csak akkor félelmes egy dolog, gondolat, ha nem érted hogyan működik. A betegségtől is azért félsz, mert nem érted tested működését.

Nem érted a lélek–agy–szerv összefüggését, és a hiedelmekre alapozod gyógyulásod. Még csak meg sem kell tanulnod igazán ezeket a dolgokat, mert van egy alapprogram, amivel születtél, csak elfelejtetted. Ha gondolatodat arra cseréled, hogy a betegség a lélekből indul és a téves gondolatok által, akkor megfordítod, és a gyógyulás is a lélekből indul egy pozitív gondolattal és döntéssel.

Gnóthi szeauton – Ismerd meg önmagad. Ez a delphoi jósda felirata, s remek mondat. Megismerni önmagadat nem azt jelenti, hogy milyen magas vagy, mi a végzettséged, vagy az egy életen át kockákból összerakott identitás szemlélése, hanem, hogy kicsoda valójában, belül az isteni lényed. Ez a lény ismeri azt a tudást, ami gyógyító. Úgy kezdtem megismerni önmagam, hogy elkezdtem felsorolni, mitől félek, mire reagálok, mi borít ki, mihez ragaszkodom stb. Ezeket összeszedtem és leírtam. Aztán azzal folytattam mit *nem* akarok az életben, utána mit *akarok* a jövőben. Mi nem szolgál, és miben érzem kényelmetlenül magam. Körbeírtam azokat a dolgokat, amik érdekelnek, és amikel foglalkozni akarok. Feltérképeztem a félelmeimet: miből fakadnak, és hogy az én tapasztalataim során rögzültekek be, vagy a szüleimtől hozott minták. És persze a döntések sora.

Lassan kirajzolódott, hogy ki vagyok és mit akarok teljes szívemből. Van velem ezen az úton egy csodálatos ember, akivel együtt kezdtük el utazásunkat a belső világba, és rengeteg közös tapasztalatunk van. Együtt próbáltunk ki egy olyan dolgot, amelynek az alapgondolata mindkettőnknél az volt, hogy „biztonságosabb a földön, mint a levegőben". Túlléptük a negyvenet már, mikor úgy döntöttünk, hogy átírjuk az alapgondolatunkat, és tapasztalati úton fogjuk átélni az új gondolatmenetet. Megvettük a repülőjegyet Toscanába, és elrepültünk. Alapgondolat átírva!

Ani barátnőm, útitársam, teremtőtársam, segítőm nagy löketet ad mindig nekem, és ha ti is elakadtatok utatokon, merjetek segítséget kérni. A változástól való félelem a változás meg nem történése, az ismeretlentől való félelemből fakad. A „Nem merem a döntést meghozni, mert..." Mi történik, ha..."

Semmi olyan nem történik, amibe ne egyeztél volna bele! Ha valami mellett döntöttél, kiválasztottad és megvizsgáltad, van-e mögötte valamilyen téves gondolat, félelem, akkor már csak ki kell tartanod megingathatatlanul a döntésed mellett. Ha kitartasz, elkezd minden félelem eltűnni, és megtörténik minden, amire vágytál. A változás belőled indul, ezt már átbeszéltük. A körülötted lévő dolgokon csakis te tudsz változtatni. De arra figyelj, míg hibáztatsz, vádolsz embereket, addig lehetetlen a belső átalakulás, a változás!

MÁTRIX

A világ, ahol élünk, az élő Mátrix! Olyan erők működtetik, amelyeket emberi elme fel sem fog. Szinte olyan az egész, mintha egy szobából irányítana valaki. Minden ember elméjét! Ugyanazt csinálják, ugyanazt gondolják, ugyanazt cselekszik. Csak a helyszín más, és a körülöttük lévő emberek. De vajon valósak azok az emberek, akikkel kapcsolatban vagy? Csakis annyira, amennyire te felruházod őket gondolataiddal. Ilyen és olyan! A Mátrix irányítása alatt tartja az embereket. Egy rendszer. Eleinte kényszeresen akartam segíteni az embereknek a megértésben, hogy miért szenvednek, miért betegek. Megdöbbenve érzékeltem, hogy nem értik, mit beszélek, amikor elkezdtem az elméről beszélni. Most már tudom, hogy miért nem értették és értik. A feladatomat, az isteni küldetésemet elfogadtam, egyben segítő írásaimban a legfontosabb, hogy elétek tárjam azt a börtönt, amiben elmétek raboskodik. Az élő Mátrixban. Eleinte igyekezetem ellenére sem értettem meg a Mátrix működését, hiszen még voltak bennem olyan negatív érzelmek és félelmek, amik miatt láncra volt verve az elmém, és nem tudott felszabadulni a rabságból. Amikor teljes megértésre találtam, akkor elhatároztam, vagy is eldöntöttem, hogy olyan módon tárom az emberek elé, hogy bárki, aki akár a legapróbb affinitást is érzékeli a változáshoz való belső késztetésnek, az is megértse, hogy hol van éppen és miből akar kiszállni. 1999-ben, mikor a Wachowski testvérpár megírta és vászonra álmodta a Mátrix című filmet, az emberiség alig néhány százaléka értette mélységében a mondanivalót.

Nem értették, mi történik a főszereplővel, kivel harcol és miért, hite miért nem elég, és mi szükség van olyan emberekre akik körülveszik. Az emberi egós elmének egy nagy káosz volt a film. Amikor betűről betűre kitanulmányoztam a Csodák Tanítását és elkezdtem az elmével foglalkozni, jöttem rá, hogy a Mátrix írói egységben vannak Istennel a teremtéssel, és ezek az emberek már a forgatókönyv írása előtt a Rendszeren kívül éltek, a Mátrixon kívül éltek! Egy valós életet. Innét is köszönöm nekik, hogy az emberiség elé tárták az isteni tudást, amit vászonra álmodtak.

Mint említettem, a Mátrix egy rendszer, olyan rendszer, ami börtön elméd számára! Tele korlátokkal, félelemmel. A Mátrix irányít, és ha úgy tetszik, olyan szabályokat hoz, hogy a komfortzónán kívül menni tilos és veszélyes dolog. Ő dönt helyetted, és te jó rabszolga módjára teszed, amit mond. Emberek milliói így élik életüket: dróton rángatva. De hogy ismerheted meg a Mátrixot? Igazán akkor, amikor meghozod a döntést, hogy kész, vége, nem csinálod tovább, nem táncolsz úgy, ahogy fütyülnek! Tele lesz a pohár, eleged lesz mindenből, ami körülvesz, eleged lesz a panaszból, a kritikából, a megfelelésből. A Mátrixot nem ismerheted meg a Mátrix világában! Ki kell lépned ahhoz, hogy rádöbbenj, eddig hol éltél. Kívül van a válasz! Az illúziómentes világban kapsz mindenre választ. Ha ezen sorokat olvasva érted szavaimat, már kezdtél elindulni, és érted a két világ közötti különbséget. Ha nem, akkor még elfogadtad azt a világot amiben élsz! A Mátrixot! Amikor első lépéseimet tettem az új világ felé, akkor mérges, dühös voltam, emberekkel sem akartam találkozni, mert olyan rosszul éreztem magam a látványtól, hogy – elnézést a kifejezésért – hányni tudtam volna attól, amiben éltem, és élnek most is emberek.

Ne vedd túlzásnak, de tényleg gyomorforgató! Olyan világ ez, ami sivár, szürke és boldogtalan. Ez a kegyetlen világ a Mátrix. Bármerre mész – iskola, kórház, bolt –, bármerre, megtalálod! Utolsó pillantásom a múltamra hatalmas sírással zárult. De nem azért, mert vissza akarnék menni, ami egyébként is lehetetlen lenne számomra, hanem könnyeket ejtettem a még bent levőkért. Szabadon tekinteni a rabszolgákra nem egy kellemes érzés, de tudom, hogy addig maradnak bent, míg tanulniuk kell és megtörik a jég az elméjükben, a kint levők felkarolják őket, és szeretettel átsegítik a vágyott, szabad világba. A Mátrix egy olyan program, ami működtet, és amit elfogadsz. Egy rendszer, ami kollektíven a negatív gondolatokból építtetett.

Évezredek óta működik a kollektív tudat. A félelemből táplálkozó emberek, akik elméjük alvó állapotában a túlélés szilánkjaiból rakták össze, valamint amibe ha belenéztek, akkor torz tükörként vetődött vissza rájuk a kép. Darabokban van az élet, amit látnak, és küzdenek, hogy kisimuljon a kép! De nem sikerül egységet alkotni a darabokból, mert rosszul van összerakva. Félnek, nem sikerül az, amit szeretnének, és vagy el sem kezdik a kishitűségük miatt, vagy az első próbálkozás után feladják. Visszaadják a Mátrix vezérlőinek azt az erőt, amit születésük pillanatában ajándékként kaptak. Ezt az erőt átadva a Mátrix rendszerének az erősödött, az újszülöttek Mátrix rabságára nevelése pedig újabb és újabb energiával szolgált a sötétségnek. A Mátrix kontroll alatt tartja az elmét, az alvó elmét, és nem engedi az ébredést. Közben alvó elmeállapotban éled a robotpilóta életedet. De belül mindig van egy hang, ami arra ösztönöz, hogy kelj fel, ébredj! Hallottál már magadban olyan hangokat, hogy *de jó lenne ezt vagy azt csinálni, felrúgni a munkát, felöltözni és kisétálni, vagy olyan jó lenne egy cukrászda vagy bármi, amit szeretnél csinálni.* Ezek az üzenetek a valós éned üzenetei, hogy tedd meg, csináld! De jön a Mátrix beléd vésett gondolata: *Ne csináld! Majd mi tudjuk, mi jó neked.* És abban a pillanatban szertefoszlott a vágy, és visszamész az alvó világba. A Mátrix tudja, hogy ha emlékeznél az isteni tudásra, akkor megsemmisülne. Ezért olyan szorosan tart, amilyen szorosan csak lehet, nehogy beszivárogjon valami, ami ébredésre ösztönző gondolat lehet. Olyannyira azonosultál az élettel, amit élsz, hogy elfogadtad, hogy ilyen. Ilyen volt, és ilyen lesz mindig. Ha látod körülötted a Mátrixot, olyan gondolatokat kezdesz el gondolni. Látod a szomorúságot, félelmet, a lehajtott fejű emberek sokaságát, elfogadod, hogy ilyen az élet, és ha így gondolkozol, vissza is vetíted a világra magadon keresztül. Te is félsz, szorongsz, robotolsz, időhiánnyal küzdesz, fejet hajtasz stb., vagyis nem tudsz kitörni elmédből, hiszen ördögi körben éled életedet. Amit gondolsz a világról, úgy éled életedet. Hiszen ahogy éled az életed, azt tükrözi vissza gondolkodásodat! A kör bezárult, nincs kiút!

Tudattalanul éled az életedet, a programok lettek az irányítók, de mivel nem érted, mi hogyan működik, és zavar esetén egyből a rendszer látszólag barátságos, segítő eszközeit veszed igénybe. Elhitted, hogy Nagy Tekintély majd segít neked, és még meg is veregeti vállad, hogy a döntés helyénvaló ebben a helyzetben. Csak hogy értsd, felsorolnék Mátrixon belüli dolgokat, amelyben olyan mélyen hiszel, hogy valósak és igazak, hogy testi halára ítéled magad. A halál az élet visszautasítása! Különböző élethelyzeteket sorolok fel, visszaemlékezve kicsit mátrixi énemre. Igaz, nem szívesen emlékszem, de segítségként jó alapul szolgál.

MÁTRIX A MUNKAHELYEN

Dicső munkaerő az alvó elme, amelyet irányítani, megfélemlíteni lehet, aki ugrik a parancsszóra. Megcsinál mindent, erejét odaadva a Mártixnak! De a parancs az parancs az egó számára. Az elmében való félelem ösztönzi arra, hogy amit kiosztottak, meg kell csinálni. *Meg kell csinálni! Teljesítenem kell a parancsot!* Lehajtott fejjel, robot-üzemmódban teljesít nap mint nap. De miért?

Az alapgondolat a félelem, ami egyenlő a halállal. A megsemmisüléstől való félelem.

– Ha nem csinálom meg, kirúgnak.
– Ha nem vállalom be a szombatokat, hétfőn már nem lesz munkahelyem.
– Elveszik a mozgóbérem, prémiumom.
– Nem tudok máshová menni dolgozni.
– Nem merek nemet mondani.
– Mégis csak ő a főnök.

Ez mind félelem! Egy gondolat, amit te gondolsz, az egód! A Márixot is mi képzeljük el olyannak, amilyen. A főnököt egy magasabb rendű személynek gondoltuk ki, és úgy is kezdünk viselkedni, ahogy egy magasabb rendű, rangú emberrel szemben megtanítottak minket. A főnök, mint tekintély, egy gondolat csupán. Az gondoljuk, a főnök előtt

– Vigyázzban kell állnunk
– Helyeselni kell
– Fejet hajtani
– Kussban lenni
Stb.
Ismerős?

Ezen gondolatokat is mi találtuk ki, és megteremtettük a munkahelyi Mátrixot az alapján, ahogy mi elgondoltuk. Soha nem dolgoztam gyárban, viszont pénztárosként igen, és nő létemre megéltem olyan helyzeteket, hogy havi ciklusom alatt tehetetlenül kellett tűrnöm, hogy elfogyjon a sor a kasszánál, vagy lehajtott fejjel kellett férfi főnökömmel engedélyeztetni öt percet egészségügyi tisztálkodásra.

Aztán gyárban dolgozó emberektől hallottam, hogy megszabott időben ehetnek, pisilhetnek, esetleg egy slukkal végigszívják cigarettájukat. Ez mi, ha nem modern rabszolgasors? Ellenkezésnek helye nincs! Teljesíteni kell a tervet. Ez valóság az embereknek, és elfogadják egy életen keresztül! Ez nem valóság, hanem egy rohadt illúzió az alvó elme számára. Közben ítélkeznek, panaszkodnak, sztrájkolnak olyan ellen, amit saját maguk tartanak fenn. Hisz' még az sem tiszta, hogy ezekkel a dolgokkal pont arra fektetik az energiát, amitől éppen meg akarnak szabadulni. Elrejtették a titkot előlük. Ha a gyárvezető látja, hogy dolgozói sztrájkolnak, akkor hátradől és pöffeszkedve konstatálja:

– Megint én nyertem, itt az erő, az összes dolgozóm ereje!

A Mátrix ellen nem küzdelmet kell folytatni, hiszen ez a fenntartását segíti elő.

A Mátrixban az emberek egyszerűen a negatív döntéseik miatt maradnak elméjük rabjai. Olyan erős alapgondolatokat véstek elméjükbe, hogy nem is gondolják, miszerint vannak olyan lehetőségek, eszközök, amik gyengítenék és elhomályosítanák ezeket.

A versengés a munkahelyen az elnyomó és elnyomottak világa!

A Mátrixon belül ügyes, szép díszítéssel elhitették veled, hogy szabad akaratodból dönthetsz. Csak azt nem veszik észre az elmék, hogy a Mátrix mondja meg, hogy miből választhatnak döntésük alkalmával. A lényeg, hogy tényleg azt hiszik: szabadon dönthettek. Ugyanazon tudatkontroll alatt vagy a Mátrix elnyomása alatt. Bárhogy is döntesz, az nekik megfelelő – de nem neked!

Mivel a Mátrixon belül az ok-okozat törvénye hétpecsétes titok, ezért nem érted meg döntéseidet a munkával kapcsolatosan, annyira a lényegtelen dolgokkal foglalkozol, hogy a lényegnek nem adsz teret. Persze a rendszernek ez a feladata: sötétben tartani az elmét, rendet teremteni, hiszen az egós elme szereti a rendet, a biztonságot. Az ember csak ezt látja. Biztonságban van. Rend van. De miben? Rend, hogy *rend*szeres jövedelmet kapjál. Rend, hogy *rend*szeres munkát kapjál, Rend, hogy a kényszerűen levont társadalombiztosításból, amit akaratod ellenére be kell, hogy fizess, ki tudják számodra fizetni a *táp*pénzt! Ráadásul milyen dolog, hogy beteg vagy? Kevesebb is lesz a kiutalás, mert nem tudsz dolgozni a MÁTRIXnak! Ha nem vagy beteges, vagy félholtan is elmész dolgozni, nehogy bántódásod essen, akkor pedig ottmarad az a rengeteg pénz a zsebükben, és jót röhögnek, hogy a birkát tepsiben viszik ki a melóhelyről. Ez a valóság? Ez a biztonság? Ez a jövő?

A nyugdíj befizetése is ugyanazon a módon működik.

Ne gondolkozz, maradj a sötétben, majd mi elrendezzük a sorsod, drága rabszolga!

MÁTRIX AZ EGÉSZSÉGÜGYBEN

Kegyetlennek tűnik már számomra ez a téma. Természetesen én is benne voltam azok sorában, akik a Mátrixot valóságnak hitték. Emlékeimet kitörölni nem lehet, de máshogy tekinteni már tudok az egészségügyi dolgaimban való döntéseimre. Rémület fogott el, ha beteg lettem. Rémület, ha a gyerekeim, rémület, ha megtudtam, hogy valaki daganatos beteg volt, és ha valaki meghalt. Olyan döntéseket hoztam elmémben, amelyeket nem értettem, és valóságnak hittem azt a világot, ahol bármikor utolérhet a kór és kinyiffanok. Olyannyira feledésbe merültek bennem a természeti törvények, hogy amit dr. Tekintély mondott, az számomra szentírás volt.

Emlékszem, amikor elsőszülött lányom még aprócska volt, valamilyen vírusfertőzés verte le a lábáról (hahaha), és dr. Tekintély antibiotikumot írt fel neki. Hú! Megnyugodva tértem haza, és egyből a lányomnak akartam adni, hogy vegye be, mert erre most nagy szüksége van! Hát, ami ezután történt... Ellenkezett az apró gyerek, és én meg a tokáig lenyomtam a kanalat, hogy muszáj, mert az orvos azt mondta. Szegény gyermekem tudta, hogy neki erre nincs semmi szüksége.

Olyan pici volt, olyan közel a tiszta, valós énjéhez, hogy ő tudta, enélkül is meg fog gyógyulni. Ellenállt a gyerek, de én, aki régóta a Mátrix rabja voltam, nem engedtem az ellenállásnak, és nyertem. Bevette a gyerek azt a „csodás" gyógyszert.

Sajnálom, drágám! Annyira hittem az akadémikus tudásban, annyira tiszteltem őket, amiért annyit tanultak, és milyen segítőkészek, hogy bevett az elmém mindent, amit mondtak. Nem az orvost említem, mint embert írásomban, hanem a protokollt, amit betartanak ahelyett, hogy felismernék a betegség valódi okát. A Mátrix akadémikus tudása patologikus. Vagyis bármilyen áron, de betegséget kell keresnünk. Addig keresünk, míg nem találunk. A társadalombiztosító is hasonló alapokon nyugszik. Az elmét annyira lebutítják, hogy elhitetik és valósággá teszed, hogy mindenképpen fizesd a T3-t, mert bármikor beüthet a krach, és akkor mi lesz? Fizetsz súlyos összegeket havonta, csak azért, ami még meg sem történt, de megtörténhet. Készülj fel a betegségre. Az elme egyik alapprogramja: *bármikor megbetegedhetek*! Az elme pedig várja is! Kivételt nem képez a gyógyszeripar sem, ami szintén programként ott él az elmében! Tudatkontroll alatt tartja az elmét. Szedjen megelőzésnek ilyen meg olyan gyógyszert, és nem lesz ilyen meg olyan baj! Jó marketing, jó lóvé! Az elme pedig sötét maradt a gyógyszer beszedése után. Az elme ezt hallja: *ha nem szeded be a bogyót, beteg leszel. S.O.S. És?* A bogyó máris fogyasztási cikk lesz! Miért? Mert újabb félelemre reagált az elme. Az egész rendszer alapja megfélemlíteni a birkákat! Ha nem veszed be a bogyót megelőzés céljából, de beteg lettél, akkor viszont jön dr. Tekintély: „én szóltam". De valóban attól lett beteg az illető, mert nem vette be a bogyót? A válaszom: nem! A Mátrixon belül olyan jól felépített rendszer működteti az emberi elmét, hogy teljesen befolyásolja, és az téves utasításokat követ. A következő történik az elmével: információt kap a Mátrixon keresztül, hogy létezik a betegség, ami szintén csak téves gondolat, és információt kap, hogy meg lehet előzni a betegséget, ami az elme számára azt jelenti, hogy bármikor beteg lehet.

Elkezd félni a betegségtől, amire felhívták a figyelmét, és az elme napi huszonnégy órában azon kezd el gondolkodni. Ezért meg is történik, hiszen amitől félünk, az bekövetkezik Törvényszerűen. Alárendeli magát a betegségnek, tüneteket produkál – azon betegség tüneteit, aminek megelőzésére felhívták a figyelmét! Népbetegség a világon az előre kivetített félelmek miatti pánik! A pánikroham nem betegség, csak tünet. Akkor alakul ki pánikbetegség, amikor már a páciens attól retteg, hogy rohami lesznek, és újból és újból jelentkezik a roham. A pánikroham tüneteitől való félelemből alakul ki maga a pánikbetegség. Egy még meg nem történt dologról beszélünk! De miért kéne félni olyantól, ami még meg sem történt? Várod, és megkapod! Ez a rohanó Mátrix betegsége.

A Mátrixon belül szerepjátékot játszunk! Ki-ki amit választ! Dr. Tekintély = Elnyomó. Rabszolganép = Elnyomottak. A hierarchia: az elnyomott szerepében lévőknek kötelességük azt csinálni, amit az elnyomó szerepbe bújó dr. Tekintély mond, mert ha nem, fenyegetettség kíséri.

Saját tapasztalatomat írom le nektek ismételten, amit átéltünk az egészségügyben, amikor hatéves lányom gyermekkori sokízületi gyulladással került az orvosok kezébe. A lányom tükörképet mutatott nekem a saját konfliktusomra, hiszen nem vettem észre, hogy benne vagyok egy érzelmi megrázkódtatásban, ezáltal ő mutatta meg nekem, hogy tennem kell valamit. Változtatnom kell gondolkodásomon, és nagyra becsülöm Anna lányomat, hogy felvállalta, hogy szembesít elváltozásával a saját negatív érzelmeimre. Anna nagyon rám volt hangolódva pici kora óta, ő vette át rezgéseimet. Annának a kezein és a lábain olyan szinten meg voltak dagadva az ujjai, hogy behajlítani sem tudta, és a lépcsőn is alig tudott felmenni. Akkor még tudatilag a Mátrix sötétségében éltem, és hittem, hogy a betegség létezik és félni kell tőle. De ezen a ponton kezdtem átformálni gondolataimat. Mikor kórházba került a lányom, bármiféle vizsgálat nélkül dr. Kedves Tekintély csak azt vágta hozzánk: „Anyuka! Készüljön fel, hogy a gyermeke tolószékbe fog kerülni."

Gondolhatjátok, a mátrixos gondolkodásom miatt milyen sokkot kaptam.

Édesanyám ültetett le, hogy el ne ájuljak. De hogy képzelte? Borzasztó élmény volt! Abban a pillanatban neki akartak állni szteroidos kezelésnek. Nem tudtam volna lenyelni azt a tablettát, amit a hatéves gyermekemnek adtak, olyan nagy volt! Természetesen a kukában végezte, nagy harc után, amit a férjemmel vívtam. De éreztem, hogy van más dolog, amivel Annát meg fogom gyógyítani. Ekkor éreztem először belső lényemet, aki nem engedett az akadémikus nyomásnak. Azt éreztem, szembe kell állnom a patologikus gondolkozással. Nagyon erősen éreztem. Elkezdtem kutatni, mi okozhatja az ízületi gyulladást, éjszakákon át mást sem csináltam, és gondolkoztam a megoldáson. Tudtam, hogy érzelmi alapon indult el az elváltozás lányomnál, de keresni akartam olyan dolgot, ami kitisztítja és regenerálja az ízületeket úgy, hogy ne sérüljenek. Közben kezdtem figyelni, hogy nem a betegségre, hanem a gyógyulásra teszem a fókuszt. Remek első lépés! Viszont megtaláltam a megoldást. Ebben segítséget kaptam unokatestvéremtől, Katalintól, és pár nap múlva már elkezdtük tisztítani az ízületeket egy terápiával, ami kiegészítette a betegségekről való pozitív gondolataimat, amelyek addig nem voltak meg, vagyis elrejtettem magamban mélyen. Ezalatt természetesen nem tájékoztattam az orvosokat, hogy a gyógyszer a kukába került, és a lányom tüneteit egy sokkal barátságosabb dologgal, sőt természetesen kezeltük. Aztán elkezdték szorgalmazni a kezeléseket, de visszautasítottam. Vagyis *nemet* mertem mondani dr. Tekintélynek. Hú! Tudjátok, hogy kihúztam magam először? Mire a profhoz értünk pár hétre rá, lányom már száz százalékig tünetmentes volt. Akarva sem találtak rajta semmi olyat, ami kicsit is megmagyarázhatta volna nekünk, hogy azért még látszódik ott valami. Semmi sem látszódott! A prof egója össze volt zavarodva, hiszen orvosi énje nem tudott mit kezdeni ezzel a történéssel. Káosz és zűrzavar a Mátrixban dolgozó egészségügyisek fejében. Azt a látványt! Tehetetlenül állt a doki a tények előtt. Az egója a következőt mondta:

– Megeszem a kalapom, ha így meggyógyult a gyerek, annak ellenére, milyen gyulladás volt az ízületein.

A férjemnek csak annyit mondtam:

– Legyél szíves, menjél ki és vásárolj egy kalapot a dokinak, mert lehet, hogy éhes.

És jót nevettünk. Azt mondták, biztos a szteroidok miatt történt, de utólag elmondtam, hogy az a kukában van, úgyhogy nem.

Ez csodás átalakulás volt számunkra, és hálás vagyok, hogy a belső énem hangja erősebb volt az egónál, hogy megtanuljam, a betegség nem létezik, és ha érzelmileg helyre rakom magam, elindul a gyógyulás. Olyan fantasztikus az elménk, a saját vezérlőrendszerünk, hogy a Mátrix erejét felülmúlja!

Még annyit hozzáfűznék történetünkhöz, hogy mivel orvosi kezelés nélkül indítottuk be a gyógyulási folyamatot, a Tekintély-személyek a zavart egójuk miatt támadásba lendültek és olyan szavakkal illettek, ami megalázó volt. De hirtelen ébredésünk a betegségekkel kapcsolatosan, nem tette lehetővé, hogy komolyan vegyük, és mosolyogtunk, hogy kiszállhattunk egy olyan rendszerből, ami addig hatalmas nyomást gyakorolt ránk. Anna kezelőorvosa a végén hozzátette, hogy még jelentkezhet a tünet. Elég gúnyos kifejezéssel. Olyannyira nem jelentkezett a tünet, hogy Anna azóta Európa-bajnoki címet is szerzett csapatával akrobatikus rock and roll táncban! Bízom benne, hogy segítségetekre szolgált történetünk.

A Mátrixban kollektív minden! Bármerre nyúlsz bele a rendszerbe, elindul a reakció. Minden mindenre és mindenkire kihat. Akció – reakció! Bármit gondolsz és érzel, félelem, aggódás, vagy bármit cselekszel, energiákat indítasz a külső világ felé. Ezeket a negatív energiákat, amik belőled indulnak, tapasztalni fogod bárhol és bárkin, amerre mész. Ezáltal saját világodat teremted meg. Ez a világ rossz érzést kelt benned, mert elhiszed, hogy a világ ilyen. Pedig te teremtetted. Erre az energiakisugárzásra mondok példát, és egyből emlékezni fogsz, hogy már te is teremtettél magad köré ilyen világot.

Rosszul ébredsz, dühös és ingerült vagy. Ezeket érzed, de nem tudod megmagyarázni, hogy mi váltotta ki belőled. Már elindítottad a láncreakciót. Mivel a hasonló hasonlót vonz, ezért világodban csakis olyan emberek, események, szituációk jelennek meg, amik ugyanolyan érzelemmel bírnak. Dühös emberek, nehéz feladatok. Beszólnak munkatársaid, az utcán emberek, sőt a családtagok, akiket hirtelen elkezdesz gyűlölni. Olyan dolgokat vonzol magadhoz, amiket nem tudsz kezelni, megoldani, és óriásira duzzad tőle a dühöd.

Minden és mindenki ellened van. Teremtettél egy világot saját magadból. Kezd valósággá válni és olyan gondolatokat formálsz, ami a világodra illik. Ezek a gondolatok veszélyesek, mert fenntartod és változatlanná teszed azt a világot, amit megteremtettél, és nem érzed jól magad benne. Ez a világ addig marad meg elmédben, míg hajlandó nem vagy más gondolatokat formálni. Máshogy élni a világodban. Sokan csak akkor kezdenek máshogy gondolkozni, amikor valami dráma jelentkezik világukban. Egy súlyos baleset, egy haláleset, egy betegség, egy veszteség. De ezt meg kell minden esetben várnunk ahhoz, hogy szebb világot tudjunk teremteni magunk köré? Miért kell olyan dolgokat megélnünk, amelyeket nem akarunk? A Mátrix rendszere ügyel rá, hogy ne tedd meg. Jó neked így! Eddig is jó volt. Majd mi segítünk. Valóban? Meddig? Míg a halál el nem választ. Sokan azt mondják: élni akarok! Nem akarok meghalni! Ki mondja ezt? Egy konzultációs alanyom hosszú hónapokra a tünetei áldozatává vált. A következő fizikai tünetei jelentkeztek naponta többször is: torokszorítás, kevés levegő. Egy ideig abból indultam ki, hogy pánik tüneteivel küzd, de már nem az volt a téves gondolat, ami elvitte odáig, hogy levegőért kapkod. Egyik nap felhívott és szintén panaszolta, hogy nehézkesen veszi a levegőt és nagyon szorít a torka. Aztán ismét megszólalt: „Nem akarok meghalni!" Villámcsapásszerű gondolat csapódott be az égiektől, mit kell mondanom.

Azt kérdeztem tőle:

– Mondd, ki az benned, aki nem akar meghalni? Ki fél a haláltól?

Hirtelen nem tudta a választ, hiszen pont elméje azon része működött, akitől kérdeztem, és ezért nem tudott válaszolni. Aki nem akar meghalni, az az egó! A túlélésre van programozva. A lélek viszont halhatatlan és örökéletű.

Vagyis ahogy rákezd, hogy „nem akarok meghalni", azt az egós én mondja. Jó! A „nem akarok meghalni" mondat szépen működteti tovább az egót, hiszen ő fél a haláltól, mert nem tudja, hogy nem létezik halál. Minden félelem a halálra vezethető vissza. Az emberi lény semmilyen betegségbe nem tud belehalni, csak a fulladásba. Vagyis lefordítva: Konzultációs alanyom folyamatosan félt, hogy meghal. Szervi tünetei nem voltak, ezért a halál gondolata, az egó, kevés levegőhöz vezetett. Hiszen az egyetlen dolog, amitől meghalhatunk, a fulladás! Elfogy a levegő! A „nem akarok meghalni" mondatot az Univerzum úgy hallja meg, hogy „akarok meghalni", mert a nemet nem ismeri, de ezt már átbeszéltük. Vagyis mindenbe, amit nem akarsz, abba beleegyezel.

Megoldásként, ha valaki szintén ilyen gondolatokkal éli napjait, a következőt javaslom.

Ha észreveszed elváltozásod alatt, hogy kiejted ezt a mondatot, vagy elég, ha csak rá gondolsz, abban a pillanatban felülírható az egó félelme. Egy szóval segítenék: élek! Bárhová kiteheted ezt a szót, akárhol, vagy a lakásban, munkában, autóban, vagy csináltass egy karkötőt, amire ezt a szót belenyomtatod! Bármit! Az egó a szó hallatára visszahúzódik, és kezdenek enyhülni a tünetek. Ez nem vicc! A Mátrix egy álomvilág, egy illúzió, amit ha tetszik, ha nem, te és én és ő és mi építettünk fel a negatív gondolataink által. Egy nagy, kollektív tábor a rabszolga elméknek a Földön. Lehet, hogy most nem érzékeled, de ha kilépsz, megdöbbentő látványban lesz részed. Meglátod, nincs határa az emberi szenvedésnek! De e mögött a világ mögött rejtőzik az a világ, amit már régóta megfogalmaztál magadban, hogy hogyan szeretnél élni, de annyira fogva tart a Mátrix, hogy nem mertél kilépni. Még...
Várlak szeretettel idekint.

KI VAGYOK ÉN?

Csakis az válik belőled, amit magadról gondolsz!
Hogyan határoznád meg magad? Ha most velem szemben
ülnél és megkérdezném: „te ki vagy?", a válasz nagy valószínű-
ség szerint az lenne:

- Nevem XY.
- X éves vagyok.
- Ez a szakmám.
- X centiméter magas vagyok.
- Stb.

Mindenki annak hiszi magát, amit a körülötte lévő emberek
meghatároztak. Kisgyermekkorod óta szépen lassan összerak-
tad identitásodat és az alapján éled az életed. Ezen fejezetek-
től már olvashatsz olyan dolgokról, amiről úgy érezheted, val-
lási hovatartozásból fakad, de részemről a vallási fogalmak az
igazságból fakadnak, és megkülönböztetés nélkül kezelem az
embereket. Attól függetlenül figyelek rátok, hogy milyen Isten-
ben hisztek. Megértetem Isten valós üzenetét, és szeretném, ha
felismerné mindenki, hogy teljesen félreértettük azt az energi-
át, amit eddig a tanításokból, Bibliából megismertünk és elhit-
tünk. Azt képzeltük, hogy fenn ül valaki az égen és pálcát tör
felettünk, és bűnösnek kiált ki, ha énünk valami általunk rosz-
sznak ítélt dolgot tesz vagy mond. Lehet, hogy igazam van, de
lehet, hogy nem. Döntsd el.

Amikor feltettem utam elején a kérdést: „ki vagyok én?", még
nem jött válasz. Aztán megkaptam azokat az eszközöket, ame-
lyek rávezettek igaz valómra.

Az első könyv, amit említettem nektek, hogy utamba került,
Neale Donald Walsch *Beszélgetések Istennel* című fantasztikus
kötete, amely párbeszéd Walsch és Isten között. Elkezdtem ol-
vasni, de akkor még megdöbbentem a mondatok olvasása köz-
ben, hogy nem azok vagyunk, amit gondolunk magunkról és
Istenről. Viszont a belső énem csak buzdított, hogy olvassam

és olvassam. Aztán csak jöttek és jöttek a világ nagy tanítóinak írásai, és mind azt mondták, hogy isteni lények vagyunk, és Isten ajándékát elfogadva, ami maga az erő, bárki lehet és bármit tehetek. Oké. De mit tegyek? Mindig felmerül ez a kérdés. Hogyan csináljam? Elkezdjük az elejétől, lépésről lépésre, és mikor a végére érünk, emlékezni fogsz, hogy ki vagy. Ha még nem értesz semmit, akkor sincs semmi baj. Ne ítéld magad, ne címkézd, ne kételkedj, hogy a tudást nem érted. Tudod és ismered, ezt bizton mondhatom. Mélyen elrejtetted igazi éned tudását és tudatát azon címkék által, amelyeket sok-sok éven keresztül magadra aggattál. De ezek nem valósak. A valós énedet elfedte az egód, és ha letiltana, hogy tovább olvasd, ezt a könyvet, tudd, hogy azért van, mert fél az egó a haláltól, és nem akarja, hogy emlékezz.

A teremtésnél kezdődik minden. Arról, hogyan lettünk, teremtődtünk, rengeteg elméletet kigondoltak, és sokszor megcáfolták Darwin elméletét. Az, hogy melyik elmélet igaz vagy hamis, az nem számít, annál fontosabb az a tény, hogy most itt vagy, és megtalálhatod önnön igaz valódat. Jómagam nagyon sok tanításon végigmentem, elsajátítottam, de a vége mindegyiknek egy és ugyanaz volt: találd meg önmagadban a békét, a harmóniát, és ezek az érzelmek oda vezetnek, ahol lenned kell, és azzá válsz, aki mindig is voltál. Isteni erővel megáldott, teremtő lény. Ahhoz, hogy változást indítsál el életedben, döntened kell. De mi az a pillanat, amikor eljött, hogy döntenem kell?

A válaszom: amikor több boldogtalan pillanat van az életedben, mint boldog. Fárasztanak azok a szerepek, amikbe belebújtál. Fáraszt a munka, amit csinálsz, fojtogat a megfelelés, egyre többször beteg vagy. Megjelennek naponta elmédben olyan képek, amikre igazán vágysz. Ezek a képek valós képek, hiszen a belső lényed, aki ösztönöz, azt mutatja neked, hogy „lépj már, tedd meg".

Ha megvan a kép elmédben, meg is tudod valósítani. Figyelem, ezek a képek, gondolatok olyan erőteljesek, hogyha elengednéd a kezedből az eddig markolt, véresre dörzsölt életed és megingathatatlanul hinnél a képben, akkor nem kellene sokat várnod a beteljesülésig. De miért nem történik meg? Hát most kell a felismerés, hogy aki most vagy, egy címkékkel telerakott lény, aki elméje rabságából nem tud szabadulni. Példával könnyebb végigvezetni, ezért egy kitalált embert hozok nektek, helyettesítsétek bele a saját éneteket.

Neve: Kovács János.

Apai energia a családneve miatt, hiszen az apai névvel együtt jár a család energiája, ugyanúgy, mint az asszony is felveszi a férje energiáit, amikor férjhez megy és Kovácsné lesz a neve. Az anya energiája, amikor nevet választ a gyerekének. Jómagam olyan nevet kaptam, amiért édesanyám mindig küzdött: „Tisztelet".

Anyám el akarta érni, hogy tiszteljék, én meg értelmetlennek tartom a tiszteletet, hisz' nem itt kezdődik az önzetlen szeretet. Szóval mire megszületünk, két ember energiája már bennünk van, ami a generációs hiedelmek, eszmék, elvek szerint legtöbbször negatív. Máris nem teljesen azok vagyunk, akiknek születtünk. Aztán ahogy fejlődünk, növekszünk, megtanuljuk, hogy van identitásunk, vagyis lány- vagy fiútestet választottunk. Megdöbbenve hallom, hogy sokan azért fizetnek milliókat, hogy befolyásolják gyermekük nemét, de ez nagyon zavaros számomra, ha lélekszinten gondolkodom. A lélek választ, hogy leszületik, és ezt és ezt szeretné megtapasztalni. Ha van karma, akkor azt helyre tenni, de nemi vonatkozásban más és más a megtapasztalás, ezért elég kényelmetlen lehet, ha egy lélek betejesíteni jött egy olyan feladatot, ami női testre lenne szabva, és művileg belenyúlnak és mesterségesen meghatározzák a gyerek nemét. Aztán lehet, hogy pont ezt kell megtapasztalnia, ki tudja. Amikor identitásunkat kezdjük megérteni iskoláskor körül, addig egyformának érezzük magunkat, csak az az érdekes a gyerek számára, hogy másvalami van a lábunk között. Elkezdjük kapni a címkéket, hogy „te szép vagy", „te csúnya vagy", okos vagy buta, sovány vagy kövér, magas vagy alacsony, szegény vagy gazdag, lúzer vagy sikeres, elvált szülő gyereke, vagy sem. Trabantod van vagy Mercid, kismellű vagy nagymellű, és még sorolhatnám. Ezekből a választékos címkékből összerakjuk a maradandó önképünket, identitásunkat. Ezen összegyűjtött jellemzők, illetve a generációs mintáink alapján elkezdjük élni az életünket. Ez vagyok én. Jómagam azt mondanám inkább, hogy ez voltál. Hiszen a múltban kapott jellemzők már nem érvényesek, nincs erejük, viszont mi maradandónak véljük. Ezért van az, hogy Jánosunk tizennégy évesen eldöntött valamit, hogy tűzoltó lesz, mert mindig tetszett a bátorságuk, de jött a szülői féltés, befolyásolás, hogy inkább számára mi lenne jobb, inkább azt válassza, az nem annyira „égető" szakma. Elkezdett mondjuk autószerelőként dolgozni, mert tényleg jó szakma és jól fizetnek, de egyre jobban azt érezte Jánosunk, hogy nagyon nem érzi jól magát ebben a szakmában, pedig az elején elfogadta szülei tanácsát és ment abba az irányba, amit javasoltak neki. Ez már nem Kovács János. Jánosnak fárasztó a munka, amit csinál, Jánosnak kimerítő a szülei felé való állandó megfelelés. Ezek jelek arra, hogy amit súgott a belső énje, hogy a tűzoltó szakmát kell választani, mert ehhez olyan jó érzések fűződtek, ahogy elképzelte magát annak, erősen benne maradtak, és egy jó alkalom, hogy változtasson, hogy megengedje magának, hogy kiteljesedjen abban, ami ő akart lenni. Sokan érzik szakmájukban magukat elcseszettnek, hogy „én ezt nem akartam, félresiklott az életem, rosszul döntöttem, más szakma érdekelne, de már elrontottam az egészet". Az ilyen gondolatokkal és a hozzá fűzött érzelmekkel is vigyázni kell, mert az elme nem alszik, és folyton reagál, vagyis az ilyen gondolatok testi tüneteket is produkálhatnak, mégpedig a mellékvesekéreg elváltozását, ami hormonális kibillenést, nőknél szőrösödést okoz. Ha van ilyen tünetek, gondoljátok át, hogy jó helyen vagytok-e. A lélek nem mindig van jó helyen. Sokan felháborodnak, ha homoszexuális embert látnak vagy olyat, aki teljesen átműtteti testét, nemet váltva. Nem elítélendő dolog. Sőt. Ezek az emberek addig, míg nem vállalják fel a társadalom előtt, hogy kinek érzik magukat, rettentő szenvedésen mennek kereztű. Valaki úgy hal meg, hogy titokban tartja, és az egész élete egy hazugság volt. Épp azért teszik ezt az ilyen emberek, mert félnek az ítéletektől, amelyek, sajnálatos, de társalmunkban jelentősek. Azért, mert nem olyan, mint mi, ítélkezünk felette. Pedig nemiségünkben benne van a női és férfi energia is. Jin-Jang. Kérdés, melyik erősebb bennünk. Amikor ilyen embereket ítélsz el, csak a testét látod, a lelkét nem. Hiszen te is a test szemével nézel, és nem a lelkeddel, a szellemi lény szemével. A szenvedés elegendő jel, hogy dönts és változtass. De mit szólnak mások, ha a maradandó önképet, amit eddig láttak az emberek, hogy ilyen Kovács János, elkezdte arra formálni, amit legbelül érzett, hogy ő olyan igazán, és azt kell megvalósítania? Mindig megcsinált mindent mindenkinek, segített bármikor, amikor kérték, sosem mondott nemet stb.

Mások véleménye eddig Jánosnak fontos volt, hiszen önmagáról kialakított önképét ezekkel tartotta fenn. Hát tele is van a temető a János-félékkel. A belső isteni lény mindig tudja, ki voltál és merre tartasz. Jánosunk utakat keresett abból a maradandó önképből, ami csak illúzió, és nem valós.

Amikor csinálsz valamit, a munkádat vagy a párkapcsolatodat építed és jól érzed magad, boldog és kiegyensúlyozott vagy, nem fáraszt a dolog, akkor jó helyen vagy. Ott van isteni éned, és általa teszed, amit teszel. Az érzelmeinkre figyelve megtudjuk, hogy az, akinek hisszük magunkat, valós vagy illúzió. Kik is vagyunk?

Vagyok, aki vagyok – mondja Walsch könyvében Isten. Kinek mi. Lehet istennő, férfi és nő, lehet jó és rossz. Ki hogy tekint rá. Ki milyen szemüveggel néz Istenre. Jánosunkat mindig annak ítélik meg, amilyen szemüvegen keresztül éli az életét az az ember, aki éppen Jánosunkkal kapcsolatba lép. Jánosunk is lehet jó, de lehet rossz is. Ha rossz címkét kapott János, akkor bűntudata lesz, lelkiismeret-furdalása, és nagyon eltávolodik valós énjétől. Nem hallja már a belső hangot, inspirációt. Miért? Mert elhitte Jánosunk, hogy rossz, és azonosult az ítélettel.

Ítéletet csakis az egós emberi elme képes hozni. Ha jónak címkézik Jánost, akkor tele lesz újból erővel, boldogsággal, tudja és hallja belső lényének útmutatását, merre haladjon, melyik irányba menjen. Az érzelmeink által tudjuk az irányt. De nem mindegy, hogy a vezetőnk az egó vagy a belső, tiszta énünk.

Voltál már úgy, hogy egy napon nagyon lelkes voltál és elhatároztad, hogy változtatsz, megteszed azt, amit mindig szerettél volna, ám másnap mintha nem is a tegnapi éned lett volna? Depis vagy, fáradt, letört, és nem érted, mi a fene történt, pedig tegnap olyan szép gondolataid voltak. Persze, hogy voltak. Az egó közbeszólt, hogy ne tedd meg, jó neked így. Az emberek általában attól ijednek meg, hogy nem tudják, mit kell tenniük, nem látják a következő lépést, és inkább hagyják az egészet a fenébe. Ez jöhet egy felmenőktől való programból, a „kicsi énből", amiről egyszer elhitted, hogy az vagy. De ez nem így van. Ne engedd el azt az inspiráló gondolatot, csak várd a megfelelő időzítést. Maradj türelemmel. Maradj lelkes.

Amikor Jánosunkban már fel-felerősödik az az érzés, hogy már nem akarja azt csinálni (kontraszt), már nemet akar mondani dolgokra, amik nem szolgálják, elindult valami, ami változásra ösztönzi, és az igazi, valós én felé kezd el fókuszálni emberünk. Ilyenkor zűrzavar támad az én és az én között, és a következőt szokták mondani Jánosaink: „már azt sem tudom, ki vagyok". Én, mint Kovács János, életem eddigi szakaszában a másoktól kapott címkék önképe? Vagy én, mint isteni, szellemi valós lélek? Eleinte a „húzd meg, ereszd meg" érzelmek diktálnak, de ha a döntése határozott volt, félelemmentes, és visszavonhatatlan, akkor a változás elindul. Olyan társakat, segítőket kap Jánosunk, amit eleinte véletlennek fog tartani, s amik és akik elvezetik a valódi énhez és beteljesíti azt, amit mindig a feladatának érzett, és jövetele előtt eldöntötte, az akar lenni, és meg akarja tapasztalni a hozzá vezető utat. Fogadd el, hogy minden egy folyamat. Ne legyél türelmetlen utad során, ne kételkedj, hogy sikerülni fog-e, ne kérdőjelezd meg a fentiek segítségét. Tedd, amit eddig, alázattal, és ne engedd el a gondolatot, hogy te mi is akarsz lenni. Akkora erő van bennünk, akkora hit, hogy a cél eltéveszthetetlen. A célodat meghatározni könnyebb dolog, de a hozzá vezető út olyanná válik, amilyennek elhiszed, hogy lennie kell. Amit az elme elképzel és hisz benne, ahhoz megteremti a dolgokat, nehogy azt higgye, hogy megőrült. Igaz, sok János göröngyösnek képzeli, de nem kell azzá válnia. A te döntésed, milyen lesz az út odáig, ahol azt mondhatod: „Ez vagyok én".

Az énünk keresése közben rengeteg ember segít nekünk abban, hogy az úton maradjunk. De lesz olyan is, aki letesztel, hogy tényleg azt akarod-e csinálni. Vedd észre, miért lépett bele az életedbe. Leginkább akkor jelennek meg, amikor kicsit irányt váltottál. Ámde számodra ez remek hír, ha tudod, miért van ez. Mivel kibillentél a hitedből, hogy a célod elérhető számodra, és nem veszed észre magadon, hogy eltávolodtál a forrásenergiádtól, ezért köréd gyűlnek azok az emberek, akik felvállalták szerepüket – lehet, hogy egy gonosz szerepét –, hogy visszatereljenek az utadra és újból elkezdj hinni a hihetetlenben. Látom, ha hiszem. Erre ösztönöznek téged. Mondhatnak olyan dolgokat, amik miatt megbillenhetsz, például: „ez hülyeség", „időt nem érdemlő feladat", „nem tudod megcsinálni", „foglalkozz inkább mással", „ebből nem lesz pénzed", „ehhez kisember vagy" stb. Ez mind a te megerősítésedre szolgál. Vedd észre, hogy utadon, mert egyek vagyunk, mindenki mindenkivel kapcsolatban van. Mindenkihez közünk van. Persze mosolyoghatsz ezen, hiszen gondolhatod azt, hogy „mi a jó fene közöm lenne XY-hoz, hiszen évek óta háborúzunk egymással?". De kapcsolatban vagy vele, csak nem veszed észre, mit akar neked tanítani. Olyan dolog van kettőtök között, ami számodra szükséges, hogy megértsd a továbbhaladásod érdekében. Valami van nála, egy információ, csak ellenérzésed van, ellenkezik még az egód, hogy nem akarja meghallani.

Ezért van gyűlölet a másik ember irányába. Nem az embert gyűlölöd, hanem azt, amire meg akar tanítani. Ezek buktatók lehetnek az úton. Nézd meg most, hol vagy, van-e éppen olyan ember az életedben, akit utálsz vagy gyűlölsz. Figyeld meg, miért. Keresd meg a gyökerét magadban. Ezután nézz rá szeretettel, hogy megtanított neked valamit, adott egy kirakósdarabot az utadhoz. Minden ember jó ember. Csakis azért látod rossznak, mert tükörképet mutat neked. A tükörképet pedig olykor nem szeretjük. De ezután, garantálom, más szemmel tekintesz rájuk. Akkor veszed észre, hogy az emberek máshogy kezdenek viselkedni veled, amikor a maradandó önképedet elkezded átformálni. Itt fogod megismerni igazán a kapcsolatotokat. Amikor elkezded keresni a valós énedet, akkor az igazságot keresed. A valós éned igaza megdönthetetlen, sérthetetlen. Oly sérthetetlen leszel, mint földi életed kezdeti pillanatában. A felébredés nem kell, hogy fájdalmas legyen, de sokat számra az, és megijednek, ha fél szemmel is, de ránéznek erre a szomorú világra, ahol félelem, fájdalom, rabszolgasors uralja az elméket. A fájdalom az igazságtalanságból fakad. Rengeteg embernek fáj a nyaka. Azokat érzékenyen érinti az igazságtalanság. Keresd meg magadban, mi az, amire így reagálsz, és meg fog szűnni a tüneted. Amit eddig a Mátrixban igaznak hittél, ezután illúziónak fogod már látni. Igaznak hitted, hogy megszületünk, iskolába járunk, dolgozunk és meghalunk. Igaznak hitted, hogy a rendszer jó úton tart. Igaznak hitted a betegséget. Igaznak hitted, hogy úgy kell leélned az életedet, amilyen indentitáscsomagot összeraktál magadról és a mások által elképzelt énedről. Igaznak hitted, hogy keserves az életed, és sohasem lehet több pénzed. Igaznak hitted, hogy a világ tele van rossz emberekkel. Igaznak hitted, hogy azt az életet kell élned, amit más alkotott. A felébredésed rá fog világítani, hogy ez mind átverés. Az álmukból felébredt emberek ezektől a felismerésektől rosszul lesznek, és elkezdenek kapálózni, ellenkezni. Miért? Mert borzasztó látvány tárul eléjük, és az igazságtalanság fáj nekik. Látni azt a világot, amit addig éltek, elborzasztja őket. Velem is ez történt. Sokáig csak azért mentem ki az utcára, hogy elérjek a munkába vagy bemenjek gyorsan a boltba, és ezzel bezárult a kör. Rémisztő volt odakint lenni. Nem azért, mert depresszióssá váltam, egyszerűen nem éreztem jól magam, a látvány megrémisztett. Gondolhatod, hogy milyen dilis vagyok. Lehet, de csak a te címkéd, amit rám akarsz aggatni. Már nem kérem, köszönöm.

Szinte magányossá váltam. Nem akartam szembesülni az emberek fájdalmával, nem akartam azt a sűrű panaszáradatot hallani, tévét nem néztem, rádiót nem hallgattam. Kizártam a külvilágot és elkezdtem a belső munkát, ami fontos volt arra nézve is, hogy stabil legyek, és egyszer kimerészkedjek a játszótérre, és tiszta elmével csodálhassam a világot. Rengeteg embertől eltávolodtam, akik régebben fontosak voltak. Jöttek új emberek, viszont kevesebben, sőt meg is szűntek a bulipercek, kiléptem csoportokból, letöröltem embereket a Facebook-oldalamról, kevesebb hívást kaptam. Rengeteg minden átalakult az életemben. Már nemet mertem mondani olyan dolgokra, amire annak előtte nem mertem, és megcsináltam, nehogy szó érje a ház elejét. Azok, amik rettentő fontosak voltak az életemben, azok jelentéktelenné váltak. Más dolgok léptek a helyükbe. Elkezdődött az átalakulás. Elengedünk dolgokat, amikhez ragaszkodtunk, nem védekezünk, nem magyarázkodunk, nem támadunk. Nincs bűntudatod, lelkiismeret-furdalásod. Még a test is átalakul. Lemennek a súlyos kilók, amikkel addig nem tudtál mit kezdeni. Hiszen a plusz kilók a védekezési mechanizmus testi tünetei. Mivel eddig nem tudtad elengedni a dolgokat, ragaszkodtál az elveidhez, szinte lelassítottad a testedben lévő természetes folyamatokat. Magadban tartottad a dühödet, mérgedet, és lelassítottad emésztésedet is. Ezért van a társadalmunkban olyan sok ember, aki küzd a természetes ürítéssel. Mindenre ráfogja, hogy ezért, azért nem tud székletet produkálni, mert nem tudja megemészteni. Bla-bla...

Csodaszereket vásárolnak, hogy kifurulyázzák magukból a nem oda valót. Sok mindent magunkban tartunk, amelyek a múlt sérelmei is lehetnek. Mindig a mellékhelyiségben történik az elengedés. Ha ott kínlódsz, akkor kezdj el gondolkodni, mi az, amit nem tudsz elengedni. A sok puffadás, vékony- és vastagbél, gluténérzékenység, és minden emésztőrendszeri megbetegedés egy falat konfliktusból adódik, amit képtelen vagy elengedni. Még benne is van a nevében, hogy *emészt*. Mit nem tudsz megemészteni? A főnököd negatív hozzáállását a dolgokhoz? A rossz életedet a férjed viselkedése miatt? Magadra ismertél? Nem a tünetekkel kell már foglalkoznod, mert az már egy okozat, reakció. Azt nézd meg, mi váltotta ki, mi volt az ok? A tünet, és ez minden tünetre igaz, egy figyelmeztetés, hogy vannak dolgok, amikre még reagálsz. Amikor elkezdjük az átalakulást, felbukkanhatnak olyan feloldott konfliktusok, amikre eddig nem tekintettél rá, és megoldásuk következményeként elváltozás indul be a testedben. De csak gratulálni tudok neked, hiszen hajlandó voltál elengedni valamit, ami a múltadban jelen volt, de már nincs szükséged rá. Minden betegség egy lehetőség a fejlődésre, és nem átok. Áldd az állapotot és ismerd fel, köszönd meg, hogy tovább mertél lépni egy konfliktuson. A belső lényed mindig tudja, mit kell tenned. A betegség egyenlő a gyógyulással.

Még ha nem is mered ezt száz százalékosan elhinni, de ahogy mész lépésről lépésre előre, minden ki fog tisztulni.

Betegségnek nem a testi, fizikai tünetet nevezem, hanem ami kiváltotta; a téves gondolat volt beteg. A gondolatot egy adott dologról. Gondot csináltál a *gond*olatból. A régi, bölcsnek tartott mondás – „Gondolkozom, tehát vagyok" – nem is a legjobb dolog. Hiszen ha akad egy esemény, szituáció az életedben, ami neked nem tetszik, a hideg kiráz tőle és elkezdesz *gond*olatot gyártani róla. Máris elindítottál egy lélek–agy–szervi láncreakciót. De hát ne gondolkodjak? Szükséges a napi élethez. Lelépjek-e a zebrán, megvegyem-e a szalámit vagy másvalamit, amit kívánok, belefér-e a kiadásomba, hogy vegyek egy ruhát magamnak. Ezek apró döntéshelyzetek, pillanatok, amelyekbe nem tudsz sokáig beleragadni. Szinte azonnal döntesz. Biztosra veszem, nem állsz napokig a zebránál azon gondolkodva, mit tegyél.

De vannak az életben olyan helyzetek, amelyekben akár már évek óta benne vagy, megoldást nem találva rá, és kényszeresen, napi szinten gondolkozol, mit tegyél.

Ha ez így van, akkor már tényleg gond. Ami gonddá válik, az már konfliktus. Vagyis. Ha van konfliktus, mint ok, annak okozatául kikerülhetetlenül jelentkezni fog megoldás után egy testi tünet. Ez törvény. Kivédhetetlen az okozat. Az ébredés, a változás felold régi konfliktusokat. Amik régen gondot okoztak, mára már nem számítanak, elengedjük és megoldásra kerülnek, ami után jelentkeznek a testi tünetek. Ilyenkor merülhet fel:

– A francba, már olyan jól mentek a dolgaim. Kezdtem jól érezni magam, most pedig itt vannak a tünetek. Visszaestem? Mi történik?

Elkezdtél változni, és az tisztulással jár. Tisztul az elméd, és ezáltal a testedben is áramlik a pozitív energia, ami a tisztulást eredményezi. De ez fantasztikus, hiszen a tisztulás által már csak pozitív energiákkal tudod feltölteni a testedet. Újabb lépés a tiszta éned felé. Emlékezz! Elkezdtél szép lassan gyógyulni, és közben távoztak a mérgek, elkezdődött a regeneráció és feltöltődtél friss energiával. Egy napon azt vetted észre, hogy fitt vagy és energikus. Ezért áldás az általatok betegségnek nevezett testi tünet.

Ki vagyok én? Miből állok össze? Van testem? Természetesen, hiszed látod. De ki mozgatja? Ki az, aki ápolja, és ki az, aki poklot teremt benne? Itt válik fontossá, hogy megismerd önmagad. Itt válik fontossá, hogy melyik éned teremt. Egyáltalán, hogyan lehetséges, hogy két énem legyen?

Az igaz a valós, a tiszta, a tudós, a bölcs, a szeretet a valós éned. A félelemmel, aggódással teli pedig az egós éned.

De miért akartuk, hogy az a csodás lényünk a poklot akarja megtapasztalni? Miért jöttünk a világba, ha rabszolgaként sanyargatjuk magunkat? A válasz: Hogy tapasztalj. Emlékezz. Itt éld meg azokat a csodákkal teli érzelmeket, amelyeket földi mennyországnak hívnak. Ez a feladatunk. Megteremteni önnön valóságunkat, és élvezni a földi paradicsomot.

A maradandó önképben élő emberek, akik elméjük rabságában élnek, tettekkel akarják elérni, hogy a Paradicsomba kerüljenek. Mókuskerék-életet élnek, és testüket kimerítve próbálnak mindent összegyűjteni maguk köré, amikről úgy hisznek, jól érzik magukat tőle, de amikor megszerezték, már nem nyújt örömet számukra. Nem tartós a boldogság. Üresség támad bennük. Ez mennyország, ez pokol. Csak nézd meg, hogyan élsz. Nézd meg napjaidat, nézd meg boldog perceid számát. Nézd meg, mennyi gyógyszer van a szekrényedben, nézd meg, mennyi adósságod van. Nézd meg, aggódsz-e valamiért, amit úgy gondolsz, a tied és elveszítheted. Semmi sem a tied, és ha egy életen át azon parázol, hogy elveszíthetsz olyan dolgokat, amiket birtokolsz, akkor földi poklot csinálsz magadnak. Még a haláltól is félnek, pedig pont azt élik meg a félelmeikkel és az ellen harcolnak. Az egó fél a haláltól, már említettem. A lélek örök, és a lélek a mennyországban érzi jól magát. Az egó fél a veszélytől, a sérüléstől. Sebezhetőnek érzi magát és állandó készültségben áll, hogy támadhasson. A valódi én sebezhetetlen. Az egó nem érti a törvényeket, ahol a tudás és a bölcsesség van. Az egó egy törvényt ismer: „meg kell védenem magam". Minden félelem a halálra vezethető vissza, és az egó legjobb eszköze a támadás. A harc. Harc a betegség ellen, harc az éhezés ellen. Olyan rezgéseket bocsájt ki a támadás, a harc alatt, hogy észre sem veszi, s még több lesz belőle. A harc harcot szül. A támadás támadást. Ami ellen az elme harcol, azt megerősíti. Küzdöttél már valami ellen? Hogy az legyen az igazság, ami a te igazságod? Mit kaptál cserébe? Megértést vagy támadást? Nem adhat vissza egy támadás békét. Csak a béke tud békét teremteni. Csak ha szeretettel fordulsz valami felé, tud szeretet visszaáramolni feléd. Már látod, melyik éned életét éled? Hajlandó vagy amellett dönteni, hogy békével, szeretettel fordulj a világ felé? Ha igen, bízva mondom, az tér vissza hozzád. Ekkor már az igaz énemmel éled majd életed, ami rajtad keresztül él és sugárzik ki másokra. A béke benned van, a szeretet benned van, a jóság, harmónia benned van, nem kell megtanulnod, csak emlékezz. A változás, a keresése az énednek, ez belső munka. Nem kell zarándokolnod, hogy megtaláld isteni lényedet. Azokat a dolgokat kell megkeresni, amik elrejtik előled. Itt kezdjük a fátylat elhúzni arról, amiről azt hitted, hogy csak a halál után tudsz megtapasztalni. Ez téves gondolat. Itt és most megteremtheted önmagadnak. Kezdjük el a gyakorlatokat. De figyelem: a változás egy folyamat. E folyamat készít fel, csiszol, alakít, formál. Ne kérdezd, még mennyi idő. Ne kérdezd, mit kell csinálod. Türelemmel legyél magadhoz, és bízz magadban, a belső lényedben, az útmutatásban. Amit elkezdünk, le is írhatod, sőt javaslom, tedd meg. Sokat segít, amikor életedet, énedet kezded összerakni és látod, hogy mi miért történt, történik. Ne felejtsd el: teremteni jöttél és tanító vagy ugyanúgy, mind mindegyikünk. Telj el szeretettel a gyakorlatok alatt. Először kérdések formájában teszünk lépéseket, mindig őszintén válaszolj!

– Hiszed-e, hogy teremtő vagy, és teremteni jöttél?
– Hiszed-e, hogy bármi lehetsz és bármit megtehetsz?
– Hiszed-e, hogy nem másokért jöttél élni?
– Hiszed-e, hogy a múlt elmúlt, és nincs ereje?
– Hiszed-e, hogy képes vagy itt és most megváltoztatni életedet?
– Hiszed-e, hogy aminek eleje van, annak vége is?
– Hiszed-e, hogy semmi sem a tulajdonod, mert minden múlandó?
– Hiszed-e, hogyha bármi történik, az a múlt gondolata, és nincs ereje?
– Hiszed-e, hogy képes vagy megteremteni azt, amit elmédben már láttál?
– Hiszed-e, hogy egyek vagyunk, és sorsunk összefonódik?
– Hiszed-e, hogy benned él az Istentől kapott erő?
– Hiszel-e a láthatatlanban?
– Áldod-e, amit eddig megteremtettél, és nem vagy-e dühös amiatt, amit még nem?
– Hiszed-e, hogy amit megfigyelsz, abba energiát fektetsz és felerősíted?
– Azonosulsz-e betegségekkel, rossz eseményekkel?
– Keresed-e a jobb érzést, amikor aggódsz, félsz, dühös vagy?
– Ítélkezel-e mások felett?
– Megfelelsz-e a rendszer elvárásainak?
– Élsz vagy túlélsz?

Az utolsó kérdés azért tettem fel, mert ha őszintén válaszoltál, akkor látod, hogy az egóval vagy a valódi éneddel éled az életedet.

Ha több nemleges válaszod volt /van, akkor egós elméd rabságában túlélsz.

Ha több az igen válaszod, akkor elkezdődött a változás az életedben, elindultál a fejlődés útján.

Akkor sincs semmi gond, ha több a nemleges válaszod – csináld tovább. Ha elhatározod magad a változás mellett, minden energia köréd gyűlik és segíteni fog. Ne veszítsd el hitedet. Még mindig ne felejtsd el, hogy egy folyamatba kezdtél bele. Maradj nyugalmi állapotban, keresd a béke érzését. Ha valaki a fejlődés útjára lép, de más eszközöket használ, kérem, az is vegye figyelembe, hogy az egó nem akarja a változást, és eleinte támadni fog. Bekúszik elmédbe, letilt a gyakorlatról, elkezd félni, megtámad mindent és mindenkit. Elszabotálja azt az időt, amikorra kitűzted, hogy leülsz, és elvégzed a belső munka folyamatait. Kezded elhagyni a komfortzónádat, és ezért akar védekezni, nem érzi jól magát. A hiteden fog múlni minden.

1. Csendesedj el.

Talán a legnehezebb feladat, amit adhatott számodra ez a könyv. A csendben vannak a válaszok, még ha most még nem is hiszed.

A csend furcsa dolog lehet először elmédnek – és a legnagyobb ellensége is.

A csendben meghallod az igazságot, amit az egó nem akar. Eddigi életed során körbevetted magad zajjal, hogy ne kelljen önmagaddal lenned. Rádiót, tévét kapcsoltál, kerested a zajos helyeket. Ahogy kocsiba ültél, máris zenét kapcsoltál. A változáshoz csend kell. Próbálj először pár percet, és mindennap egyre többet és többet. Nem kell mást tenned, csak ülj vagy feküdj, ami neked kényelmes, és figyeld meg a gondolataidat. Ez már óriási lépés.

2. Kezdd feleleveníteni azokat a dolgokat, amikre hevesebben reagálsz.

Ezek a dolgok, amiket még nem engedtél el, akadályozzák a fejlődésedet. Foglalkozni kell velük. Meg kell találni a gyökereiket.

3. Nézd meg szüleidtől hozott viselkedési mintáidat és hiedelemrendszeredet. Érdemes papírt, tollat ragadni. Írd le, miket tanultál és tanítottak szüleid. Például a pénzről – nehezen jön,

de könnyen megy. A szexről, a betegségekről, a táplálkozásról, a munkáról. Írd le magadnak, miket mondtak róla. És írd le téged, hogyan láttak gyerekkorodban.

Minden, amit ők mondtak rólad, csupán az ő fejükben volt, és te elhitted. Nézd meg, amit ők a pénzről gondoltak; te is úgy érzel, vagy már másképp szeretnél nézni rá. A szex tabutéma volt közöttetek, és most frusztrációt érzel, ezen az eszmén változtatni akarsz? Hasonlítsd össze a szüleid és a te viselkedésedet. Ha már valamivel nem értesz egyet, akkor vagy leírod, vagy hangosan kimondod, ezzel tudatosítod, hogy azok a viselkedési formák téged már nem szolgálnak, ezért visszaadnád felmenőidnek. Ez egy fontos momentum, hogy kialakítsd és megtaláld önmagad. A szüleid gondolata nem határozhatja meg a te gondolatrendszeredet és érzelmeidet.

4. Figyeld, meg milyen érzelemmel fordulsz a világ felé.
Ne csak azt írd le, hogy jó vagy rossz érzelmeket érzel a világról. Vannak a jónak és a rossznak árnyalatai. Minden, amit érzel a világgal kapcsolatban, benned van, hiszen rajtad keresztül látod a világot olyannak, amilyen. Ha félelmetes a világ számodra, akkor óriási félelem van még benned; ha küzdelmes világnak látod, te is küzdesz. Ha ítélkező világnak látod, még te is ítélkezel. Ez mind belőled jön, hisz' ami bent, úgy kint is. Testi szemeid érzékelik a világról, amit látni akarsz, mert az elméd azt akarja. Elgondolsz egy gondolatot egy világbéli dologról, kivetíted tudattalanul, amit megteremtesz, megtapasztalsz, és akkor rámondhatod, hogy „ugye, milyen rossz ez a világ?". Döntesz-e úgy, hogy szépnek akarod látni a világot, amiben jól érezheted magad?

5. Figyeld meg magad, mit érzel, ha beteg vagy, esetleg mást betegségét érzékeled. Míg félsz a betegségektől, nem lehetsz szabad. Azt gondolod, hogy a rák halálos betegség, vagy a cukorbetegség szövődménye következtében vakság vagy láb amputálása is előfordulhat? Az elme a megbetegítője a testnek. A betegség az elme olyan döntése, amely szemben áll az igazsággal. Ha félsz a

betegségektől, saját valódi énedtől félsz, a tudástól félsz. Nézd meg, mi az az érzelem, amit a betegségekhez fűztél. Csak attól félünk, amit nem ismerünk. Egy kínai gyógyító mondta: Ha három perccel lennél halálod előtt, akkor is képes lennél meggyógyulni, ha abban a pillanatban megváltoztatnád a gondolatodat a betegségről, és erősen a gyógyulásra helyeznéd a fókuszt.

6. A problémát problémának véled-e?

Kérdezhetném úgy is: nagy feneket kerítesz-e a dolgoknak. Figyeld meg magad. Ha találkozol egy számodra úgynevezett „problémával", akkor megoldandó feladatnak, vagy problémának tekinted. Az Univerzum arra reagál, ahogyan érzel egy dolog iránt. Ha bajnak látod a problémát, akkor azt mondja: „ha baj, akkor legyen baj, kívánságod számomra parancs".

Írd le azokat a dolgokat, az életed minden területéről, amelyeknek nagy fókuszt adsz. Pl. valaki elkésik egy megbeszélt időpontról. Hogyan reagálsz?

Nem úgy alakulnak a dolgok, ahogy eltervezted. Hogyan reagálsz? Stb. Ezeknek, ha kiborítanak, akkor hangsúlyt adsz, de lehet az bármi.

A dolgok nem véletlenszerű események sorozata. Mindig az történik veled, amit te vonzottál magadhoz. Figyeld meg őket, milyen érzelmeket fűzöl hozzájuk, problémának tekinted-e, vagy nem foglalkozol vele. Amire még reagálsz, a felmenőid reakciója is lehet, amit megtanultál tőlük, hogy egyes dolgokra hogyan kell reagálni. De lehet, hogy ami szüleidnek probléma, te már inkább megoldandó feladatnak véled, és nem tekintesz rá negatívan. Írd át szüleidtől tanult reakciókat. Tudod: semmi komoly nem történik itt.

7. Mersz-e nemet mondani?

Az emberek legtöbb hányadának óriási feladat igent mondani feladatokra, amikor érzi, hogy legszívesebben nemet mondana. Ha te így lennél, akkor meg akarsz felelni az elvárásoknak. Mi az, amire nem mersz nemet mondani? Tedd fel a kérdést magadnak: „Milyen érzelem vesz rá arra, hogy igent mondjak nem helyett?".

Félelem. Mitől félek? Keresd meg az érzelmet és tudatosítsd. Tedd így: ha nemet mondanék, akkor attól félek, hogy... megharagudnak rám, már nem fognak kedvelni stb. Feloldása: „Ha nemet mondok, semmi sem történik. Hiszen eddig a semmitől féltem". Eddig azért nem mertetek nemet mondani, mert nem tudtátok, mi történik utána. Biztosíthatlak, hogy semmi. De mivel még sohasem tetted meg, azért féltél tőle. Féltél a semmitől. Addig maradsz bent az igen-ember szerepében, míg egyszer meg nem hozod a döntést.

8. Befolyásolnak-e a külső körülmények? A fejlődésed az elme ébredése. Tesztelhető. Hogyan? Úgy, hogy bármi is vesz körül, jól tudod magad érezni. Ha még egós elmével játszol a játszótéren, sok minden befolyásolhatja életedet. Egy boldog pillanat egy szempillantás alatt szertefoszlik, ha hagyod, hogy befolyásoljon egy hirtelen lezúduló eső, egy defekt, egy forgalmi dugó, egy letört köröm stb. Figyeld meg magad, mi tud kibillenteni a harmóniádból. Mi az, és miért tartod becsben azt az érzést, ami annyira a hatalmába tud keríteni, hogy akár az egész napodat, sőt a partnered, barátod, hangulatát is lehúzza. Emlékszel a kis piros cipőcske történetére? Fontosnak tartod-e ezeket a dolgokat? Mi történik, ha csak nevetsz rajta egyet? A választ már biztosan tudom, hogy tudod.

9. Elvárod-e mástól, hogy úgy viselkedjen, ahogy te szeretnéd? Ha válaszod igen, akkor téves gondolatok irányítanak. Eltértél a Forrástól, ami a harmónia és szeretet. Az egót választottad vezetőként. Nagyra becsülöm, ha őszintén bevallod magadnak, hogy így van, viszont szeretném, ha emlékeznél arra, hogy mindenki teremteni jött, és senki sem tudja a te kívánságaidat teljesíteni, hogy mindig jól érezd magad. Ők nem azért jöttek, hogy a kedvedben járjanak. Ők a saját maguk Forrását akarják megtalálni, és nem a tiédet. Neked a feladatod, hogy te saját magad által találd meg a harmóniát, békét, szeretetet, és akkor nincs szükséged a másik emberre ahhoz, hogy majd ő

felvidít. Találd meg magadban, hiszen minden megvan benned, amitől jól érezheted magad. És nincs köze a másik embernek ahhoz, hogy te hogy érzed magad. Ne várj el ilyesmit a másik embertől, mert soha nem leszel boldog. Sem a hely megváltoztatása, sem a partnered cseréje nem változtat azon, hogy jól fogod magad érezni, vagy sem. A gondolataid mindig veled vannak, nem tudod becsukni egy ládába. Ezért nincs értelme a hely- és a partnercserének, annál inkább a gondolatok cseréjének pozitív megválasztására. Benned van a jólét.

10. Meg tudsz-e bocsájtani?

Bocsátottál-e meg valakinek úgy, hogy utána már nem voltak az illető felé rossz érzéseid? Ha igen, akkor nagyszerű. A megbocsájtás megváltás. Egy döntés. Képes vagy-e a megbocsátásra úgy, hogy nem fűzöl utána hozzá mást, csak szeretetet? Képes vagy-e ezt a dolgot, amit úgy érzékelsz, hogy bűn volt ellened, amit a másik tett veled szemben, átformálni olyanná, hogy téves gondolat eredménye, és nem történt semmi komoly? Képes vagy-e bűnt nem bűnnek címkézni, és így szabadságra lelni, és a társad is? Figyeld meg magad, hogy milyen érzelmeket vált ki belőled az, amikor ellened bűnt követnek el. Hogyan reagálsz? Pl. beléd tolat egy autó. Hogy reagálsz? És ha reagálsz, mi késztet, miért tart rabságban az az érzelem? Mivel mi vonzunk be mindent az életünkbe, akkor miért nem tudunk megbocsájtani annak a személynek, aki felvállalt egy szerepet, hogy megtapasztalhasd azt, amit bevonzottál és meg kell tanulnod kezelni?

A megbocsájtásra szeretném ajánlani nektek a VISKÓ című filmet.

11. Elfogadod azt, hogy ami a jelenedben van, az már megváltozhatatlan?

Ha így teszel, csalódások sorozata lesz az életed. A gyakorlat fő eleme a változás. Minden mozgásban van, minden változik. Tedd fel magadnak a kérdést: „Mihez ragaszkodom a jelenben?". Írd össze, mi az, amit úgy gondolsz, hogy örökre úgy marad, és nem akarod soha elengedni. Amikor a döntést meghozod, hogy hátrahagyod a múltat és boldogságban, szeretetben kívánod élni az életedet, amikor a teljes szabadságot választod, akkor a múlt elengedésével azok is elengedésre kell, hogy kerüljenek, amit eddig a tulajdonodnak tekintettél és ragaszkodtál hozzájuk. Ezzel nem azt mondom, hogy adjál el mindent, hanem, hogy ne azonosulj a tárgyakkal, emberekkel, akik és amik identitásod részei voltak. Régi nagy tanítóink bölcs gondolata a következő: csak az lehet a tiéd, amit elengedsz. Ez a tanulás része. Hajlandó vagy-e elengedni ragaszkodásodat a múlandó dolgok felett? Most nézd meg érzéseidet. Mit érzel, ahogy olvasod-e sorokat? Dühöt? Haragot? Esetleg felmerül benned, hogy nincs értelme a változásnak? A szerzett dolgok az életet földi pokollá tehetik. Miért? Mert felemészted a tested azok megtartásáért. A ragaszkodás egy téves gondolat. Csak egy dolgot vihetünk magunkkal, az pedig az élmény, amit megtapasztalunk. Nézd meg, volt-e életedben olyan, amihez foggal-körömmel ragaszkodtál, tulajdonodnak érezted, és szempillantás alatt elveszítetted? Meg kell tanulni elengedni a dolgokat, és ez is csak egy folyamat, egy darabka az egységes nagy részéhez.

Ezen feladatok kezdeti lépésekhez valók. Bárikor, bárhol megcsinálhatod. Lényeg, hogy ne rohanj. Ne csinálj olyat, hogy „na jó, van két percem, és gyorsan megcsinálom". Így nem hatásos arra nézve, hogy mélyítsd a változásra szolgáló pozitív gondolatokat. Ha nem érzel magadban inspirációt, hogy megcsináld, ne tedd. Várj, míg nagyobb lelkesedés fog el. Az az idő lesz számodra és elmédnek a legbefogadóbb pillanat.

Sok türelmet kívánok a gyakorlatokhoz.

BETEGSÉG

Sokakat érintő dologról fogunk beszélni. Több tanítást megközelítve írok a betegségekről. Számomra a legnagyobb tanítás saját tapasztalatom volt: egy vastagbél-daganat és egy méhnyak-elváltozás. Már említettem, hogy semmilyen külső segítséget nem vettem igénybe ahhoz, hogy meggyógyítsam magam. Vagyis, hogy elmúljanak a tüneteim. Ahogy megértettem a testemben zajló elváltozásokat, egyre mélyebben belevetettem magam az elmébe. Az elme csodálatos működésébe. És lehet, hogy sokak számára furcsa, de a betegség nekem egy áldás. Már tudok örülni, ha valakivel beszélek és fejfájásra, gyulladásra, vérzésekre panaszkodik, hiszen szerintem már a legjobb úton jár elváltozásának kifuttatásában. Ezeket a dolgokat nem csak megtanultam, hanem saját testemen és elmémben megfigyelve tapasztaltam. Amióta tudom, hogy a test és az elme együtt dolgozik egy konfliktusban, azóta nem félek a betegségektől, nem tudok megijedni, ha valaki daganatos, nem tudnék még akkor sem, ha ismét szembesülnék a saját testemben egy daganatos tünettel. Ismétlem: nem félek tőle. Természetesen már nem tudok olyan nagy konfliktust csinálni magamnak, hogy valamilyen nagyobb elváltozást produkáljak a testemben. Ha velem tartasz, akkor emlékezni fogsz, hogy te sem félsz, mert a világ legtermészetesebb reakciója egy testi elváltozás. Olvashatsz arról is, hogy miért van az, hogy valaki egy hétig valaki egy hónapig van benne ugyanazon elváltozásban. Miért van az, hogy egy családon belül végigmegy egy hasmenés, valahol meg csak egy családtagnak van tünete? Mi köze van a betegségnek a felmenőkhöz? Miért szilárdítjuk meg a betegségünket, miért gondoljuk, hogy létezik meddőség, amikor Isten ajándéka a nő számára, hogy gyermeket szülhessen? Miért érzik, hogy Isten csapása a betegség? És a legfontosabb kérdés: mi a betegség, és honnan indul? Mindenre kaptok választ, és még többet ezen kérdések mellett.

Nézzük, mi is a betegség!

Hagyományos módon akkor hívják betegségnek a testi fizikai megnyilvánulást, amikor különböző tünetek jelentkeznek. Gyulladások, hasmenés, hányás, vérzések, rohamok stb. Ez egy akadémikus szemlélet. Ha az elme részéről nézzük, akkor gyógyulási folyamat. Az elme a jelenlévő dolgokat, a múlt gondolatainak lecsapódásának véli, és nem ad nekik jelentőséget, csak az emberi lény.

Maga a szó, hogy „betegség", évezredek óta ijesztő, hiszen tüneteket produkál a test, fájdalmakat érzünk. De vajon tényleg a test beteg? A ruhácskánkat, amit csak arra kaptunk, hogy a lélek tárolója legyen ezen földi élet során, fontosnak véljük, hiszen ha csak lelkek lennénk, akkor nem lenne semmilyen okunk a zűrzavaros gondolkodásra, és épp ezért nem kellene semmi anyag, hogy megnyilvánulhassanak téves gondolataink. Vagyis remekül meg van tervezve a földi lényünk, hogy kaptunk egy energiákból, intelligens sejtekből összeállt ruhácskát, ami földi életünk során jelzi, ha elménkben zűrzavar támadt. Innét már sokaknak sejthető lehet, hogy a test nem tud betegséget létrehozni, csak az egyetlen anyag, ami jelezheti, hogy téves gondolatokat gyártottunk, és ezáltal konfliktusokat élünk meg. A „betegség" név nem alkalmas a testi tünetekre, hiszen a test nem betegedhet meg csak úgy. Az elme vezérel és utasítja a testet, mert az egyetlen hely, ahol megnyilvánulhatnak a konfliktusaink akcióinak reakciói. Az „elváltozás" jobb szó a „betegség" helyett.

A testünkben a sejtek olyannyira intelligensek, hogy különböző konfliktusra másképp és máshol reagálnak. De ha a test nem, akkor mi által betegszik meg a testünk? Az elmétől. Számomra nagy rejtélyeket már nem takar az elme, de amikor az elváltozásokat kezdtem megérteni a testünkben és elkezdtem az elmével foglalkozni, hatalmas megdöbbenések értek. Tanulmányaimnak első lépcsőit dr. Hamer felismeréseivel tettem meg. A Germán Medicina korszakalkotó felismerése, hogy nincs betegség, csak természetes elváltozás. Ez egy ismert tudás volt még születésünk pillanatában, de már tudjuk, hogy elhomályosítottuk olyan dolgokkal, ami csupa illúzió, és dr. Hamer felismerése által újból lehetőséget kaptunk arra, hogy fellebbentsük a fáty-

221

lat a tudásról. Rendkívül izgatottá tett mindaz, amit ott tanultam, és mára már a világ legtermészetesebb dolgaként kezelem. Fantasztikus. Ez a tudás mindenkiben benne van. Minden elváltozásunkat a lélek harmóniából való kibillenése okozza. Előszörre valótlannak tűnhet, de olvasd csak tovább. Ehhez nem kell, hogy hited legyen, hiszen ez olyan információ, amit tudsz, és nem hinni kell benne, hanem tudni, hogy valós dolog. Ezzel nem bebizonyítani akarok neked valamit, hanem segíteni abban, hogy a betegséget, a tested működését, és a lelkedet megértsd, hogyan áll összhangban az egész világegyetemmel. Olyan megnyugvásra találsz, hogy mély boldogság fog eltölteni, hogy tényleg semmi komoly nem történik, csak tévesen gondolkodtál.

De ki dönti el, hogy a gondolataink tévesek? Az elméd. De az elme évezredek alatt elkülönült. Mitől? Az igazságtól. A bennünk élő lélek mindig velünk volt és velünk marad, hiszen azok vagyunk örökké, viszont az elkülönült elme igen sokszor beteggé teszi. A téves gondolatok azok, amiktől a lélek kibillen harmóniájából, előkerül az egó, és az elme utasítást ad ki a testnek, hogy az igazságtól eltérő, téves gondolatok vannak bennünk. Egy figyelemfelhívás csupán. Dr. Hamer lélek–agy–test párhuzamos reakciójának nevezi a téves gondolatok és a testi tünetek lefolyását. A lélek reagál egy adott konfliktusra, az agyban már észlelhető a változás, és szervi szinten elindul a diszfunkció. A lélek egy valós dolog, és ez sem attól függ, hogy hiszel-e benne vagy sem, a hitnek nincs köze a lélek jelenlétéhez. A lélek reagál mindenre, amit elménkben tévesen elgondoltunk és valós vagy valótlan konfliktusnak véltük. Hogy valós vagy valótlan a konfliktus, az az elme számára kiszűrhetetlen. Egyszerűen az elme csak azt érzékeli, hogy gondolunk valamire, ami számunkra óriási probléma. Ezért nagyon érdekes az elme. Olyan dolgokra is reagál, amelyek még nem történtek meg, de félsz tőlük, és előre kivetíted, lemozizod kockáról kockára, hogyan fognak megtörténni. Ez az elkülönült elme, az egós elme, de erről már olvashattál az előző fejezetekben. Rendkívül frappánsan megfogalmazta a kisebbik lányom az elkülönült elme munkáját, amikor valótlan dologra reagált egy eseményen, ahol sok ember volt és fülledt levegő, amellett óriási hangzavar. Egy koncerten állt nővérével, amikor elkezdett kibillenni a harmóniájából a sok külső körülmény befolyásolása miatt, és elméjének egós része elkezdte a pánik tüneteit produkálni. Anna lányom már nagyon tudja a tanítást, és mindig elő tudja venni emlékező elméjét egy ilyen szituációban. A következőt mondta valótlan, de elképzelt rosszullétéről: „anya, az egós elmém már elkezdte megtervezni az útvonalat". És igen. Az egóos, elkülönült elme egy valótlan rosszullétnél már pillanatok alatt eltervezi az útvonalat, és képek formájában ki is vetíti azt. A pánik. Népbetegség már az elég világban. Előre kivetített, frontál félelmi konfliktus. A lélek kibillenés alatt van, az elme információt kap, az agyban szó szerint becsap a villám, és a testi szinten elindul a változás. De nézzük meg... Az elme és a lélek szellemi síkon van. Az agy és a szerv fizikai síkon. A szellemi síkon kezdődik a téves információ érzékelése a lélekben. Első lépésként az elme reagál, második lépés – de még mindig szellemi síkon vagyunk –, hogy az agyban kimegy a biztosíték. Az már fizikai sík, és elkezdődik a szerven az elváltozás negyedik lépésben, ami szintén fizikai. Vagyis a végső állomása a téves gondolatnak a test. Okozatként jelenik meg a testen a téves gondolat. Akkor az egós elme beteg, nem a test. Nézzük meg, amit te betegségnek nevezel és gyógyszerekkel tömöd magad, akkor éppen mit gyógyítasz? Ha a leírtakat figyelembe vetted és megértésre talált benned, akkor a gyógyszereknek semmi értelme sincsen a test gyógyításában, hiszen a szellemi síkon megjelenő gondolatokat nem gyógyíthatjuk fizikai síkon. De miért hat a gyógyszer a fájdalomra? Nagyon egyszerű a válasz. Minden szerved, szöveted az agyban egy konkrét helyen meghatározott relével van kapcsolatban, ha úgy tetszik, összeköttetésben. Amikor a lélek kiadja a parancsot, hogy egy adott konfliktus mely szervet, szövetet érinti az agyban, abban a pillanatban lefotózható CT által az elváltozás, amint az agyunkban lévő gliasejtek céltáblaszerű, körkörös ödémát képeznek a regeneráció alatt lévő relé körül, és az ödéma nyomást gyakorol az adott szervre is. Vagyis minden gyógyszer az agyban megjelenő ödémára fejti ki hatását, ödémalehúzó, ezért a gyógyszer csökkenti a nyomást az agyi relén, és ezzel csökken a fájdalom is a hozzá tartozó szerven. Gondolod, hogy a gyógyszer olyan intelligens, hogy tudja, melyik testrészedbe kell vándorolnia ahhoz, hogy javulást érjen el? Tudja a térded fájdalmára bevett gyógyszer, hogy oda kell lemennie? Belegondoltál már ebbe? Minden fájdalom érted van. Minden. Az anyatermészet precizitása rendkívüli. Amikor fáj a fejed, kérlek, gratulálj magadnak, hiszen megoldottál egy konfliktust, amit elméd egós része rendkívül hatékonyan kidolgozott neked, te pedig elhitted, mert olyan gondolataid voltak egy adott élethelyzetről, hogy gondot okoz számodra, és óriási konfliktust gyártottál belőle. Tested akkor produkál fájdalmat, gyulladást, vérzést, hasmenést stb., ha végérvényesen megoldottál egy számodra nagy konfliktust.

A betegség – és ez minden betegségre igaz – két szakaszból áll. Konfliktus-aktív és megoldás utáni szakasz. A konfliktus-aktív szakaszban, ingerült vagy, nem tudsz aludni, állandóan a konfliktuson jár az agyad, nincs étvágyad, kényszeresség ül ki rád. Tele vagy félelemmel, aggódással. Szinte semmi testi tünetet nem észlelsz, de megállhat a normál emésztés, hiszen vannak konfliktustípusok, amik emészthetetlenek számodra. Az anyatermészet annyira kegyes volt hozzánk, hogy aktív szakasz idején nem dönt bele az ágyba, hiszen akkor nem tudnád megoldani a konfliktusodat, mert a tüneteiddel kéne foglalkoznod. Hát nem zseniális? Ámde. Megoldottad a számodra óriási konfliktust, szereztél új munkát, lett lóvéd, kibékültél egy nagy háború után a pároddal, megnyugszik a lelked, és már ki is van adva a parancs a regeneráció érdekében. Ez a második szakasz, ami már megoldás. Itt jelentkeznek a tünetek. Legyengülsz, ágynak dőlsz, lázas leszel. Már nem kell teljesítened a megoldás érdekében, ezért csökkenhet a pulzus, megindul az emésztés, és persze jönnek a fájdalommal járó tünetek is. Az anyatermészet pihenésre kényszerít, hiszen rengeteg energiát veszítettél a konfliktusod miatt. Rohamok is a megoldási szakaszban jelentkezhetnek. Pánik, epilepszia, görcsök. A fájdalom illetve a duzzanatok a szerven, szöveten és az agyban normál jelenségek megoldási szakaszban. Csak az agyi duzzanat okozott eddig több galibát, amikor is valakinek a hosszan tartó megoldási szakaszában jelentkező fejfájása alatt az agyi CT kimutatta, hogy egy ponton ödéma található, ami az akadémikusok olvasatában egy agydaganat. Pedig csak regenerációs folyadék, és ha kifut az elváltozás, akkor az agyi ödéma is feloszlik. De... az akadémikusok előszeretettel felnyitják a koponyát és eltávolítják a gliasejtekből összegyűlt regenerációs ödémát. No comment. Ezért javaslom, hogy a megoldási szakaszban, amikor fejfájásra panaszkodsz, s az lehet akár napokig tartó is, ne menjetek agyi röntgenre, mert nagy valószínűséggel agydaganatot diagnosztizálnak. A másik segítség fejfájós időszakra... Tudom, megint összeráncolod szemöldököd, mert nem ezt tanították. Mikor fáj a fejed, akkor nagyobb mennyiségű folyadék van az agyi relén és az érintett szerven, ezért ha sok vizet iszol, megnöveled a folyadékmennyiséget az agyban és szerven is, és nagyobb nyomás nehezedik rá, ami még nagyobb fájdalmakat okoz. Ezért folyadékbevitel kontroll betartása javasolt. Illetve kávét és kólát fogyaszthatsz, mert vízhajtó hatásúak. Nem akarlak meggyőzni, próbáld ki. A gyógyszert ne dobd ki, csak abban az esetben használd, ha már nagyon elviselhetetlen a regenerációs fájdalom.

Egyszóval a betegség nem is betegség, csak egy megoldási tünet. Jó. De hogy van az, hogy ennyi elváltozás létezik? Szintén nem adok rá olyan bonyolult választ. Egy konfliktus – egy elváltozás. A gondolataink, érzelmeink határozzák meg a tüneteinket. Olyan erős a gondolat, hogy még azt is meghatározza, milyen tüneted lesz és milyen kiterjedésű a gyulladásod, s mennyi ideig fog tartani.

Nézzünk egy konkrét példát. Van egy személy, akinek hatalmas konfliktust okoz az, hogy vállalkozását fenntartsa, hiszen ebből tartja el a családját, de nem mennek jól a dolgok, és állandóan azon gondolkodik, hogy milyen mocskosan bántak vele partnerei, bedolgozói. Vagyis, mint látjuk, mocskossági konfliktuson megy keresztül. Az érzelem mindig meghatározó dolog. Minél mélyebb ez a mocskossági konfliktus, annál nagyobb lesz az elváltozása. Vagyis ha emberünk már teljesen kikészült és véglegesen felcímkézte konfliktusát, hogy mocskossági konfliktusban van, akkor a vastagbele lesz érintett megoldási szakaszban. A mocskossági konfliktus egy emészthetetlen dolog. Míg benne van ebben az őrületben, nagyon semmit sem fog észrevenni, de az sem mindegy már számára, hogy meddig. Ha hosszan tartó konfliktusban van benne – vegyük példaként, hogy négy hónapig –, akkor törvényszerűen megközelítőleg addig is fog tartani neki a megoldási szakasza. Ezért nem érdemes sokáig húzni-halasztani a konfliktusokat. Emberünk tehát mély lelki konfliktusban volt szellemi szinten és fizikai szinten, tehát hosszan tartott. Megoldotta a konfliktust, átkapcsol megoldásba először szintén szellemi síkon, és jön a parancs a regenerációs folyamat elindításához a fizikai testben. Emberünk legyengül, hasi görcsök, esetleg láz kíséretében felgyorsul az emésztés és már érzi, hogy a belein van valami elváltozás. Mivel a mocskossági konfliktus miatt oda koncentrálta az érzelmeit, ezért érintett a vastagbél. Egy mocskos, szar ügy. Szó szerint.

De nézzük, mi történik, ha más érzelmekkel éli meg a beszállítók átveréseit emberünk. Mondjuk, elkezd félni, hogy nem tudja etetni a családját, nélkülözni fognak. Kivetítette elméjében, hogy nem lesz étel, amit megvehet gyerekeinek.

Vagyis éhezési, nélkülözési konfliktusa van, akkor már a májat érintő elváltozásban lesz része.

És mi van, ha bosszankodik napi huszonnégy órában? Állandóan dühös, ekkor már a gyomra lesz érintett a megoldási szakaszban.

De ha valójában nem foglalkozott volna vele, hogy átverték a fejét a beszállítók, akkor semmilyen elváltozása nem lett volna.

Mindig meghatározó egy tünetnél, hogy tulajdonosa milyen érzelmekkel éli meg azt az akadályt, ami a vonzás törvénye alapján saját magának teremtett meg. És meddig tart a tünet? Általánosságban, mivel mirigyes elváltozásokról beszélünk, annyi ideig tart a tünet, mint maga a konfliktus. Ez már bőrproblémáknál nem helytálló, mert a bőrön lévő elváltozás amilyen gyorsan jön, olyan gyorsan tud regenerálódni. Rengeteg érzelem van bennünk. Mivel betegségekről beszélünk, a negatív érzelmek vannak jelen. Gondoltad volna, hogy a féltékenység miatt milyen tünetek jelentkezhetnek? Az állat is körbevizeli a területét. Az ember is, hiszen mindent az állatvilágra vezetünk vissza. Az emberi lény nem primitív módon teszi ezt, de húgyúti tüneteket produkál. Ilyenkor mondják, hogy „felfáztam". Na tessék, már nem tudja a párotok letagadni, hogy őrülten féltékeny. A csalánkiütéses gyerek mire gondol? Milyen érzelmek kavarogtak benne, mielőtt produkálta a viszkető pöttyöket? Konfliktus volt számára, hogy édesanyja távol van tőle, nem érintkezhet vele. Ahogy anyuka átölelte, máris jelentkezett a csalánkiütés. A szemed látása miért homályosodik? Mi az az életedben, amit nem akarsz látni, és épp ezért inkább elhomályosítod látásod? És mit nem akarsz hallani, hogy süketség jeleit mutatod? És a lábgörcs? Béklyó-konfliktus eredménye. Le vagy kötelezve. Nem tudsz kilépni, elmozdulni. Miért van baj a véreddel? Mi baj van a vérvonaladdal?

Miért pattanásos a tinédzser? Mert fontos számára, mit mondanak róla, mert fontos az identitásához?

És a csontelváltozások? Önbecsülésed, önértékelésed, miért nincs rendben?

Miért hullik a hajad, miért kopaszodsz? Mert senki sem ismer el, nem dicsérnek? A fogaid tönkrementek az állandó rágódás miatt? És folytathatnám tovább. Érzelmeket kell keresnünk, és mindig megtaláljuk, ami elindította fizikai szinten az elváltozást.

De nézzük azt, amikor megszilárdítjuk a betegségünket, ami már az okozat. Súlyos probléma a világban. Elhittétek, hogy létezik betegség, és olyan szilárdan hisztek benne, hogy felcseréltétek ebben a pillanatban az ok-okozat törvényét, és okká kiáltottátok ki a betegséget. Az az oka a vacak életednek, hogy beteg vagy. Pedig csak okozat volt a betegség, amit már megelőzött egy konfliktus. Ezáltal máris áthárítottad a felelősséget magadról a betegségre. Azért, hogy vacak az életed, nem a tüneteid, hanem a gondolkodásod a felelős. Ha elfogadod, hogy te magad teremtetted gondolataid által a betegségedet, már felelősséget vállaltál életedért és nem tudod többé okolni a betegséget a rossz minőségű életedért. Ne szilárdítsd meg magadban a betegség gondolatát. Ne legyen befolyásoló tényező a jövődre nézve. Ha így teszel, belekerülsz egy körforgásba, ahonnét nehéz lesz kimásznod – ha sikerül. Ha azt mondogatod nekem: „de nem látod, hogy beteg vagyok, az orvos is megmondta", akkor benne vagy abban a hiedelemben, hogy létezik betegség. Belepörgetted magad még jobban a tünetekbe, és már egyre hoszszabb ideig tartanak a gyulladások, egyre nehezebben tudsz állni, ülni, feküdni, menni. Egyre kevesebb lesz a hited ahhoz, hogy gyógyult legyél. Minél többet és többet beszélsz az adott problémáról, hogy milyen fájdalmaid vannak, mennyi gyógyszert szedsz, mutogatod fűnek-fának elváltozásaidat, annál jobban erősíted a betegséget, annál erősebb lesz benned a betegségtudat. Minden elgondolt gondolat számít. Nem csak az, amit jelen életedben gondolsz, hanem amit a múltban is gondoltál. Ha nem tudsz a múltban valakinek megbocsájtani, akkor a hozzá fűzött gondolataid még mindig betegítik fizikai testedet. Megbocsájtani valakinek annyit jelent, mint elengedni, és ha elengeded, akkor a hozzá fűzött érzelmeket is elengeded. De valóban azt hiszed, hogy a másik ember betegít meg? A másik ember viselkedése tett beteggé? Ez téves.

Ezzel átruházod a felelősséget a másik személyre. Külső körülményeket okolsz betegségedért, ezért gondolod, hogy külső segítségek meggyógyítanak. Ugyanazon szinten maradtál, és azon a szinten képtelenség megoldani bármit. Ugyanazon gondolkodással nem jutunk előbbre. Feljebb kell lépni a szellemi szinten, az elme és a lélek világába, hogy bármit javítsál életeden. És ebbe a betegség is beletartozik.

Ne hárítsd át másra a felelősséget. Ez olyan emberi viselkedés. Emberieskedsz és támadsz. A sejtjeid annyira intelligensek, hogy úgy rendeződnek, úgy szaporodnak vagy újulnak meg, ahogy a vezérlőd vezérel. Ha rosszul vezérelsz, saját magad áldozatává válsz. Miért hiszel a betegségben? A rendszer miatt, a saját rendszered miatt. A hiedelemrendszer. Jól megtanították és te jól megtanultad, hogy a betegség az egy rossz dolog, és oly sok millió ember hiszi ezt el, hogy szépen kialakították azt a rendszert, azt az intézményt, aki és ami elhiteti velük, hogy külső körülmény áldozatai és külső körülmények használatával meg is tudják magukat gyógyítani. Onnét várják a segítséget és rájuk teszik a felelősséget, mert nem hajlandók magukban keresni a megoldást, inkább mástól várják. Ezért alakultak ki a kórházak és a gyógyszeripar. Mellesleg elég jó hasznot húznak abból, hogy megengedik, hogy az emberek saját életük felelősségét átadják. De ez már egy mélyebb gondolat. Minden sejted az intelligenciából fakadóan emlékszik a múltra. Ami régen számodra szenvedést okozott és mély érzelmeket fektettél bele, amire ha emlékszel, felidézed magadban és átéled érzelmileg az eseményt, abban a pillanatban elindul újból és újból a reakció, addig, míg nem találod meg rá a megoldást, nem tudatosítod. Sejtjeid, izmaid tárolták a személyhez, eseményhez fűzött érzelmeket, és azonos reakciót váltanak ki. Ha emlékezni tud a sejt, az izmok, akkor miért gondoljuk, hogy az elme nem tud emlékezni az isteni tudásra?

Nézzük a pozitív oldalát, a gondolat, szó, tett sorát. Betegségnél már láttuk, hogy hogyan működik.

Azt kezded el gondolni, hogy jól vagy. Beszélsz róla, hogy egyre jobban érzed magam. Kezded megkeresni a pozitív dolgokat a negatívban (betegségben). Elfogadással, megértéssel tekintesz belső lényed figyelmeztető mutatóira. A tetteiddel pedig a gondolatodhoz és szavaidhoz hasonlóan pozitív cselekedeteket hajtasz végre.

A gyógyszer beszedése helyett elcsendesedsz, és keresed az elváltozásodat elindító negatív gondolatot. Megfigyeled érzéseidet, és pozitív gondolatokkal töltöd fel. Megértésre találsz, hogy betegségednek már nincs ereje feletted. Ha ezeket teszed, ezzel meghatározod holnapod. Amibe fekteted gondolataidat, amire fókuszálsz, azzá válsz. Milyen fizikai állapotban szeretnél lenni? Gondold ki, beszélj róla, és pozitív cselekedetekkel csináld végig a napodat. Hallgass zenét, mosolyogj, sétálj, bármit, ami jó érzéssel tölt el. A szellemi síkon fogod ismét érezni az első lépést. Nyugodt maradsz, békés, ami a fizikai testeden hamar jelentkezik a teljes gyógyulásként. A pozitív gondolatoknak sokkal nagyobb erejük van. Nem élhetsz kettős világban. Vagy jól vagy, ami szellemi és fizikai síkon is igaz, vagy beteg vagy – szintén mindkét síkon. Vagy a Mátrixot választod vagy a való világot. Választanod kell. Senki sem tud helyetted választani, neked kell meghoznod a döntést. A választásod határozza meg a jövőt. Az elkülönült, egós elme csak az egós elmével képes haladni. Olyan elmével képes együtt dolgozni, akiben látja és érzékeli azt, hogy „majd ő vezet engem, megmondja, mit jó nekem, segít nekem meggyógyulni". Az ősi gyógyítok nem ismerték a patologikus gondolkodást. Nem kutatták a betegséget, nem erősítették az emberben a betegségtudatot, hanem különböző gyógynövényekkel és a szeretet érzésével támogatták a gyógyulást. Nem keresték a sejtek diszkfunkcióját, nem félemlítették meg az embereket azzal, hogy mi történhet velük, milyen szindrómákat szenvedhetnek el, hanem a lélek gyógyulását segítették, és nem fizikai síkon kezdték a gyógyítást. A mai orvostudomány fizikai síkon kezd el gyógyítani, aminek semmi köze a valós gyógyuláshoz. A világon már vannak felébredt orvosok, akik felismerték, hogy a betegség nem a testből, a fizikai síkon kezdődik, és sokan vannak már, akik váltottak, és gyógyszerek helyett a lélek gyógyulását kezdték előtérbe helyezni, homeopátiával kezelni az elváltozásokat. Ez hatalmas lépés egy orvostól, és nagyra becsülöm munkájukat, hogy mernek másképp gondolkodni. Már említettem, hogy a gondolatok, érzelmek határozzák meg a jövődet a holnapodat, és ez határozza meg, hogy valaki túlél egy elváltozást vagy sem. Rengeteg ember túlélt daganatos elváltozást, agydaganatot – még te is. Ez nem vicc. Nincs olyan ember, vagyis nagyon ritka, akinek nem volt még fejfájása. Akkor jelentkezik a fájdalom, amikor a megoldási szakaszban megnövekedik az agyban a relé körül a duzzanat. Ez törvényszerű. Voltak már különböző elváltozásaid, és ha igen, a megoldás utáni szakasz idején agydaganatod volt. Ne rémülj most meg. Azért nem foglalkoztál vele, mert nem volt nagy konfliktusod, és egy kisebb duzzanat volt csak a fejedben, ami nem gyakorolt nagy nyomást a relékre. De ezt senki sem említette neked, ugye? Csak a mirigyes szöveteink tudnak daganatot képezni, ez alól kivétel az agy, mert az nem mirigyes szövet, ezért nem is mondható rá, hogy agydaganat, inkább csak regenerációs folyadék. A probléma, hogy elhitették az emberekkel, hogy a rák halálos betegség. Nem tudják, mi miért történik, csak azt látják: sejtszaporulat van egy daganatos elváltozás alatt, és az rossz. Én már nem így vagyok vele. Egy dologtól tud az emberi fizikai lét megszűnni: ez a levegő hiánya. Ha bármilyen elváltozásban vagy, de tudsz levegőt venni, ha tudsz mély levegőt venni, mindened megvan ahhoz, hogy élj és meggyógyulj. Csak a fulladás okozhatja halálodat, semmilyen más betegségben nem tudsz meghalni.

De akkor miért van az, hogy tegnap még láttad, és pár nap múlva értesülsz haláláról? Minden ember testében kivétel nélkül voltak már olyan elváltozások, amivel nem fordult orvoshoz, de meggyógyult. Mondjuk, egy több napig tartó hasmenés. Viszont ha elment volna orvoshoz és kivizsgáltatja magát, patologikus szaktekintély véleményét kérte volna az elváltozása kérdésében, már ebben a pillanatban nem a gyógyuláshoz vezető útra tért volna rá, hanem a betegség megszilárdítására való törekvésre, amire az orvos még címkét is ragaszt, és azt mondja: „kedves XY, magának ez és ez a baja van". Még meg is nevezte. Az orvos a betegséget keresi, és márpedig addig, míg nem talál. Ekkor elkezdődik a harc az idővel, mert mintha időhöz lenne kötve a gyógyulás. Különböző terápiákat javasolnak, amik segítenek a gyógyulásban, de hozzáteszik a gyógyulási és halálozási statisztikát is, hogy még jobban beparázz. Mellette már kaptál egy sokkot, mert napokon belül alá kéne írnod egy papírt a kezelésekről, de ha nem írod alá, akkor nem tehetnek érted semmit. Mint tudjuk, a daganatos elváltozások, gyulladásos folyamatok, amelyek sejt szaporulattal járnak, a világ legtermészetesebb dolgai. A gyulladás egyenlő a gyógyulással. Egy emésztőrendszeri gyulladásnál nem tudod megnézni, hogy mennyire gyulladt, és megijedsz tőle, hiszen nem látod. A manduládat látod, és tudod, hogy ott van, naponta láthatod a gyulladás csökkenését, és megnyugtatóbb, mert látod. De semmi különbség nincs egy bél- és egy mandulagyulladásánál. Csak az félelmetesebbé válik az elme számára, amit nem lát. Vágtad már el az ujjadat késsel? Bepirosodott a vágás mellett a bőr, begyulladt és fájdalommal járt. De nem fékezted meg a vírusok munkáját, mert nem ijedtél meg tőle, hogy mi fog történni. És annak ellenére, hogy nem kezelted, meggyógyult magától. Ezt csinálja a beled is. De amit nem látsz, hogyan gyógyul, attól nekiállsz félni, és ezzel lassítod a folyamatot, illetve a gombácskákat, amik ebben az esetben elszaporodtak a gyógyítás érdekében, ijedséged miatt elkezded kiirtani különböző gyógyszerekkel. Ezzel megállítottad a gyógyulást, csak a tüneti kezelésre kaptál lehetőséget, de ezzel még nincs teljesen megoldva. Feladtad a szabad akaratod, és átadtad az irányítást tested felett egy másik ember kezébe. Más dönt a tested felett, elmentél az anyatermészet ajándéka mellett, ami nem más, mint az öngyógyítás. Elveszted hitedet, józan ítélőképességedet, és elkezdesz annyira azonosulni a betegségeddel, hogy az összes energiádat arra pazarlod és kimerülsz. Ilyenkor elkezd az ember kapkodni és keresgélni, hogy mitől tudna gyorsan meggyógyulni. A hit lenne, ami segítene. Hinni abban, hogy vagy és létezel, és vannak olyan láthatatlan erők és energiák, amik segítenek a gyógyulásban. Ha hosszan tartó elváltozásodat nem bírod átfordítani a gyógyulás irányába, akkor olyan erős benned a betegségben való hited, hogy szilárdabb már nem is lehet, ezzel fenntartod elváltozásodat mindaddig, míg fizikai tested és lelked fel nem adja, úgy gondolva, hogy ebben az életben még nem voltál elég erős a valós éned és hatalmad megtapasztalásához. A megoldás a fizikai test halála. Volt szerencsém találkozni olyan hölggyel, mint már ezt említettem, hogy több elváltozása is volt, de a hite erősebbnek és szilárdabbnak bizonyult, mint a kezelés. Természetesen örültem neki, hogy ennyi kezelés után is ott volt velünk, de megkérdőjelezhető a gondolati rendszere, ami mindig kiváltotta nála a daganatos elváltozását. Nem a betegség, viszont a konfliktusra olyan intenzíven tud reagálni, hogy állandó jelleggel erős gyulladások jelentkeztek nála, vagyis nem jól kezelte a konfliktusokat, ámde a betegségnél a hitrendszerében nincsen negatív félelem. Nagyon sok esetben nem a primer, vagyis az elsődleges daganat okoz problémát, hanem a másodlagos elváltozás. Ezeket hívják az akadémikusok „áttétnek". Mivel már maga a szó, hogy „áttét", sokkot okoz azért, mert nem tudják, hogyan működik, nem értik azt a dolgot, ami az egyedfejlődésre vezethető vissza, annak ellenére, hogy az egyetem első évében minden hallgatónak meg kellett tanulni, de valószínűleg elfelejtették. Ebben a könyvben nem akartam és nem is fontos számomra, hogy bonyolult nyelven tárjam elétek a dolgokat, sokkal inkább a legegyszerűbb, érthető nyelven írom le azt a dolgot is, ami az emberek számára egy rémisztő valami. Mivel a daganat egy sejtszaporulat (gyulladás), és az adott konfliktus érzelmi vonala határozza meg, mely szervet, szövetet érinti, csak ott kell, hogy helyreállítás történjen, az adott szervhez a természet törvénye által szigorúan meghatározott szimbiótával. (Gomba, baktérium, vírus.) Igaz, azt tanították, hogy ezeket ki kell irtani szervezetünkből antibiotikumokkal és különböző kemikáliákkal. Félreértettünk mindent, még azt is, ami isteni ajándék, és a leghatékonyabb eljárásokat fejlesztették ki annak érdekében, hogy elpusztítsuk testünket. A daganatos sejt nem vándorol el, nincsenek lábai, hogy egyik szervről a másikra ugorjon. Bizonyított tény az is, hogy vérkép sem tud kimutatni rákos elváltozást. Viszont egy helyen távozhatnak csak a daganat elbontása alatt levált szövetdarabkák, és az a nyirokrendszer, hiszen a szennyvízcsatornánknak is mondjuk. Az egyetlen, ahol megjelenhet daganatos maradvány. De miért mondják, hogy áttétes a páciens? Emlékszel, mit mondtam? Egy konfliktus – egy elváltozás. Egy adott érzelemmel megélt konfliktus csak egy elváltozást indíthat el. Nézzünk ismét egy példát, amivel könnyebb a megértés.

Van egy ember, aki májának hasogató tüneteivel fordul orvoshoz. Már tudjuk, hogy éhezési, nélkülözési konfliktusa volt és belépett a megoldási szakaszba, hiszen fizikai tünetei már jelentkeztek. Különböző vizsgálatok után felállítják a diagnózist, miszerint májdaganata van emberünknek. Eme tényt közlik is vele, ami sokként éri a páciens elméjét, vagyis konfliktust szenvedett el abban a pillanatban, és beindítja a kényszeres gondolkodást arról, hogy meg fog halni, tehetetlen lesz stb. A halál erős gondolatától elindul egy újabb elváltozás a testében, aminek már semmi köze az elsődleges konfliktusához, vagyis másodlagos elváltozást fog elszenvedni. De a halál gondolata melyik szervre hat ki? Emlékszel? A tüdőre. Amikor a következő vizsgálaton közlik vele, hogy megjelent az áttét a tüdejében, akkor még ő szinte semmit sem érez, de romboló hatással bír az elmére. Lehet-e, hogy a májból felült egy buszra a rákos sejt, és felutazott a tüdőbe? Ez merő képtelenség, csakis egy újabb konfliktus miatt alakulhatott ki egy újabb elváltozás. Nem feltétlenül a tüdő érintett. Ha emberünk elkezdte volna a hasüregét védelmezni, hiszen ott a máj, és védeni kell a hasüreget, mert ott van benne valami nyavalya, akkor elkezdi a védelmező konfliktus hatására megvastagítani a hashártyáját, ami már szintén másodlagos. Rengeteg nőnél, akinek nőgyógyászati problémái vannak vagy bélelváltozás jelentkezik, a hashártya érintett lesz szintén, mert védeni akarják azt, ami a hasukon belüli elváltozásban van. Az áttét ezek alapján téves gondolatmenet, hiszen egy újabb konfliktus kell ahhoz, hogy másodlagos tünetünk legyen. Itt megint bebizonyosodik, hogy téves gondolataink áldozatává válunk.

Szeretnék még egy fajta elváltozásról beszélni nektek, amik kollektívan rombolnak akár családon belül is, és ezek a járványok.

Járványról akkor beszélünk, amikor több ember ugyanazon tüneteket szenvedi el ugyanazon időben. De hogyan lehet, hogy ugyanazon konfliktusban van benne több ember? A válaszom szintén egyszerű. Ellenérzés, ami félelemmel társul. Nem kell évezredeket visszamenni, elég, ha múlt századra tekintünk. Mondjuk a háború végére. TBC-járvány tört ki, és több ezer ember lelte halálát ebben az elváltozásban. Nem kell oldalakat visszalapozni, hogy emlékezz, a tüdő elváltozásához milyen konfliktust kell elszenvedni egy embernek, hogy megjelenjen a tünet. A haláltól való félelem. Márpedig a háború alatt ez az érzelem erőteljes volt. A megnyugvást a háború vége adta, és ekkor robbant ki a járvány. Tömeges megbetegedések. Kollektívan szenvedtek a halál gondolatától.

De mi történik, amikor csak egy hasmenés vagy légúti elváltozás fut végig egy országon és családon belül? Nem különbözik a TBC-járványtól ez sem. Ellenérzés + félelem. De a 21. században a megfélemlítést még a média is erősíti, ami állandóan figyelmeztet, hogy már a határon van a járvány, és egyre gyorsabban közelít. Olyan jókat nevetek már ezen. Nézzük egy influenzavírus által bekövetkezett tömeges megbetegedés elindítójának konfliktusát. Szeretem az olasz nyelvet, és az influenza szó is onnan ered. Influenza di Freddó. A hideg befolyása. Vagyis a hideggel való ellenérzés félelemmel társulva. Mint említettem, a médiának sok köze van a járvány kirobbanásához, hiszen félelmet keltenek bennünk, és az elkülönült elme tényleg félni kezd. A sejtjeid intelligenciájából fakadóan elkezd emlékezni arra, hogy már megtörtént veled, és az érzelemre, ami kiváltotta tüneteidetet. Az érzelem meghatározó a járványnál is, hiszen konfliktust szenvedsz el. Méghozzá a hideggel kapcsolatosan. Ahogy információt kap az elméd, máris elindulnak a negatív gondolatok, aztán társuk az érzelem, az agyadban kimegy a biztosíték, és elindul a fizikai szinten az elváltozás. Elméd emlékszik a régi gondolataidra a hideggel kapcsolatosan, és már ott is vannak a tünetek. Az influenza már szindróma az akadémikusok szerint, hiszen tünetegyüttesből áll. Ezek a tünetek nem jelentkeznek mindenkinél, attól függ, hogy ki milyen gondolatot és érzelmet fűz hozzá. Nyilvánvaló, hogy az orrban lévő elváltozás szinte mindenkinél jelentkezik, hiszen alapkonfliktus, hogy „kiszagolhattam volna már a járványt, ami minden évben itt van". Aztán tünetként jelentkezik torokgyulladás, aminek konfliktusa lehet, hogy nem tudom megtartani az egészségemet, ezt nem akarom benyelni, vagyis megakad a torkán. Aztán ízületi fájdalmak, ami jelentős mértékben a felnőtt emberekre jellemző. A végtagok fájdalmai abból a konfliktusból indulnak, hogy „nem tudok elmenni dolgozni, ha elkapom a járványt, pedig szeretnék menni". A rengeteg tüsszögés a bosszankodásra utal, hogy megint nem kapok az orromon levegőt. Nem sprayt kell használni, hanem abbahagyni a bosszankodást azzal kapcsolatosan, hogy van valami az orromban. Abban a pillanatban megszüntethető az influenza további megtapasztalása a jövőre nézve, ha tudatosítod magadban, hogy ellenérzést és félelmet éreztél a járvánnyal, a hideggel kapcsolatosan, és elméd múltbéli megéléseit játszod újra.

Rendkívüli örömmel töltött el, amikor egyik anyuka elmesélte nekem, hogy évek óta, ahogy beköszöntött a hideg, folyamatosan betegek voltak és állandó antibiotikum-kúrát csináltak, de amióta velem dolgoznak és elindultak a változás útján, egyszer sem kellett orvoshoz fordulniuk antibiotikumért. Nagyon hálásak voltak, hogy megértésre találtak általam, hogy miként működik és milyen lefolyása volt konfliktusaiknak. Nagyszerű dolog nem félni a hidegtől, hiszen hozzátartozik az élethez. Egy egyszerű hasmenésből is lehet kreálni egy családi, egyhetes összejövetelt, begubózva, toporogva a mellékhelyiség előtt. Szintén arról van szó, hogy ellenérzés, plusz félelem. „Csak el ne kapjam!" Mit? Elkapni sem a hasmenést, sem az influenzát nem lehet, csakis az ellenérzésed az, ami kiváltja ugyanazon tünetet. Gondolj bele. A szimbióták tudják, hová kell vándorolni, hogy zűrzavart okozzanak a beleidnél?

A hasmenés két dologból adódhat:

– Megemészthetetlen konfliktus megoldási tünete.

– Fel akarok valamit gyorsítani.

Ami megemészthetetlen valaki számára, az nem biztos, hogy másnak is az. Akkor miért van, hogy a járvány áldozati leszünk, és trónként használjuk felváltva a toalettet? Ismét az elméből jövő emlékezés, amit a múltból hozol és elraktározod magadban. Szintén egy feloldatlan konfliktus. Ha már egyáltalán nem foglalkoznál azzal, hogy a családtagod órákat ül a toaletten, mert éppen nem tudta megemészteni, hogy „elkapta" a járványt, akkor elméd már nem tudna semmilyen emléket felhozni annak érdekében, hogy a trónra kényszerítsen.

Minden járványhoz társuló tünet csak akkor jelentkezik, amikor megoldásba kapcsolsz. Miért mondom ezt? A megnyugvás, hogy vége a háborúnak, tünetet eredményezett (TBC). A megnyugvás, hogy te – hála Istennek – nem kaptad el a héten az influenzát, a hasmenést, pedig már mindenki otthon maradt, csak te nem, de a félelem nálad is megvolt, akkor hétvégén te is tapasztalni fogod a tünetet. Ha félsz valamitől, azt megkapod – ez a vonzás törvénye. De miért? Mert elméd elgondolt egy gondolatot, hogy „beteg leszek, jaj nekem, megint milyen rosszul leszek", akkor törvényszerű, hogy megtapasztalod, nehogy azt hidd, hogy megőrültél. Ha várod, akkor miért lepődsz meg, hogy megkapod? Akkor mi értelme lenne a vonzásnak? A napszúrásról is máshogy fogsz gondolkodni, ha megértésre találsz. Rengeteg ember szenved el nyaralás alkalmával napszúrásos tüneteket. Miért? Mert megoldásba kapcsolt az elméjük. Nem foglalkozik az otthoni, munkahelyi dolgokkal, konfliktusokkal, hiszen csak élvezni akarják a várva várt pillanatot. De sajnálatos, hogy a nyaralást megelőző időszakban mást nem csinálunk, csak stresszelünk, aggódunk, félünk, rohanunk, megoldások után futkorászunk stb. Ahogy kilépünk onnét, ahol stressz ért bennünket, abban a pillanatban átkapcsol az elménk és jelentkeznek a tünetek, hiszen az elme már mással foglalkozik, vagyis úgy gondolja, megoldódott a munkahelyi konfliktus. Azt már említettem, hogy az elme nem tudja, hogy mi valós és mi nem, csakis a reakciókra reagál. Vagyis ha nyaralsz, nem a munkahelyi őrülettel foglalkozol, de az elme nem tudja, te éppen a parton ücsörögsz, vagy a munkahelyi székedben. Ha ezeket szintén tudatosítjuk elménkben, hogy konfliktusunk volt, de nem került megoldásra, csak fel van függesztve nyaralási idő alatt, akkor nem jelentkezhet tünetünk, amit ráfoghatunk arra, hogy sokat voltunk a napon. Jó érzésekkel kell nekivágnunk a nyaralásnak, és ha nem is oldódott meg az otthoni probléma, igyekezzünk az elménket meggyőzni, hogy semmi komoly nem történik. A tudatosítás őszinteséggel társuljon. Ne hazudjunk, hogy semmi gond sincs, amikor van. Saját magunk előtt kell bevallani, hogy vannak dolgok, amik zavarnak, amitől félünk, azok a dolgok, amire nem vágyunk.

A törvény így szól: „Amitől félsz, megkapod.". De ez a törvény érted van, és ez a törvény addig életbe lép, míg meg nem tanulod, hogy amitől félsz, az az egó félelme, és nem a valós énedé.

A betegségeken belül nézzünk a meddőséget – ha egyáltalán betegségnek lehet nevezni. Isten gyönyörűséges ajándéka a nők számára, hogy életet adjanak egy léleknek. Csodás, hogy megtapasztalhattam eme ajándékot. Azt szokták mondani, hogy egy nő két dolog miatt küzd:

– Hogy legyen gyereke.

– Hogy ne legyen.

A férfiakban is megvan mindkettő érzés, de náluk nem erős ösztön, hogy gyermeket kell nemzeni. Nem küzdenek sem ezért, sem azért. Természetesen ha megtalálják életük nagy szerelmét, el tudják képzelni vele az életüket, illetve a nőt gyermekeik anyjaként akkor megteszik a tőlük telhetőt. A meddőség is egy okozat, ami azt jelenti, hogy van oka. A meddőségi vizsgálatoknál nem találnak szervi okokat. Kisebb beavatkozásokat alkalmaznak, de a lelki okaival senki sem foglalkozik. Remek lehetőségeket nyújtanak azok a beavatkozások, amelyek mesterséges megtermékenyítést kínálnak fel, de ez sem sikerül mindenkinek. De hogy miért, erre is megkapjátok a válaszokat. Írtam már, hogy teljesen félreértettük az Isten által nekünk ajándékozott földi dolgokat, és azokat a programokat, amelyek minden lélekben megvannak. Nem ezekkel foglalkozunk, inkább a jelen történéseibe vagyunk teljesen belesüllyedve, elkülönítjük elménket az alapprogramoktól, félünk, aggódunk, megfelelünk, és ez kihat az egész életünkre, még arra is, hogy meg tudjon foganni egy gyermek. A nőknél a természet addig engedi a gyermek fogantatását, míg jelen van a havi ciklus. Ez változó a nőknél, hogy mikor szűnik meg. Az egyetlen befolyásoló tényező csakis az lehet a fogantatás során, ha valakinek nincs már menstruációja. Illetve az, hogy kipakolták a méhét az akadémikusok. Olyan rend uralkodik a női testben, olyan precíz, hogy a holdhoz is tud alkalmazkodni. Gyönyörű. Akkor miért nem esik sok nő teherbe napjainkban? És valóban rengeteg nő küzd ezzel a dologgal. Az alaptermészetünk a harmónia. Ha a nő harmóniában van, akkor termékeny, és nem kell sok próbálkozás, és megfogan a baba. A meddőség akkor jelentkezik, amikor kibillentél a harmóniából. De mi az a nagy konfliktus, ami megakadályozza azt, hogy megfoganhasson egy új élet? Legtöbb esetben felcserélődik az ok-okozat. A nők hónapról hónapra tesztelik, hogy várandósak lettek vagy sem. Nem történik semmi, és jön a gondolat, hogy „meddő vagyok". Elkezdik úgy beállítani, és el is hiszik, hogy a meddőség miatt nem tudnak teherbe esni. És már meg is van az első dolog, ami miatt nem jön össze a baba. „Meddő vagyok, ezért nem jön össze a baba." Vagyis az okozatot oknak tekinti. Ezzel körbe-körbe szaladgálnak. Betegségnek vélik az okozatot, vagyis az elgondolt téves gondolatot, hogy meddő. Ebben segítenek az orvosok is, hogy jól megszilárdíthassák magukban. Sajnálatos, hogy ebben az esetben is kizárják a szellemi síkot. Az elme elgondolta, hogy meddő, betegségnek véli, az agyban kimegy a biztosíték, és a szerven elindul egy elváltozás. A férfira is mondhatják, hogy meddő. De azt ne felejtsétek, hogy teremtő lények vagyunk. Mindenki, kivétel nélkül. Vagyis mindenki képes utódot nemzeni, és mindenki képes szülni. Szomorú, hogy egy érett nőnek a szemébe mondják, hogy nem tud természetes úton gyermeket szülni. Belegondoltál, hogy Isten lerakott ide valamit, ha nem sikerül egy nőnél a programja, hogy nem termékeny, akkor azzal majd megtermékenyíthetik? Csinált vészmegoldást Isten?

A nőnél eme kijelentésre – miszerint nem tud gyermeket szülni – olyan önbecsülés-letörés lehet, hogy szinte végérvényesítheti gondolatával és érzelmeivel a meddőséget.

Ha nagy önbecsülés-letörést él át, akkor valós fizikai tünetek jelentkezhetnek; nőknél petefészeksorvadás, férfiaknál pedig heresorvadás, ami már nemi vonatkozású konfliktusra vall. Nem kell megijedni, ha pár hónapig nem lesz pozitív a teszt. Ne csináljunk belőle önértékelési konfliktust, hanem lépjünk a megoldás felé, és azt szellemi síkon fogjuk megtalálni. Bízzál az anyatermészetben, olyan konfliktust nem fogsz találni, amit nem tudnál feloldani, és nem tudnál megtermékenyülni. Ne miattam figyelj a következő mondatokra, hanem halld meg, mit mondok. Míg a külső segítségekben keresed a megoldást terméketlenségedre, addig nem haladsz előbbre, csak futod a keserves köröket. Teszek fel kérdéseket, és nagyon őszintén nézzél magadba.

– Van-e önbecsülés-letörésed, hogy nem tudsz gyermeket nemzeni, illetve nem tudsz megfoganni?

– Ítélkezel-e valaki vagy valami felett meddőséged miatt?

– Okolsz-e külső körülményt?

– Hol tartod a fókuszod? A meddőségen, vagy azon, hogy sikerrel jártok a pároddal?

Figyeld meg gondolataidat. A meddőséget erősíted a meddőség gondolatával. Fejezd be. Ha azt érzed, nem vagy képes rá, szintén okot ad a negatív tesztre. Ha ezt mondogatod, akkor azt mondja az Univerzum: – Kívánságod számomra parancs. Hiszen kijelentetted, hogy nem vagy rá képes. Felülírhatod azzal, hogy „képes vagyok rá", és hidd is el. Megszünteted az önbecsülés-letörésedet, és haladsz a megoldás felé. Leveszed magadról azt a címkét abban a pillanatban, hogy „meddő vagyok". Megtetted az első lépést. Gratulálok. Van még jó pár tényező az életedben, ami befolyásolhatja a megtermékenyítést. A 21. század felkínál neked mindent, és azonnal. Mindent megvehetsz, és komoly anyagi válságba sodorhatod magad, ami napi szinten konfliktussá válik, hogy „nincs pénzem az adósságok miatt, mi lesz, ha összejön a baba és nem lesz elég pénzem, mert sok az adósság". Nézd meg, van-e pénzügyi problémád, mert ez szintén oka lehet annak, hogy nem történik meg a fogantatás. Az anyatermészet nem akarja, hogy éhezz és nélkülözz a babával, inkább megvárja, míg rendbe rakod az életedet anyagilag, és utána jöhet a baba.

Ismét legyél magadhoz őszinte. Van elég pénzed? Szinte a világban ezt már hívhatnám természetes fogamzásgátlónak, amit a rendszer alakított ki a népesség csökkentése érdekében. Annyi hitelt ajánlanak fel, amennyit csak akarsz. A pénz nem lehet a termékenység megakadályozója, de ha te úgy gondolod, hogy problémát okoz a pénz, akkor az anyatermészet meg fogja várni, hogy máshogy gondolkozzál róla, és addig megállítja a termékenységet.

A következő ok, amit én is átéltem fiatalasszonyként, a következő. Férjemmel a szüleihez költöztünk, és egymás mellet voltak a szobáink. Fiatalok voltunk, hevesek, de már nagyon szerettem volna gyermeket, és hónapól hónapra mindig negatív maradt a teszt. Akkoriban még nem ismertem az elváltozások lelki okait, ezért elmentem orvoshoz, de érdekes módon semmit sem talált, ami okot adott volna arra, hogy nem sikerül megfogannom. Férjem tiltakozott, hogy márpedig el nem megy, hogy alávesse magát egy vizsgálatnak, úgyhogy maradt a reményteli várakozás. Nem történt meg. Aztán elkészült a ház, amit felújítottunk, és egy novemberi napon beköltöztünk. Édes, harmonikus fészket alakítottunk ki magunknak. Senki sem zavart, azt csináltunk, amit akartunk, nem kellett alkalmazkodnom senkihez. És megtörtént a várva várt csoda: várandós lettem a beköltözésünk utáni második hónapban. Ugye milyen érdekes, hogy ilyen hamar? Miért? Frusztrációt éreztem, hogy ott vannak a mellettem lévő szobában, a légyzümmögés áthallatszott, és a fülem mindig az ajtónál volt. Milyen hülyeség, de így történt. Nem tudtam igazán elengedni magam úgy, hogy arra koncentráljak, amire igazán kellett volna, máshol járt az elmém. Illetve olyan kevés volt a hely, hogy nem is fértünk volna el a gyerekkel a szobában. Ahogy teret teremtettünk minden szempontból, abban a pillanatban ott jártak a gondolatim, amit akartam, és nem azon, amit nem. Ez fontos a teremtés szempontjából, hogy mindig arra, csakis arra figyeljünk, fókuszáljunk, amit akarunk, és ne arra, amit nem akarunk. Nálam ez nagyon működött. Szóval a „meddőség" másik oka az, hogy nincs tér körülötted, hogy energiáidat arra tudd összpontosítani, amit akarsz. Ha frusztrált gondolataid vannak, mint az én esetemben, akkor energiáid nem összpontosulnak a megtermékenyítésre.

Menjünk tovább, hogy még mi merülhet fel, milyen konfliktus, ami miatt nem jön össze a baba. Az aggódás. Az aggódás már egy érzelmi megnyilvánulás, ami azt jelzi, hogy harmóniádból kibillentél. Amikor aggódunk valakiért, ez általában egy közeli hozzátartozó, mert beteg és sok idődet veszi el a gondozása, akkor nyilvánvaló, hogy vannak olyan gondolataid, hogy „Mi lesz, ha várandós leszek? Nem tudom annyit gondozni, és senki sincs, aki segítene. De már annyira szeretnék babát." Dilemmázol, mit tegyél: gondozd tovább a szeretettedet, amikor csak szüksége van rád, és akkor saját magadtól veszed el a lehetőséget, hogy harmonikus várandósságot élhess meg, vagy számodra a legfontosabb, hogy megfoganjon a baba, és találsz valamilyen megoldást a napi feladatok elvégzésére. Például felveszel egy ápolót.

Míg számodra konfliktust okoz az aggódás a hozzátartozód miatt, mert ápolni kell vagy anyagi támogatást kell biztosítanod felé, mert nem tudja eltartani magát a kevés jövedelméből, addig leállítja az anyatermészet a megtermékenyülést, míg meg nem találod a megfelelő megoldást, vagy meg nem oldódik magától. Az anyatermészet minden esetben meg akar védeni a szenvedéstől. Vedd észre magadban, milyen gondolataid vannak azzal szemben, hogy megtörténhessen a várva várt pillanat. Milyen akadályokat veszel észre jelenlegi életedben, amelyek konfliktusokat okoznak, amiktől kiborulsz, aggódsz. A „meddőség" 99 százalékban a nők érzelmei miatt történik, és 1 százalékban a férfi érzelmei miatt. Semmi esetre ne korbácsoljuk magunkat. Mi nők tele vagyunk érzelmekkel, empátiával, együttérzéssel, gondoskodással. Mi vagyunk azok, akik örökölték ősanyától a bölcsességet, mi vagyunk azok, akik közel állnunk a Földanyához, és mi fogadjuk testünkbe a születendő lelket. Érezzük, hogy csiszolnunk kell magunkat, tisztára kell mosnunk elménket a befogadás előtt. Ez ösztön, hogy stabil helyet biztosítsunk gyermekünknek. Ezért ne ítéld el magad, hogy meddőnek címkéztek, mert felismerheted, hogy olyan konfliktusban vagy benne, ami sem neked, sem a babának nem tenne jót, ha mégis megfoganna, és nem lenne zavartalan a várandósság. Tedd helyre érzelmeidet, és ha megtalálod a felsoroltak egyikében magad, keress megoldást, ha még csak átmeneti is, és abban a pillanatban visszaáll a rend a tested és a lelked között. Megérkezik a csoda. Ha még csak átmeneti a megoldás, se aggodalmaskodj, mert ha megteszed az első lépést, az Univerzum már melletted áll és minden segítséget meg fog adni, hogy számodra a legmegfelelőbben alakuljon minden.

Ó... de mi van az 1 százalékkal? Ja, igen, a férfiak. Ó, azok a csodás férfiak. Náluk is kialakulhat önbecsülés-letörés, ha egy jó ideje már nem sikerül a megtermékenyítés, de a nőtársaim figyelmét felhívnám, hogy a nyomás, amit ráteszünk partnerünkre, nem éppen lélekemelő a férfi számára egy aktust megelőzően. Ha a nőnél szervi problémát nem találtak, akkor a nő elkezd agyalni azon, hogy biztos a partnerében van a hiba. Kérlek benneteket, kedves hölgyek, ne tegyétek ezt a párotokkal. Remek tesztek vannak a férfiak számára, viszont ha én lennék férfi, enyhén szólva kellemetlen lenne számomra. Akadémikus barátaink, mivel patologikus gondolkozással bírnak, hamar kijelentik, hogy kevés a sperma, vagy éppen lassú. Valamit kell találni, nem igaz? Ezek nem a „meddőség" okai. Mivel akármilyen lassú a sperma, vagy kevés huszonnégy óráig életképesek, úgy gondolom, nem nagy távolságot kell megtenniük, hogy csak egy is célba érjen. Vagyis téves gondolat. Hát fedjük fel az egyetlen valós okot, hölgyeim, ami miatt a férfi nem tudja megtermékenyíteni partnerét.

„Nem ezt a nőt akarom gyermekeim anyjának."

Lehet, hogy szíven üthet ez a mondat, de fontos, hogy partnereddel őszintén beszélj róla, és persze a többi okot is ki kell zárni, mielőtt nekirohansz és vádaskodsz.

A férfi lehet, jókat bulizik a nővel, szenvedélyes az ágyban, kedves, aranyos a vele, de még nem forrt ki benne az a gondolat száz százalékosan, hogy pont ezt a nőt akarja maga mellé, és azt, hogy gyermeket szüljön neki. Nem szabad bántani érte a férfit, hiszen az rosszabb lenne, ha megfoganna a baba és utána lépne a pasi, te meg ottmaradsz egyedül. Egy megoldás van: az őszinte beszélgetés. Lehet, hogy csak várni szeretne még az apasággal, de nem meri kimondani, nehogy megbántson ezzel. Fordulj hozzá szeretettel, és akkor biztosra veszem, hogy meg fogjátok találni a megfelelő megoldást számotokra.

A felsorolt konfliktusok akadályozhatják a fogantatást, és válhatunk átmenetileg „meddővé". Jegyezd meg: átmenetileg!

Nincs szó betegségről, sőt ha mélyen belegondolunk, hatalmas segítség az anyatermészet részéről, hogy megvédjen minket egy újabb és nehezebb kihívástól. Saját magamon tapasztaltam a konfliktus feloldását és az utána bekövetkező csoda érzését, a várandósságot. Ne gondold, hogy olyan borzasztó nagy feladatok elé helyez az anyatermészet, hogy óriási küzdelemmel kellene megoldanod. Nem kell a meddőséggel kapcsolatosan sem messzire menned, és vagyonokat kiadva, fájdalmakat elviselve hónapról hónapra aggódni, hogy végre sikerül-e. Nem kell így lennie. A megoldás ott van benned. Találd meg magadban a konfliktust és őszintén valld be, hogy: „igen, ezt élem meg, és elfogadom, hogy én okoztam a konfliktusaimmal az átmeneti meddőséget".

A megértés, a tudatosság csodákat művel. És ez a csoda egy gyönyörű, tiszta lélek, aki hozzátok érkezik.

SZENVEDÉS ÉS TÁGULÁS

Az Univerzum csodálatos energiákból áll össze. Ugyanúgy az elme is.

A földi dolgainkon keresztül a természet jól mutatja, hogy tágulunk és összehúzódunk. Ez természetes folyamat, de rosszul tanultuk meg értelmezni a dolgokat, és rosszul éljük meg őket. Miért? Mert így tanították. Ki akart volna jelentkezni a földi élet megtapasztalására, ha tudtuk volna, hogy itt csak betegség, szenvedés és félelem van? A jó franc sem lenne itt a Földön. És nem is azért jöttünk, hogy szenvedjünk. De a szenvedés tényleg szenvedés, és végérvényes? A szenvedés az emberi elme szüleménye. A növény, a fa, a virág, a fű nem szenved, ha fújja a szél, hanem engedi magát arra hajolni, amerre a szél fújja. A víz sem áll ellen a szélnek, gyönyörű fodrokat alakít a felszínen, engedi magát a természet erejének. Az állat, ha világra hozza kicsinyét, elvonul, és testét átadja az anyatermészet precíz működésének és nem rohan csillapítani fájdalmát, mert tudja, hogy a fájdalom segíti világra kicsinyét. Az állat nem szenved a halál gondolatától, mert tudja, hogy az élet része, és ha eljön az idő, elbújva, csendesen átadja lelkét. Az ember lelke is csendben lenne, ha a körülötte lévő hozzátartozók engednék. Mivel a halált nem fogadjuk el mint az élet részét, ezért nem akarjuk elengedni azokat a lelkeket, akiknek lejárt az idejük, teljesítették feladatukat és menni akarnak, tágulni tovább és tovább. Részem volt beszélgetni egy olyan lélekkel, aki távozásom után pár percre elhagyta elnyűtt, beteg ruhácskáját, és tovább tágult az Univerzumban. Édesapám volt az, aki megkért, hogy távozzak, és menjek, igyak egy frissítő kávét, amikor már huszonnégy órája a kórházi ágya mellett ültem. A lélek nagyon csendes az utolsó pillanatokban, és csak a szeretet sugárzik. A tiszta szeretet. Oly gyönyörű a lélek hangja, aki tudja, nagy utazás előtt áll, hogy ezután már nem fél a haláltól. A lélek tudja, mi fog történni, és ő már nem fél, nem szenved, várja a tágulást. A nagy utazást. Oly gyönyörű volt ezen hang által apám, akit megviselt a betegség, ami halála előtt negyvennyolc órával, hirtelen robbant be, hogy ennél nagyobb szépséget keresve sem találnál. A fájdalmai ellenére kisimult az arca, a szeme békés volt, és óriási szeretet sugárzott belőle. „Menjél" – mondta. „– Én alszom egy kicsit" – és álomba merült. Nem ellenkezett, nem védekezett, teljesen levetkőzte egós énjét. Csakis a tiszta lélek volt jelen. Csodálatos. De a földi életben mikor kezdődik a szenvedés, és egyáltalán miért hívjuk szenvedésnek azt, ami a táguláshoz vezet? A szenvedés mindig valaminek a hiányából fakad. Valami, amit nem tudunk megszerezni, nem lehetett a miénk, vagy a miénk volt, és elveszítettük vagy elvették. A szenvedés abból fakad, hogy megtanultuk, van olyan, hogy „enyém". Ha nem tanultuk volna meg, akkor nem lenne gond, hogy elvették vagy elveszítettük. Nem aggódnánk miatta, nem szenvednénk.

Az „enyém" szót már gyermekkorban megtanuljuk. Elkezdjük felismerni, hogy szüleink egy nevet mondanak, amikor hozzánk beszélnek, szólítanak. Először még nem használjuk, nem éreztetjük, hogy magunkévá tettük azt a nevet, és a következőt mondjuk: „Éva álmos". Egyes szám harmadik személyben. Ekkor még nem érzi magáénak a gyerek. Amikor későbbiekben megjegyzi, hogy az ő neve, akkor elkezdi birtokolni, és a körülötte lévő dolgokat is.

Enyém a nevem, a babám, a szobám, anyukám, apukám, lapátom stb.

Később már enyém a házam, férjem, feleségem, autóm, munkám, ruhám, és még az életem is. Valóban? Minden, amit felsorolsz, és az életed is múlandó, és nem örök. Az egyetlen, ami örök, a lélek. Az életedet kaptad, hogy használd, míg a fizikai világban vagy. Használhatsz bármit, de olyan, mintha kölcsönben lenne, és amikor elindulsz a tágulás felé, már nem számít, mit birtokoltál. Nem viszed magaddal. Csak egyvalamit, ami örök: a lelkedet. Amikor megtanultuk, hogy van *enyém,* azzal együtt el is kezdtünk félni, hogy elveszíthetjük. De abba soha nem gondoltunk bele, hogy ami elveszíthető, az nem örök. Félünk, hogy elveszítjük egészségünket, vagyis félünk a haláltól.

Félünk, hogy elveszítjük hozzátartozónkat, mert nélküle nem tudunk tovább élni. Félünk, hogy elveszítjük házunkat, ami az „enyém", egyenlő a veszteséggel, ami megsemmisülés. Mikor a temetésen azt mondjuk az eltávozott lélek teste felett, hogy „nyugodjál békében", azt igazából magunknak mondjuk. Aki eltávozott lélek, már a legnagyobb békét tapasztalja, amit itt földi világban akart volna megélni. Ezért már magunknak mondjuk, hogy mi maradjuk békében, mi keressük a békét világunkban. A tulajdonunkat egész életünkben féltjük. Szenvedünk a gondolattól, hogy elveszítjük, és ha megtörténik – meg is fog a vonzás törvénye alapján, hiszen amitől félünk, az megtörténik velünk –, akkor belehalunk a fájdalomba. Szenvedünk a hiánytól és hosszú időnek kell eltelnie, míg valamennyire elfogadjuk, hogy nincs. Amikor először hallottam tanítóimtól, hogy a gyereked nem a tulajdonod, szinte szíven ütött a dolog. Nem az enyém? De hát én hordtam a szívem alatt, én szültem meg, én tanítottam, gondoztam, és tekintsek rá úgy, hogy nem az enyém? Hát akkor kié?

Az egységé, Istené. Az örökkévalóságé. A méhemet adtam lelkének tárolójául növekedéséhez, a fájdalmat felvállalva a világra hozatalához, és földi időmet a gondoskodásához. Gyermekünk is lélek, aki jönni akart, de nem tudhatjuk, hogy idősebb vagy fiatalabb a mi lelkünknél. De tapasztalni jött, és el kell fogadni és támogatni abban, amit egy láthatatlan szerződésben foglaltattunk, mikor ott fenn voltunk az egységben. A lehető legszomorúbb dolog lehet számodra ezen tények ismerete, de ha magadra tekintesz, vagy szüleidre, nézd meg, mit vállaltak szüleid, mit vállaltál te. Minden, amit csinálsz, ahogy élsz, azt mind meg akartad tapasztalni. Édesapám földi életéből 44 évet akart megtapasztalni. Elvégezte feladatát, és ment. Ment tágulni. Nem vitt semmit, nem aggódott semmiért, amit élete során megszerzett. A léleknek nem kell semmi, csak szeretet. Kérdezheted most:

„– De azért a földi élethez kell pénz, ruha stb., ahhoz nem elég a szeretet, abból nem tudom megvenni a mindennapi dolgokat, kifizetni a számlákat." Igen. Igaz, de ne ragaszkodj semmihez. Ne fájjon, hogy néha megtapasztalod a sötétséget, veszteséget, hiányt. Ne rémülj halálra, mert elveszítettél valamit, amit nagy becsben tartottál. Inkább kérdezd meg magadtól, hogy elvesztésével mennyivel lettél kevesebb? Azt mondhatom, hogy a lelked nem lett kevesebb, de az egós éned, aki a Mátrix rabja, az igen. Nézd meg, amit elveszítettél, az eddig hozzájárult ahhoz, hogy nagyobbnak látszódj a társadalomban? Most kisebbnek érzed magad? Semmi okod a félelemre, semmi okod a szenvedésre. Ezek a tapasztalásaid hozzájárulnak ahhoz, hogy az adott dologban még nagyobb tágulást érhess el. Tudom. Valaminek az elvesztése abban a pillanatban egy nem reális gondolatmenethez vezet, tele lesz félelemmel az elméd, de ne engedd ott maradni sokáig, ne azonosulj a veszteséggel. Ezt is saját magad teremtetted a magad tágulása érdekében, a világ tágulása érdekében. Elengedés, elfogadás. És a hit. Ezen érzelmek, amelyek továbbrepíthetnek. A tágulás felé repíthetnek, a jobb dolgok felé, annál, amit azt hittél, hogy életed legjobb és legnagyszerűbb dolga volt, és azt gondoltad, hogy ennél már nem lesz jobb, mert ez a csúcsa az életednek. Mindennap gondolataink, érzéseink által tágulunk és formáljuk az életünkben dolgainkat. Egy darabig semmit sem veszel észre, csak akkor, amikor beáll a változás. Ez természetesen lehet pozitív vagy negatív, attól függ, hogy átmeneti veszteségi érzésedből, mint kiindulási pont, negatív vagy pozitív gondolatokkal mész tovább. Ha azonosulsz a veszteséggel, akkor a törvény alapján, miszerint a hasonló hasonlót vonz, további veszteséget élsz meg. De ha elkezdesz pozitív gondolatokra váltani, akkor óriási tágulásban lesz részed. A legfelsőbb éned, aki mindig tudja, mit akarsz, ott van veled, és pozitív rezgéseiddel olyan dolgot hoztok létre megtapasztalni a fizikai manifesztálódás során, hogy visszatekintve a veszteségre már nem tűnik olyan nagy dolognak, és hálával és nagyrabecsüléssel tekintesz rá. A szenvedést mi választjuk, senki sem kényszerített minket rá. De szükségeltetik a táguláshoz. Újra és újra, mint a virágok, a fák, a sejtjeink. Újra és újra tágulunk, „úgy lent, mint fent". A halál is az élet része. Mi választottuk, mert földi, fizikai síkon már nem tudunk tágulni, ezért a lelki, szellemi síkon tágulunk tovább. Ennek megértésével elfogadjuk a halált, elfogadjuk a fizikai síkon az elmúlás gondolatát. Az évszakok is elmúlnak, és felváltja őket egy másik. Csak úgy megtörténik. Nem állnak ellen.

MEGSZILÁRDÍTOTT MANIFESZTÁLÓDÁSOK

Az elmúlt fejezetekben már alaposan kitárgyaltuk az ok és okozat törvényét. Részletezni nem fogom már, viszont az okozat megszilárdításáról szeretnék írni, ami kollektív félreértést okozott a világunkban. Minden, ami már megtörtént, egy okozat. Meg kellett előznie egy olyan folyamatnak, ami gondolati síkon már megtörtént. Vagyis az okát. Az ok lehet egy konfliktus, aminek az eredménye egy elváltozás; ok lehet egy tárgy, amit meg akarsz szerezni, és kitartó vágyakozással eléred vágyott dolgodat a fizikai világban. Vagyis okozat a vágyott dolog. Az okozat már egy manifesztálódott dolog az életedben, olyan, mintha végállomása lenne gondolataidnak. Pozitív gondolataid eredményeképpen boldogság, öröm, lelkesedés tölt el, és ha ezek érzelmében maradsz, akkor hasonló dolgokat teremtesz újra és újra. De ha a vágyott dolog után megint ürességet érzel, akkor hamar elveszítheted azt, amit megszereztél, és ismét a szenvedéshez jutsz el, ami tágulás, hiszen ezen a ponton tudod legerőteljesebben meghatározni, mit szeretnél elérni a fizikai világodban és mi az, amire nem vágysz. De mi történik, ha az okozat egy testi elváltozás? A betegség is gondolataid végállomása. Végállomás, nem megy tovább. A lélek tudja, hogy nincs mit tenni már ezen a ponton, csakis türelemmel kivárni, míg kifut a betegség. De az egós elme nem akarja, hogy végállomás legyen, elkezdi még tovább gondolni a végeredményt. Az egó, mivel imádja a szenvedést, elkezd okként tekinteni a betegségre. A különálló elme mindig okot keres a vacak élete, az életminőség romlására. Életének megváltozásához a betegséget kezdi külső körülmények alapján elítélni, ezzel megszilárdítja azt. Ilyenkor fordul a kocka, felcserélődnek az okok az okozattal, és ténylegesen rosszabb életminőséget élnek meg az emberek.

Ok lesz a betegség, az okozat a még rosszabb életminőség. Ok lesz a betegség, okozat a munkanélküliség.

Ok lesz a munkanélküliség, okozat a pénzhiány, ok a pénzhiány, okozat a magas vérnyomás. Ok lesz a magas vérnyomás, okozat a rendszeres gyógyszerfogyasztás. És így tovább. Benne leszel egy körben, amiből nem tudsz szabadulni. Csakis egyetlen dolog szakíthatja meg sokszor a kört: a fizikai halál. A betegségtől sokan rettegnek, és megijedve tőle még több és több tünetet kezdenek el produkálni. Halmozzák a tüneteket. A betegség megszilárdítása sok esetben végzetes lehet. Ezért fontos megjegyezned, hogy a betegség, ami már tünetekkel jár, egy végállomása a múltnak. És ha végállomás, akkor áldásként tekintsünk rá, mert megoldottunk valamit jelenünkben, ami a múltban konfliktus volt számunkra, és már nincs ereje felettünk.

A szerző

Trinity T. Zalaegerszegen született,
1976. 08. 11-én. Kereskedelmi iskolát végzett.
Fiatal kora óta foglalkoztatja az elme működése,
emellett erős benne az empátia is. Így jutott el
ahhoz a munkához, amelyről azt tartja, hogy
életének feladata. Egyedülálló, két lánya van. Az
Elmék a játszótéren a szerző első kötete, de már
készül a második is.

novum KIADÓ A SZERZŐKÉRT

A kiadó

*Aki feladja,
hogy jobbá váljon,
feladta,
hogy jobb legyen!*

E mottó alapján a novum publishing kiadó célja
az új kéziratok felkutatása, megjelentetése,
és szerzőik hosszútávú segítése. Az 1997-ben
alapított, többszörösen kitüntetett kiadó az egyik
legjelentősebb, újdonsült szerzőkre specializálódott
kiadónak számít többek között Ausztriában,
Németországban és Svájcban.

**Valamennyi új kézirat rövid időn belül egy
ingyenes, kötelezettségek nélküli kiadói
véleményezésen esik át.**

További információkat a kiadóról és
a könyvekről az alábbi oldalon talál:

www . novumpublishing . hu

Értékelje
ezt a könyvet
honlapunkon!

www.novumpublishing.hu